◆ 비긴 어게인 ◆

비긴 어게인

지은이 | 신촌성결교회
초판 발행 | 2024. 11. 27
2쇄 발행 | 2024. 11. 28
등록번호 | 제1988-000080호
등록된 곳 | 서울특별시 용산구 서빙고로65길 38 두란노빌딩
발행처 | 사단법인 두란노서원
영업부 | 2078-3333 FAX | 080-749-3705
출판부 | 2078-3331

책 값은 뒤표지에 있습니다.
ISBN 978-89-531-4961-8 03230

독자의 의견을 기다립니다.
tpress@duranno.com www.duranno.com

두란노서원은 바울 사도가 3차 전도여행 때 에베소에서 성령 받은 제자들을 따로 세워 하나님의 말씀으로 양육하
던 장소입니다. 사도행전 19장 8-20절의 정신에 따라 첫째 목회자를 돕는 사역과 평신도를 훈련시키는 사역, 둘째
세계선교(TIM)와 문서선교(단행본·잡지) 사역, 셋째 예수문화 및 경배와 찬양 사역, 그리고 가정·상담 사역 등을
감당하고 있습니다. 1980년 12월 22일에 창립된 두란노서원은 주님 오실 때까지 이 사역들을 계속할 것입니다.

BEGIN AGAIN

비 긴 어 게 인

은혜로 꽃피운 신촌성결교회 70년사

두란노

목차

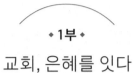

◆1부◆

교회, 은혜를 잇다

+ 3부 +
교회, 미래를 잇다

은혜가 충만한 70년

신촌성결교회가 이 땅에 세워진 지 올해로 70주년을 맞이하게 되었습니다. 1955년, 동족상잔의 비극적인 전쟁으로 폐허가 된 대한민국의 서울에 복음의 씨앗이 뿌려졌습니다. 민족 복음화의 선구자이신 부흥사 이성봉 목사님의 천막교회에서 예배가 시작되었고, 그렇게 심어진 복음의 열정은 전후 폐허가 된 이 땅 위에서 하나님 나라 건설이라는 거룩한 사명을 향해 달려왔습니다.

한국의 근현대사와 함께하면서 수많은 영혼들에게 예수 그리스도를 통한 참된 위로와 소망을 전한 신촌성결교회에 부어 주신 은혜는 특별했습니다. '70년사'를 출간하며 그 은혜를 돌아봅니다.

가장 감사한 것은 건강한 교회를 이룬 것입니다. 발전도상의 이 땅에서 많은 시험이 있었지만, 우리는 복음의 순수성과 사명을 지켜 왔습니다. 고난과 시련을 말씀과 기도로 헤쳐 왔으며, 건전한 신학과 바른 신앙을 좇아 왔습니다. 70년간 그리스도의 복음에 충실하며, 하나님 나라를 확장해 온 역사에 감사드립니다.

그리고 조화로운 교회를 이룬 것에 감사합니다. 모이는 교회와 흩어지는 교회라는 면에서도, 복음 전도와 구제 사역에 있어서도 조화를 이루고 있습니다. 통일을 준비하는 일에도, 소외된 이웃을 섬기고 나누는 일에도 교회는 앞장서 왔습니다. 그동안 한국교회와 사회를 위해 봉사하고 헌신하며 균형 있게 발전해 온 것을 하나님께 감사드립니다.

이와 함께 다음 세대 선교에 앞장서는 길을 걸어가게 하심에 감사드립니다. 고령화 저출생 시대 속에서 다음 세대를 기르는 일은 우리에게 맡겨진 영원하고 빛나는 사명입니다. 첨단 과학 기술의 시대에 인공지능의 효율성과 편리성을 수용하면서도 인간소외를 극복할 선교와 영성의 사역이 더욱 중요한 때입니다. 이러한 때 교회가 많은 청년과 다음 세대에게 믿음의 요람 역할을 하며 그들과 복음의 나라를 꿈꾸게 하심이 너무나 큰 은혜라 생각합니다.

돌아보면 풍성한 은혜로 충만했던 70년이었습니다. 70년 역사 가운데 어느 하나 소중하지 않은 순간이 없지만 그중에서도 교회가 지켜 온 좋은 전통과 헌신, 열정과 순종은 참으로 소중하고 값진 것입니다.

이성봉 목사님의 개척과 최학철, 정진경, 이정익 목사님들로 이어지는 눈물의 기도와 헌신 속에서 교회의 초석이 든든하게 다져졌고, 교단의 중추적 교회로, 한국과 세계에 이바지하는 복음적 교회로 성장하게 되었음을 감사하며 자랑스럽게 생각합니다.

또한 거룩한 사역에 함께하며 주님의 교회를 위해 기도와 눈물, 순종과 충성을 이룬 성도들의 헌신에 깊이 감사드립니다.

빛도 없이 이름도 없이 그저 묵묵히 자신의 사명을 이루어 온 성도들의 헌신을 이 작은 책에 다 담아낼 수는 없지만, 자신의 자리를 지키며 충실하게 섬겨 온 분들의 노고를 하나님께서는 세세히 기억하실 것입니다.

70년사가 간행되기까지 많은 분들이 애를 썼습니다. 특별히 자료 조사와 집필, 기획과 출간에 이르기까지 책임을 지고 수고하신 70년사 편찬위원회의 위원들과 위원장 김부곤 장로님에게 감사를 드립니다. 시대별 교회의 역사를 모두가 이해하기 쉽도록 정리하신 것 또한 감사드립니다.

역사를 기술하는 것은 믿음의 선진들의 자취를 살펴보고, 우리가 서 있는 자리를 점검하기 위함입니다. 또한 앞으로 이루어 가야 할 새로운 역사를 전망하기 위함입니다. 이 책이 온 성도들에게 널리 보급되어 각자의 신앙을 더욱 성숙하게 하고, 다가올 백 년을 향한 큰 걸음이 되기를 바랍니다.

역사의 주인은 하나님이십니다. 우리 모두 하나님께서 이루어 가시는 역사의 증인이 되고, 그 역사의 일부가 되기를 바랍니다. 교회를 세우시고 인도하시고 축복해 주신 은혜의 하나님께 감사와 영광을 올려드립니다.

그러므로 내 사랑하는 형제들아 견실하며 흔들리지 말고 항상 주의 일에 더욱 힘쓰는 자들이 되라 이는 너희 수고가 주 안에서 헛되지 않은 줄 앎이라

| 고전 15:58 |

2025년 1월

박노훈 목사

1.
교회,
은혜를 잇다

70년 전 전쟁으로 폐허가 된 서울 변두
리 신촌(新村), 새터말로 불리던 이곳에
복음의 밀알이 떨어졌다.

아무도 거들떠보지 않던 야산 밑 맹지
에 떨어진 복음의 씨앗은 싹을 틔우고
열매를 맺으며 푸르른 나무가 되어 새
들이 깃드는 구원의 방주로 세워졌다.

하나님의 역사와 은혜가 이어지는 곳,
신촌성결교회다.

1장

은혜 위에 은혜러라

우리가 다 그의 충만한 데서 받으니
은혜 위에 은혜러라

요 1:16

길 위의 은혜

도성 밖 신촌로는 온통 울퉁불퉁한 흙길이었다. 한 사내가 그 길로 들어섰다. 오뉴월 뙤약볕에 굵은 땀이 연신 흘러내리는데도 등에 진 짐 때문에 제대로 닦지 못한다. 워낙 길이 험해 쉴 법도 하지만 결연한 표정으로 한 걸음 한 걸음 나아갈 뿐이다.

그가 짊어진 것은 어린아이의 관이었다. 순교한 선교사의 유복자로 태어나 조선에 온 지 22일 만에 삶을 마감한 어린아이의 관을 등에 메고 평양에서부터 오백 리를 걸어오게 된 건, 조국보다 조선을 더 사랑한 선교사를 향한 보은이었다.

조선의 머슴에서 예수의 머슴이 된 김창식[1]은 죽어도 예수를 믿겠다고 고백한 자신을 조선의 바울이라 불러 준 제임스 홀(William James Hall) 선교사를 떠올리며 기도했다.

'하나님 아버지, 이 아이의 영혼을 반드시 아버지가 묻힌 양화진까지 안전하게 데리고 갈 수 있도록 도와주소서.'

초라한 관을 메고 걸어가는 길은 눈물의 여정이었다. 복음을 전하기 위해 낯선 땅에 와서 생명까지 내어준 선교사의 삶이 너무 가엽고 고마워 울며 한 걸음을 걸었다. 예수를 믿는다는 이유만으로 핍박당하던 성도와 함께 아파하던 모습이 생각나 울며 또 한 걸음을 옮겼다. 전염병으로 고통당하는 이웃을 치료하던 중 감염으로 죽게 되었을 때도 오히려 조선에 오게 하신 주님께 감사하던 마지막 모습을 떠올리며 눈물의 행진을 이어갔다. 순교자들의 영혼이 묻힌 거룩한 땅 양화진을 향해 걸어가는 그 길은 눈물로(路)였다.

---

1 기독교감리교 최초의 목사

스물네 살의 젊은 여성 선교사 루비 켄드릭(Ruby Rachel Kendrick)[2]이 양화진 포구에 다다랐다. 그녀는 병색이 완연해서 가마에 실려 신촌을 지나면서도 자신이 사랑하는 복음의 땅 조선을 위해 조금만 더 쓰임받기를 간절히 기도했다. 하지만 얼마 뒤 주검이 되어 길 위에 올랐다.

"만일 내게 천 개의 목숨이 있다면 조선에 바치겠습니다."

뜨거운 서원이 식기도 전에 맞은 안타까운 죽음이었지만 유언이 된 그녀의 결단은 남겨진 이들에게 도전이 되었다. 그러자 양화진으로 향하는 그 길은 승리로(路)가 되었다.

이 땅에 복음을 전하기 위해 수많은 선교사들이 길 위에 섰다. 양화포구를 통해 서울에 입성한 이들은 진창뿐이던 신촌을 걸어 내려오면서 하나님이 이 땅을 어떻게 변화시키실지 기대하며 기도했다.

'오 주여, 지금은 아무것도 보이지 않습니다. 그 넓은 태평양을 어떻게 건너왔는지 그 사실이 기적입니다. 지금은 우리가 황무지 위에 맨손으로 서 있는 것 같지만 이곳이 머지않아 은총의 땅이 될 것을 믿습니다. 주여 오직 믿음을 붙잡아 주소서.'

간절한 소망과 기도로 복음을 향해 한 걸음 한 걸음 나아간 선교사들은 이 길을 숱하게 오가며 희망을 전했다.

예수를 믿는다는 이유만으로 고난과 핍박도 당했다. 힘에 겨운 어려움과 시련이 광풍처럼 몰아닥쳤지만 아픈 자와 함께 아파하고 우는 자와 함께 울며 길 위에서 복음의 행진을 멈추지 않았다. 그리고 마침내 복음의 사명을 다하고 영혼을 누일 곳으로 나아갈 때도 이 길을 거쳐 갔다.

이 길은 살아서 천국을 전하는 이들의 눈물과 땀, 열정과 은혜가 교차하는 길이었다. 또한 사명을 다하고 천국으로 가는 영혼을 위한 마지막 찬

---

2 1907년 남감리회 해외여선교회의 파송을 받아 한국 선교사로 내한한 뒤 9개월 만에 순교함

가가 불리는 길이기도 했다.

길은 흔적을 담는다. 그 흔적이 모여 역사가 된다. 수없이 많은 영혼이 생명까지 아끼지 않고 복음을 위해 헌신한, 아름답고도 시린 복음의 흔적이 역사처럼 새겨져 있는 곳, 이 복음의 길이 신촌로(路)다.

신촌에 뿌려진 복음의 씨앗

1954년, 서울은 온통 폐허로 변해 있었다. 3년간의 전쟁은 민족이 갈라지는 아픔과 함께 곳곳에 상흔을 남겼다. 원치 않은 분열로 사람들은 흩어졌고 희망을 잃었다. 잿더미와도 같은 상황 속에서 흩어진 이들을 한데로 모을 수 있는 건 정부도 사람도 아니었다. 오직 복음뿐이었다.

구한말, 하나님의 부르심을 좇아 한 손엔 성경을, 한 손엔 사랑을 들고 우리나라를 찾아온 선교사들을 통해 복음의 빛이 전파되었다. 핍박과 어려움 속에서도 수많은 열매를 맺으며 희망을 전한 복음은 동방의 예루살렘이라 불린 평양을 기점으로 한국 전역에 부흥을 일으켰고 많은 이들을 예수 앞으로 돌아오게 하며 견고히 뿌리를 내렸다.

그러다 민족상잔의 비극인 6·25 전쟁이 이 부흥의 바람을 잠시 잠재우는 듯했다. 전쟁으로 한국교회 중 불타 없어지고 무너진 교회가 2천여 개 되고 교계 지도자들이 순교하거나 납북되는 등 많은 어려움과 핍박을 당했다.[3]

그러나 환난은 인내를, 인내는 연단을, 연단은 소망을 이룬다는 말씀(롬 5:3-4)처럼 모진 연단 속에서 신앙은 더욱 단단해졌다. 세상적인 힘은 절대적이지 않다는 것을 알려 주었고, 유일한 구원자이신 예수가 희망이고 빛이라는 진리를 깨닫게 해 주었다. 그러자 전쟁으로 흩어졌던 성도들이 하나둘 돌아왔다. 예배가 회복되고 교회가 살아나기 시작했다. 그 회복 가운데 신촌성결교회가 태동되었다.

1954년 신촌은 시내버스 종점으로 인지될 만큼 관심 밖의 서울 변두리였다. 새로운 촌락이라는 말이 무색할 정도로 논밭뿐인 땅이었다. 그나

---

3 기독교대한성결교회 역사편찬위원회, 《한국성결교회사》(기독교대한성결교회출판부, 1992), 426 참고

마 영단주택[4]이 유일하게 사람 사는 동네임을 알게 해 주었다.

어느 날 부흥사 한 가족이 영단주택으로 이주했다. 한국의 무디(Dwight Lyman Moody)라 불리며 수많은 영혼을 하나님께로 인도한 부흥사 이성봉 목사의 가족이었다. 가족을 이곳으로 안내한 사람은 이 목사의 맏사위이자 체부동교회로 부임한 정승일 목사였다. 성결교단의 재건과 전방위적인 부흥사로 활동하기 위해 이성봉 목사가 서울에서 지내는 것이 좋겠다는 판단이었을 것이다. 그렇게 이 목사 가족이 신촌에 머물게 된 것이 교회가 시작된 배경이다.

창천동에 위치한 영단주택은 9평 크기의 담이 없는 형태였다. 그곳엔 당시 북에서 내려온 피난민들이 많이 이주해 있었는데, 피난민들 중에는 평양에서의 뜨거운 부흥을 경험하고 내려온 교인들이 많았다. 신앙의 좋은 토양을 갖춘 셈이다.

서울로 올라온 이성봉 목사는 성결교단의 부흥사로서 교회 재건 운동 차원의 복음 사역을 시작했고 '임마누엘 특공대'를 조직하여 전국을 다니며 부흥 집회를 인도했다.

그러는 동안 이은실 사모를 비롯한 나머지 가족들은 가까운 교회에서 신앙생활을 했다. 당시 신촌 일대에는 창천감리교회를 비롯한 대현교회 등 다른 교단의 교회는 세워져 있었으나 성결교회는 없었다. 교단에 구분을 두는 건 아니었지만 성결교회가 세워지지 않아 마음이 쓰였는데, 놀라운 일이 일어났다.

어느 날 이은실 사모의 눈에 한 아이의 모습이 들어왔다. 마당에 나와 노란 병아리를 쓰다듬으며 모이를 주는 아이의 모습이 귀여워 한참을 바라보고 있는데, 갑자기 한 여성이 맨발로 뛰어나오며 사모의 이름을 불렀

---

4 일제강점기에 부족한 주택을 공급하기 위해 지은 주택단지

다. 뛰어나온 여성은 김신도 성도였다. 그로 말하자면 이성봉 목사가 신의 주 동부교회를 맡아 목회하고 있을 때 신앙생활을 함께한 성도로, 1937년에 헤어졌다가 17년 만에 재회한 것이다.

두 사람은 극적인 만남에 눈물을 흘리며 감사의 기도를 드렸다. 각각 월남한 시기도 달랐건만 넓은 서울에서 만나게 된 것은 분명히 하나님의 뜻과 인도하심이 있다는 확신이 들었다.

> 신의주에 계실 때부터 이성봉 목사님 가족이나 어머니 모두 신앙적으로 뜨거우셨는데, 신촌에 성결교회가 없으니 안타까운 마음을 갖고 계셨습니다. 그러다가 두 분이 만나게 되었으니 누가 먼저랄 것도 없이 만나시던 그날부터 가정예배를 드렸습니다.
>
> 최순신 원로권사(신촌성결교회 최초의 성도인 김신도 권사의 딸) 인터뷰

둘의 만남에서 시작한 가정예배 형식의 기도회는 자연스럽게 전도로 이어졌다. 만나는 이들에게 복음을 전하기 시작했고 복음을 받아들인 사람들이 영단주택 17호로 모였다. 자발적으로 예배하고 뜨겁게 기도하는 믿음의 행진은 그렇게 시작되었다.

교회의 탄생

"교회를 시작할 테니 아이들을 모아 오라."

영단주택에서 시작한 기도회가 얼마 지나지 않았을 때 이성봉 목사의 선포가 있었다. 교회를 시작하겠다는 선포는 신촌 지역을 향한 강력한 복음의 도전이었다. 순교자들의 숨결이 흐르는 땅에 처음으로 성결교회를 세워 복음의 지경을 넓히라는 명령에 대한 순종이었다.

당시 임마누엘 특공대로 활동하던 이성봉 목사는 서울에 올라올 때면 영단주택에서 예배를 인도했는데 그때마다 교회 설립의 필요성을 느꼈다. 이에 체부동교회에서 목회를 하던 정승일 목사를 통해 교회 개척을 독려했으나 교회에서 적극적으로 나서지 않았다.

그러던 중 상황이 단번에 바뀌는 일이 생겼다. 1954년 11월에 열린 체부동교회 추계부흥회에서 강사로 선 김창근 목사가 돌발적으로 교회 개척을 제언한 것이다. 그러자 부흥회를 통해 은혜받은 성도들이 제2교회 설립 기성 헌금으로 30만 환을 연보했고 그것으로 새로운 교회 개척의 씨앗이 마련되었다.

이에 체부동교회 사무총회는 개척 의견을 받아들여 제2의 개척교회를 세울 것을 결의했고, 이성봉 목사는 교회를 시작하겠다는 선포와 함께 첫 주일예배[5]를 인도했다.

> 교회를 시작할 테니 어린아이들을 모아 오라는 이성봉 목사님의 말에 옥수수 튀긴 것을 들고 나가 아이들에게 전도를 했습니다. 어른 성도 몇 몇과 전도되어 온 아이들까지 모여서 드린 주일예배가 신촌성결교회의

---

5 1955년 1월 16일로 추정

첫 예배입니다.

이의숙(이성봉 목사 3녀) 원로권사와 최순신 원로권사의 인터뷰

영단주택에서 시작한 첫 예배는 은혜 가운데에서 드려졌다. 비록 집은 좁았지만 복음을 듣고자 모인 이들에게 비좁은 공간은 문제되지 않았다. 옥수수 강냉이의 유혹을 받아 교회로 온 아이들은 9시 예배를 통해 이성봉 목사의 설교를 들었고, 대여섯 명의 장년 성도들은 11시에 첫 예배를 드렸다. 교회 창립부터 유년 주일학교가 시작되었다는 점은 무엇보다 의미가 있다.

창립예배는 첫 주일예배 후 얼마 지나지 않은 1955년 1월 30일에 드려졌다. 부흥회 일정으로 참석하지 못한 이성봉 목사를 대신하여 체부동교회의 정승일 목사가 인도한 창립예배에는 40여 명이 참석했다. 이미 교회에 출석하던 성도 10여 명을 비롯해 체부동교회와 인근 교회 성도들까지 참석해 교회의 시작을 축하했다. 이는 성결교단의 신학 잡지인 〈활천〉에 소개될 정도로 기쁜 소식이었다.

교회를 창립한 뒤로도 몇 달간 영단주택 17호는 예배당으로 사용되었다. 체부동교회가 교회 개척에 대한 결의만 한 상태라 장소를 마련하는 데 시간이 걸린 것이다.

1955년 2월부터는 신학생인 오기선이 교회를 도왔다. 창립자 이성봉 목사가 부흥 사역으로 인해 전적으로 교회를 맡을 형편이 되지 못했기에 당시 신학교 3학년이던 오기선이 주일예배를 맡으며 교회를 돌보았고, 이 목사가 서울에 올라올 땐 주일 설교를 맡았다.

모든 것이 부족했고 상황은 열악했지만 하나님은 예배자를 더하셨고

한 사람 한 사람을 일꾼으로 세우시며 교회를 이루어 가셨다. 특히 연세대학교, 이화여자대학교 등의 신촌 인근 대학의 신앙 있는 청년들을 비롯해 이성봉 목사의 명성을 듣고 찾아온 전국의 신학생들이 교회의 큰 힘이 되었다.

그러는 사이 부지를 마련하기 위한 노력이 계속되었다. 오기선 신학생과 체부동교회의 제직들이 함께 적당한 부지를 찾아다닌 결과 창천동에 적산 부지[6]를 계약할 수 있었다.

그런데 얼마 뒤 문제가 생겼다. 체부동교회가 구입한 땅이 이중 계약 상태였던 것이다. 한마음으로 교회를 소망하던 성도들은 이 문제를 두고 매일 눈물로 부르짖으며 기도했다. 다행히 성도들의 기도와 관련자들의 각고의 노력 끝에 2개월 만에 부지 문제를 해결할 수 있었다. 심지어 원래 계약한 것 외에 40여 평의 땅을 추가로 구입하는 은혜까지 더해져 총 197평의 부지가 확보되었다.

하나님은 이성봉 목사를 통해 교회 설립의 꿈을 갖게 하시고 체부동교회를 통해 돕게 하심으로 합력하여 선을 이루심을 보여 주셨다.

그러는 동안 영단주택은 포화 상태가 되었다. 성도가 계속 늘어나자 비좁은 방으로는 더 이상 인원을 수용할 수 없었다. 확보된 부지에 교회를 지을 형편도 아니었다. 이에 성도들이 나섰다.

"일단 천막이라도 치고 예배당을 만듭시다."

성도들의 열망이 천막교회로 이어졌다. 곡괭이며 호미를 들고 찾아가 땅을 평평하게 만들고 십시일반 모은 헌금으로 천막을 빌려 와 교회를 세웠다. 명실상부 천막교회의 시작이었다.

---

6 해방 이전까지 일본인 소유의 땅, 서대문구 창천동 30-7번지의 197평 부지. 이 부지 권리금(480,652환)을 체부동교회에서 납입했고 잔여 대금은 신촌교회 자체 재정으로 완납함

초기교회 축대 쌓는 모습

1955년 9월, 새롭게 세운 천막교회에서 추계부흥회가 열렸다. 반듯한 건물을 봉헌한 것은 아니지만 성도들은 천막이나마 허락하신 하나님께 감사했다. 마치 광야에서 이스라엘 민족을 도우신 하나님이 교회를 돕고 계신 것 같은 감사를 담아 예배했다.

놀라운 은혜의 역사가 5일 동안 이어졌다. 월요일 저녁에 시작한 부흥회는 새벽, 낮, 저녁 예배에 이어 철야기도회까지 이어졌고 성령이 충만하게 임했다. 부흥회가 계속될수록 사람들이 천막교회로 모여들었고 직설적이면서도 심금을 울리는 복음의 메시지에 듣는 이들의 마음이 열렸다.

그러자 과부의 두 렙돈과 같은 연보가 이어졌고 성령을 체험한 이들의 간증이 쏟아졌다. 어떤 청년은 자신의 보물 1호인 손목시계를 바치고 어떤 성도는 주를 위해 평생 헌신할 것을 결단했다.

부흥강사 이성봉 목사를 주 강사로 모신 최초의 부흥회는 교회 부흥의 시발점이 되었다.

가족을 대전에서 서울로 옮겨 신촌 창천동에 신개척 가정교회를 설립하고, 점점 자라 대지 200여 평을 매수(체부동교회에서)하고, 천막 치고 2일간 전도하고 양도천 목사께 위탁했더니 대승리 반가운 소식이었다. 네 떡을 물 위에 던져라(전 11:1).

이성봉, 《말로 못하면 죽음으로》(생명의말씀사, 1993)

하늘을 지붕 삼아 드린 성탄예배

천막교회 집회를 통해 성령을 경험한 성도들에게 뜨거운 소망이 싹트기 시작했다. 예배당에 대한 소원이었다. 모두가 가난한 시절이었지만 하나님의 몸 된 성전을 세우겠다는 의지와 열정을 막을 수 없었다.

이 일을 위해 예비된 성도도 있었다. 목수 일을 하던 천남선 성도는 종각을 치던 한상옹 성도와 함께 천막교회를 지키는 일을 적극적으로 도운 성도다. 더욱 은혜로운 일은 그가 교회에서 최초로 결혼식을 올린 성도가 되었다는 것이다. 가난했던 그를 위해 한 청년은 자신의 대학 합격 기념 양복을 빌려주는 등 온 성도가 한마음으로 결혼식을 도왔는데 이는 교회 역사에 따뜻한 추억으로 남아 있다.

판자교회는 천남선 성도의 주도와 성도들의 자발적 참여로 세워졌다. 판자를 구입하고 엮어서 건물 형태로 만드는 일까지 온 성도가 한마음으로 참여하다 보니 짧은 시간 내에 36평의 교회가 거의 완성되었다.

그러던 중 성탄절이 되었다. 안타깝게도 교회의 지붕을 씌우지 못한 상태였다. 지붕도 완성되지 않았으니 바닥이라고 성할 리 없었다. 급한 대로 가마니를 깔고 차가운 바닥에 앉아 예배했다.

교회 창립 이래 첫 번째 맞는 성탄절 예배는 하늘을 지붕 삼아 드린 예배가 되었다. 차가운 겨울바람이 고스란히 느껴졌지만 쏟아지는 하늘의 뭇별을 바라보며 모두가 감사했다. 아무것도 없는 상황에서 교회를 이루어 가시는 하나님, 정말 살아 계신 하나님을 느낄 수 있었기 때문이다.

그러던 중 하얀 눈이 내리기 시작했다. 마치 하늘에서 축복을 내리는 듯 하얀 눈송이를 맞으며 쏟아질 듯한 별빛을 지붕 삼아 드린 예배는 성도들에게 잊을 수 없는 추억을 선물했다.

판자교회

　20여 일에 걸쳐 판자교회가 완성되고 그로부터 석 달 뒤 서울지방회에서 정식으로 교회 승인이 났다. 창립 1년이 훌쩍 지나도록 승인을 받지 못한 건 교단에서 정한 신설 교회 조건을 충족하지 못했기 때문으로 보인다.

　1956년 3월 정식으로 교회의 승인을 받았을 때[7] 당시 기록을 보면 교회명은 '신촌교회'[8], 설립자는 '체부동교회'이며, 주소는 '서대문구 신촌 버스 종점', 이성봉 목사가 부임한 것으로 되어 있다. 또한 그때 이성봉 목사가 총회를 통해 보고한 내용을 보면 '신촌교회 신개척, 현재 신자 100여 명, 유년 100여 명'으로 되어 있다. 10여 명으로 시작한 교회가 창립 1년 2개월 만에 큰 부흥을 이루었음을 알 수 있다.

　정식으로 교회 승인을 받은 교회는 조직과 체계를 잡아 갔다. 제일 먼저 신생부인회를 만들어 교회 운영을 돕도록 했다. 대부분의 성도가 여성이었기에 최초로 등록된 21명의 여성 회원은 헌신적으로 교회를 섬겼다.

7 기독교대한성결교회 제11회 총회의사록(1956년 4월 17-22일) 참고
8 설립 당시는 '신촌교회'였으나 현재 '신촌성결교회'로 통칭함

무엇보다 전도하는 일에 열심을 다했고 가난하고 어려운 이웃을 실제적으로 도우며 복음을 전했다.

신생부인회뿐만 아니라 주일학교의 부흥과 함께 중고등부 학생들로 이뤄진 학생회, 성인이 된 청년들로 구성된 청년회 등이 꾸려지며 세대별 조직을 갖추게 되었다.

그리고 1957년 1월, 처음으로 사무총회를 열며 교회의 조직을 완성했다. 당시 회의록을 보면 교회에 출석하는 장년 교인이 세례교인 30명, 학습교인 13명, 구도자 64명 등 총 107명이다.

그즈음 오기선 신학생의 후임으로 와서 교회를 돌보던 김성흡 전도사가 사임하고 강진국 목사가 담임목사로 오게 되었다. 평양 출신의 강 목사는 신학교 졸업반 학생으로 교회를 섬기게 된 것이 인연이 되어 전도사로 사역을 시작했고 목사 안수를 받은 뒤 담임목사로 위임받았다.

강진국 목사가 오면서 교회는 한층 안정된 체계를 갖추게 되었다. 성도들의 신앙생활을 위해 4개 구역으로 나누고 구역장을 세웠다. 구역을 나눔과 동시에 구역예배를 드렸으며 직원회를 구성하여 직원들의 역할을 분담했다. 무엇보다 전도에 열심을 가진 만큼 '교인 배가 운동'을 결의하여 교회의 부흥을 위해 성도 한 사람 한 사람이 전도운동을 펼쳐 나갔다.

모든 것이 부족하고 연약했지만 교회에 부어지는 사랑은 풍성했다. 가진 게 없는 중에도 성도들은 빈민을 찾아가 위문했고 성탄절이면 새벽송을 돌며 아픈 자를 위로했으며 자신의 일보다 교회 일에 더욱 헌신했다.

이러한 사랑과 헌신으로 교회는 점점 모습과 체계를 갖춰 갔고 은혜 가운데 성장했다. 그러나 은혜가 깊어지면 그에 따른 고난도 다가오는 법인지 그즈음 교회는 한차례 시험으로 어려워졌다.

흔들리면서 피는 꽃

교회의 머리는 예수 그리스도이며 성도는 한 몸을 이룬다. 주의 종은 지체들을 이끄는 리더로서 중심을 잡고 머리와 몸을 잘 연결하는 고리 역할을 한다. 그래서 목회자의 역할이 중요하다.

하나의 밀알이 땅에 떨어져 복음의 열매를 맺어 가던 신촌성결교회는 창립 초기 담임목사가 자주 교체되는 어려움에 직면했다. 교회 사역에 전담할 수 없던 이성봉 목사를 대신하여 그와 함께 사역하던 목회자들을 교회로 청빙했으나 이런저런 이유로 사임하게 되는 일이 잦았다. 이것이 초창기 교회가 안정화되는 과정에서 적지 않은 걸림돌이 되었다.

1958년, 교회의 체계가 어느 정도 잡혔을 때 강진국 목사는 개인 신상의 이유로 1년도 안 되어 교회를 사임했는데 이 일은 적지 않은 파문을 일으켰다. 이에 이성봉 목사가 신앙의 동역자인 정운상 목사를 천거했고 총회를 거쳐 담임목사가 되었지만, 그 역시 8개월 만에 떠났다.

효율적인 교회 업무 진행을 위해 전도부, 재정부, 교무부 등 부서를 조직하고, 사택 건축 계획을 비롯해 성도 수가 늘어남에 따라 판자교회 뒷부분을 늘려 증축하는 다양한 일을 진행하던 중이었기에 담임목사의 사임은 교회로선 큰 어려움이었다.

그럼에도 부흥의 은혜는 더해졌다. 8개월 만에 담임목사가 바뀌던 해에도 성도의 숫자가 배가 늘었고[9] 그 후 목사의 거취 등의 문제로 혼란을 겪을 때도 성도는 꾸준히 늘었다. 이런 성장세에 힘입어 1958년에는 서울지방회에 속한 36개 교회 가운데 다섯 번째로 큰 교회, 1959년엔 네 번째로 큰 교회가 되었다.

물론 숫자 통계만 보고 성장을 말할 수 없겠으나 어려운 상황에도 성

---

9 교회 통계 1958년 장년 151명, 1959년 장년 380명, 1960년 439명, 1962년 571명 출석 등 해마다 성장함

도들이 흩어지지 않고 신앙을 지켰다는 것을 보여 주는 것이기에 큰 은혜가 아닐 수 없다.

정운상 목사가 사임한 후 이정률 목사가 후임으로 청빙되면서 교회는 희망을 품었다. 순회 부흥집회로 단련된 이 목사는 말씀을 선포할 때도 힘이 있었고 성가대를 조직해 예배를 돕도록 했다. 또한 교회에 대한 역사를 남기고 교적부를 작성하게 하는 등 목회에 열심이었다.

지교회를 개척한 일은 주목할 만한 일이었다. 신촌성결교회는 체부동교회의 신교회 개척으로 설립된 교회인 만큼 지교회 개척을 소원했다. 그러던 중 1959년 1월 11일 창천동 난민촌 위에 창연교회를 개척할 수 있었는데 얼마 뒤 시의 개발계획에 의해 교회가 철거되고 교단 분열 등으로 더는 도움을 줄 수 없는 상황이 되었다. 마무리가 아쉽지만 교회 개척의 시발점이 되었다는 점에선 의미 있는 일이었다.

그즈음 교회 증축을 위한 움직임도 시작되었다. 1959년 드디어 부지 대금을 완납하고 교회 재산으로 편입할 수 있게 되자 홀가분한 마음으로 교회 증축을 꿈꿀 수 있게 된 것이다.

임시로 지은 판자가 아닌 벽돌로 교회를 짓기를 희망하며 예산을 편성하고 처음으로 건축위원회를 통한 교회 건축을 시도했다. 이를 위해 제직을 세우는 일에도 신중을 기하되 신속히 추진하던 중 갈등이 빚어졌다.

이정률 목사는 부임한 지 얼마 되지 않은 시기부터 휴양과 유학에 대한 의사를 밝혔다. 교회로서는 수용하기 힘든 사안이라 몇 번을 말렸으나 결국 무리해서 유학길에 올랐다. 이는 담임목사로서의 의무를 소홀히 하는 결과를 낳았고 나중에는 불미스러운 재정 운영으로까지 이어지며 제직과 갈등을 일으켰다.

조제택 전도사가 담임목사를 대행하는 체제가 되면서 교회는 점점 더 어려워졌다. 전도사 중심의 교회 운영이라는 한계에 부딪히며 교인 수가 감소하고 성장은 정체되었다.

설상가상으로 외부적으로 더 큰 시련이 다가왔다. 한국교회의 고질적인 문제인 교단 분열의 사태가 성결교단에서도 일어난 것이다.

성결교회는 해방 후 하나의 연합체로서 한국교회를 유지하고자 한국기독교교회협의회(NCCK)에 가입하여 적극적으로 활동하고 있었다. 이후엔 신학적인 급진주의에 대해 복음적 신앙을 유지하고자 하는 교회연합운동 단체인 한국복음주의협의회(KEF, Korea Evangelical Fellowship)에도 가입했다.

그런데 이 두 연합회가 추구하는 바가 달랐고 이는 내부 분열의 단초가 되었다. 1961년 총회를 통해 반NCCK계가 두 기관 동시 탈퇴를 요구하며 격렬히 토론했지만 의견을 좁히지 못했다. 결국 1962년 반NCCK계가 보수총회를 조직하여 예수교대한성결교라 칭하면서 기독교대한성결교(기성)와 예수교대한성결교(예성) 두 교단으로 분열되었다.

교계의 지도자들은 교단의 분열을 막기 위해 최선을 다했다. 이성봉 목사 역시 '노경에 본 교단을 사랑하는 마음 간절하다'며 1일 1교회 순회 집회에 나서 중립적인 입장에서 복음의 메시지를 전하며 간절히 연합을 촉구했다.[10] 신앙적인 보수성은 지키되 다른 쪽의 의견에도 귀 기울이며 교단 연합을 위해 애썼다.

신앙의 보수성을 지키자는 입장이던 신촌성결교회는 예성측에 속했

---

10 교단 분열로 인한 어려움은 1965년 오랜 노력 끝에 양측이 합동을 결의하여 총회를 열면서 오늘의 기독교대한성결교로 통합되었다. 최종 합동을 통해 합쳐진 후 60여 개 교회가 예성에 남아 예수교대한성결교회를 이루고 있다.

지만 분열을 원치 않았기에, 당회를 열어 이 사안에 대해 중립 노선을 선포하고 보수를 위해 투쟁할 것을 결의했다. 담임목사와 갈등 가운데 있었지만 성도들은 목사의 입장을 따르겠다고 결단했다. 내부적인 문제와 분리해서 생각하겠다는 성도들의 성숙한 태도였다.

이러한 결단이 더 큰 혼란을 막을 수 있었다. 어떠한 시련에도 하나님만 보고 가겠다는 결단과 하나님이 세우신 교회를 지키겠다는 의지가 연합의 꽃을 피운 것이다.

> 모이면 예배드리고 무조건 나가서 전도했습니다. 모두가 가난했잖아요. 계란장사 하는 분의 계란을 팔아 주고, 참기름 장사하는 분들 있으면 물건 팔아 주고, 옷 같은 건 무조건 나눠 주고 또 어렵게 사는 분들 찾아가 보살피면서 복음을 전했어요. 식사 시간 되면 무조건 만나는 성도들과 밥을 나눠 먹고 그렇게 사랑을 나누고 꼭 초대교회 같은 마음으로 교회생활을 했습니다. 교회가 안팎으로 어려움을 겪는 와중에도 그저 기도하면서 버텼습니다. 우리 교회가 가장 큰 교회가 되게 해달라고 무작정 기도했던 것이 어려움을 이기게 한 힘이 아니었나 싶습니다.
>
> 최순신 원로권사와 김문곤 원로장로 인터뷰

땜장이의 심정으로

이정률 목사의 직무를 대행하던 조제택 전도사가 목사 위임을 받으면서 교회는 정상화되는 듯했다. 전임 목사의 사표도 수리되고 새로운 담임목사를 맞아 힘차게 시작하면 될 것이기에 모두가 희망에 부풀었다. 그런데 또다시 어려움이 다가왔다.

담임목사로 위임받은 지 얼마 되지 않아 목사의 개인적인 큰 문제가 드러나면서 교회에 파문을 일으킨 것이다. 그 일은 인간의 연약함을 보여 주는 동시에 교회의 근간을 흔들 수 있는 사안이기에 성도들은 큰 상처를 입었다.

이때 이성봉 목사가 전면에 나섰다. 그동안 이 목사는 1일 1교회 순회 집회를 통해 부흥사로 사역하면서도 목회자들의 잦은 교체로 교회가 어려움을 당할 때마다 조언하고 도움을 주는 등 관심을 쏟았다.

그런 그에게 조제택 목사의 일은 충격이었다. 자신의 노트에 "1964년 9월 28일 신촌교회 담임 폭탄 선언"이라고 표현할 정도였다. 그는 이 사태를 진정시키기 위해 교회로 돌아가야 한다고 생각했다. 교회로 돌아온 이성봉 목사는 이렇게 선언했다.

"나는 땜장이다."

이 목사는 구멍 난 곳을 때우는 땜장이의 심정이 되어 교회를 돌보았다. 상처 입은 교인 한 사람 한 사람을 찾아가 심방했다. 그들과 함께 울고 마음을 위로하며 하나님을 구했다.

1964년 10월 5일부터 시작한 성도대심방은 40일간 이어졌다. 직전에 청빙된 이옥희 전도사와 함께 4주에 걸쳐 21개 구역의 모든 성도와 만났고, 심방 이후 40일간 특별새벽기도회를 이어 가며 부흥의 불꽃을 살렸다.

하나님을 사랑하고 교회를 사랑했던 성도 한 사람 한 사람을 말씀으로 위로하고 권면하자 식어 버린 성도들의 심령은 사랑으로 회복되었다. 이 일에 대해 이성봉 목사는 자신의 노트에 "신촌교회 대심방을 시작하여 가정 부흥을 시키기 시작했다"고 메모했다. 40일의 심방은 심령이 회복되는 시간이었다.

> 당시 성도들이 교회 문제로 흔들리고 힘들어했습니다. 이 시련 앞에서 이성봉 목사님이 신속하게 해결사로 나서서 성도 한 사람 한 사람을 품으시고 위로해 주셨기에 교회가 하나로 연합할 수 있었던 것 같습니다. 그때 성도들이 이 목사님 심방을 받으면서 얼마나 좋아하고 기대했는지 눈에 선해요. 그러고 보면 신촌성결교회 초기 부흥의 원동력 중엔 심방목회가 중요한 역할을 했다고 보입니다. 지치고 힘든 시기를 살아가는 성도들을 심방을 통해 만남으로 위로해 주고, 말씀으로 치유되고 회복되는 역사가 많이 일어났으니까요.
>
> 이옥희 명예전도사(신촌성결교회 최초의 심방전도사) 인터뷰

교회는 이성봉 목사의 땜장이 목회로 다시 살아났다. 상처 입고 교회를 떠난 성도들이 돌아오고 심령이 회복되었다. 이제 해야 할 일은 좋은 목회자를 세우는 일이었다.

창립 후 10년 동안 목회자 교체가 잦았고 그로 인한 어려움도 있었던 만큼 후임을 세우는 일을 두고 온 교회가 기도했다. 몇 차례의 논의 끝에 최학철 목사를 담임목사로 청빙하게 되면서 개척과 성장이라는 다사다난했던 10년을 지나 새로운 시작을 맞이하게 되었다.

벽돌 한 장 한 장 쌓아 올린 교회

최학철 목사가 부임한 시기는 벽돌교회가 한창 지어지던 시기였다. 가정에서 천막교회로, 천막교회에서 판자교회로 변화했지만 성도들은 온전한 예배당을 갖추지 못한 아쉬움이 컸다. 이에 교회 증축을 놓고 기도했다.

"하나님, 예배당을 제대로 짓고 싶습니다."

이들의 기도와 염원은 벽돌 한 장 한 장 봉헌으로 이어졌고 1961년 3월, 교회 전면이 벽돌로 지어졌다. 하지만 이후 수년간 교회 내외의 여러 가지 사정으로 증축은 더디게 진행됐다.

그러다 1964년이 되면서 상황이 바뀌었다. 처음으로 건축위원회가 구성되면서 온전한 벽돌교회로 지을 것을 결의했다. 이를 위해 '벽돌 10만 장'을 마련하기로 하고 성도들은 벽돌 한 장 한 장을 봉헌해 나갔다. 매주 벽돌 헌납 사항이 보고되면서 한창 증축 공사가 진행되던 1964년 끝자락에 최학철 목사가 부임했다.

최 목사는 부임과 함께 이미 진행되던 증축 공사를 속도감 있게 이끌어 갔다. 구조는 종전 설계대로 진행하되 장차 상층으로 증축하더라도 지장 없도록 공사한다는 방향에 따르고, 건축 재정에 있어서도 제직이 본을 보이도록 독려했다.[11]

이와 함께 최 목사는 교회의 틀을 빠르게 정립해 나갔다. 성도들에게 교회 연중 행사표를 나눠 주며 교회가 어떤 계획을 하고 있는지, 교회의 조직과 제직이 어떻게 이루어져 있는지 등 일목요연하게 정리하여 보여 주었다. 체계를 얼마나 중요하게 생각하는지를 보여 주는 대목이다.

---

11 직원회의록 1965년 2월 7, 28일 참고

그동안 직원회를 통해 운영되던 체계를 당회 중심으로 옮기려는 시도도 했다. 당시 김홍렬, 최세근 장로가 세워져 있었기에 당회를 통한 교회 운영을 꾀했지만 아직은 역부족이었는지 직원회 중심으로 운영된 것으로 보인다. 그러나 이러한 시도는 훗날 당회 중심으로 교회 운영을 바꾸는 좋은 기반이 되었다.

남전도회도 구성했다. 교회가 시작되고 바로 구성된 신생부인회에 비하면 10년이나 늦었지만, 열심을 다해 남성 성도들의 교회 활동을 독려했다. 당시 집사였던 성도가 신학 공부를 하면서 개척한 연산교회를 돕는 일도 남전도회가 주도하는 등 실제적인 교회 개척에 도움을 주며 활동 범위를 넓혔다.

1965년 7월, 마침내 전면이 벽돌로 둘러싸인 120평의 예배당이 그 모습을 드러냈다. 그 해는 오랜 갈등 끝에 기성과 예성이 마음을 연합하여

벽돌교회

합동총회를 연 의미 있는 해이기도 했다.

　오랜 기도와 헌신, 눈물로 완성된 예배당에 들어선 성도들은 감격의 눈물을 흘렸다. 성전이 지어지기까지 10년이란 시간을 은혜로 채우신 하나님의 열심에 대한 감사이기도 했다.

　예배당이 지어지고 1년 뒤 성전 봉헌예배가 있었다.[12] 이날은 담임목사로 취임한 지 1년이 지난 최학철 목사의 위임식을 겸했다. 위임식은 최목사가 위임목사[13]로서 소신껏 목회할 수 있도록 힘을 싣는 의미가 컸다. 이와 함께 창립 후 세 번째로 장로를 세우는 날이기도 했다.

　이로써 교회는 한층 안정적인 체계를 갖추게 되었다. 성전을 짓고 사람을 세우고 체계를 세워 가는 일을 통해 성장의 동력을 마련한 셈이다.

　벽돌교회가 완성되면서 교회는 빠르게 성장했다. 예배당 증축에 이어 교회 주택을 지었고, 2년 뒤엔 교육관도 지어 학생예배를 드릴 수 있게 되었다.

　최학철 목사는 기도하는 종으로서 성도들에게 끊임없이 기도를 통해 성장할 것을 권면했다. 그의 주도로 시작한 '7.7 기도회'는 훗날 전 교단 차원으로 확대될 정도로 강력한 기도운동이 되었다. 이러한 기도와 함께 교회는 성장했고 예배당은 또다시 포화 상태에 이르렀다.

　　예배당에 들어섰을 때 싸늘한 겨울밤의 언 뺨이 일시에 화끈할 만큼 온기에 차 있었고 앉을 자리가 없어 본 좌석에는 못 앉고 옆으로 놓은 의자에 앉을 정도였다. 줄잡아 한 500명이 가늠되었다. 듣기에는 새벽 기도

---

12 1966년 6월 9일

13 위임목사는 전체 성도들이 참여한 교회의 최고의결기관인 공동의회의 투표로 결정된다. 3분의 2 이상의 찬성으로 당회의 위임을 받은 위임목사는 정년까지 재신임을 묻지 않고 담임목사직을 수행할 수 있다.(출처 : 국민일보 https://news.kmib.co.kr/article/view.asp?arcid=0924076971)

도에 100여 명이 참석하는 기도와 전도와 사랑으로 넘친 교회라는 인상
을 받았다.

편집실, "지역발전에 발맞추는 신촌교회", 〈활천〉 337호(1969년), 46-47

노고산동 시대를 열다

성장가도를 달리던 신촌성결교회는 늘어나는 성도를 수용하기 어려워졌다. 이는 서울시의 도시개발계획으로 인한 신촌 일대가 크게 변화 발전하는 과정과 맞물려 교회 이전 문제로 이어졌다.

문제는 벽돌교회를 봉헌한 지 4년밖에 되지 않은 시점이어서 의견이 갈렸다. 부지를 옮긴다는 것은 재정적인 부담이 따르는 일이기에 더 그랬다.

그러던 차에 뜻밖의 소식이 들렸다. 신촌 지역에 밭으로 사용되던 국유지를 구입할 기회가 온 것이다. 게다가 대지에 현금까지 받는 조건이었기에 재정적인 부담도 덜 수 있었다.

이에 이전 문제가 급물살을 타면서 임시직원회가 소집되었다. 이때 밭으로 사용되던 노고산동 49-45번지가 새로운 교회 부지로 결정되었다. 구 교회 부지와 교환하되 633평의 땅과 1,600만 원의 현금을 받는 조건이었다. 부지를 옮겨 새롭게 건축을 해야 하는 교회로서는 매우 좋은 조건이었다.

오랫동안 기도하던 교회 대지 633평이 결정되었음.

1970년 4월 12일 주보에 소식이 전해지자 성도들은 한마음으로 기뻐했고 놀랐다. 하나님께서 이미 갈 곳을 예비하고 계셨음에 감사했고, 누가 봐도 불가능해 보이는 조건을 하나님이 가능하게 바꿔 놓으심에 놀랐다.

교회 부지가 결정됨에 따라 연건평 544평의 교회 건축을 추진했다. 성전 건축을 위한 건축위원회가 구성되고 성도들의 눈물겨운 기도의 중보가 시작되었다. 당시 심방전도사로서 성도들의 신앙생활을 함께하던 이옥희 전도사는 아예 보따리를 싸들고 예배실로 거처를 옮겨 밤낮을 가리지 않고 눈물로 기도했고, 성도들 역시 철야기도회 때면 교회 건축을 위해 간절히 기도했다.

초기 건축이 진행되는 과정에서 난공사로 인한 어려움과 다소 계획적이지 못한 재정 운영으로 어려움이 있기도 했지만 매 순간 은혜로 문제가 해결되었다.

건축의 첫 삽을 뜨고 3개월 정도 흘렀을 때 본당 지하층이 완성되었다. 예배 공간이 확보되면서 1970년 7월 6일, 신축 중인 지하에서 주일예배를 시작했다. 15년간의 창천동 시대를 마감하고 노고산동의 시대를 맞게 된 것이다.

감사한 것은 교회가 이전돼 새롭게 지어지고 있는데도 이미 500여 명이던 성도 수가 계속 늘어나 700명 선으로 올라섰다. 성령의 기름이 부어지듯 하나님께서 은혜를 부으신 결과다.

교회는 지하층만 겨우 지어진 상태였기에 완공까지 가야 할 길이 멀었다. 부지 상환 조건으로 현금을 받은 것이 초기 자금으로 큰 역할을 했지만 건축의 규모가 커짐에 따라 재정의 부담이 상당했다.

그러자 성도들의 자발적인 헌신이 시작되었다. 제직들의 섬김, 그 모습에 감동받은 성도들이 나섰다. 누구도 넉넉하지 못한 삶이었지만 과부의 두 렙돈과도 같은 자신의 것을 내어 드렸다.

"성전 건축을 위해 드릴 수 있는 건 머리카락뿐입니다. 이거라도 잘라

팔아 성전 짓는 데 헌금하겠습니다."

"결혼반지입니다. 이걸 바치겠습니다."

"집 장만하려고 저축한 돈입니다. 제 집보다는 하나님 집 짓는 게 우선 아닙니까. 모두 드리겠습니다."

하나님의 몸 된 교회를 세우기 위한 한 사람 한 사람의 땀과 기도, 물질이 이어졌고 놀랍게도 재정이 그때 그때 채워지는 역사가 일어나며 부채 없이 지어졌다.

헌신의 역사는 계속됐다. 1971년 5월에 본당이 완성되고 본당에서 예배하게 되었을 때다. 예배당에 놓을 장의자가 필요한 상황이었고 희망에 따라 자발적으로 의자 헌금을 결의했다. 교회에 놓일 장의자 헌신은 성도들의 마음을 움직였고, 누가 먼저랄 것도 없이 의자 헌금에 나섰다.

어떤 성도는 사랑하는 아들의 이름으로 의자를 헌납하기도 하고 어떤 성도는 남편 또는 아내의 이름으로 하는 등 본당 장의자엔 성도들의 이름이 새겨졌다. 지금도 어린 시절 자신의 이름이 장의자에 새겨진 일을 기억하며 그때의 감동을 떠올리는 이가 있을 정도다. 의자 헌금은 큰 울림을 준 일이었다.

자고하지 못하게 하는 시험도 있었다. 성전 건축 막바지에 이르렀을 때의 일이다. 당시 교회 종탑 공사를 마무리하면서 종탑 9층에서 일하던 인부가 추락하는 사건이 발생했다.

다친 인부를 세브란스 병원으로 옮겼으나 상황은 절망적이었다. 안전사고 없이 건축이 마무리되게 해 달라고 기도했건만 갑작스런 사고 앞에서 모두가 망연자실했다. 당시 병원으로 달려간 이옥희 전도사는 절망했다. 중환자실에 누워 있는 인부는 겨우 숨만 붙어 있는 상황 같아 보였기 때문이다.

할 수 있는 건 기도뿐이었다. 인부가 사경을 헤매는 동안 온 교회가 눈물로 기도했다. 공사 마무리를 앞두고 안일했던 신앙을 회개하고 그의 회복을 간구했다.

그러자 기적이 일어났다. 누워 있던 인부가 열흘 만에 깨어난 것이다. 온몸에 난 상처도 경미한 타박상 정도였고 의식이 돌아오니 몸이 빠르게 회복되었다. 이 사건을 통해 교회는 다시금 각성했고 마지막까지 기도하며 공사를 마무리 지을 수 있었다.

> 종탑 사건은 하나님이 보여 주신 기적입니다. 생각해 보니 교회 건축이 다 되어 간다고 안심하여 매일 밤마다 하던 철야기도를 쉬기로 결정한 지 3일 만에 일어난 일이었습니다. 얼마나 회개가 되는지 그날로 교회로 돌아가 철야기도를 다시 시작했습니다. 그렇게 기도를 한 지 열흘 만에 인부가 깨어났고요. 돌이켜 보면 종탑 사건은 하나님의 은혜를 체험한 일이면서 교회가 새롭게 각성하게 된 계기이기도 했습니다.
>
> 이옥희 명예전도사 인터뷰

교회는 눈물겨운 성도들의 기도와 헌신, 전적인 하나님의 은혜로 마침내 노고산동 시대를 열기 시작했다. 종탑 11층, 지하를 비롯해 지상 2층으로 지어진 성전에서 1974년 6월 16일 봉헌예배를 드렸다. 이날 예배는 최학철 목사의 성역 40주년 기념과 동시에 새로운 권사들의 취임으로 성대하게 진행되었다. 현재 아천홀(구 성전)로 쓰이고 있는 성전이다.

노고산동 시대가 열리면서 최학철 목사는 성도들에게 신앙의 본질로 돌아갈 것을 권면했다. 기도를 강조했고 그를 통한 은혜를 경험하며 전도

아천홀(구 성전)

로 이어지도록 했다.

온 교회 차원에서 성령을 체험하고 복음을 전하는 일에 진심이었기에 교회는 날로 성장했다. '짝 믿음' 전도, '교인 배가 운동'을 비롯해 서울신학대학교 신학생들과 함께 전도대회를 열고 복음 전파에 앞장섰다. 이는 한국교회 성장에 빼놓을 수 없는 '빌리그레이엄 전도집회'(1973년)와 '엑스플로 74전도대회'의 적극적 참여로 이어졌다.

성도들의 신앙을 관리하는 데에도 주력했다. 특히 심방목회를 중요하게 여겼는데 이를 위해 동역자들을 적극 활용했다. 심방전도사로서 전성도의 출산에서 장례까지 온갖 대소사를 챙기던 이옥희 전도사뿐만 아니라 협동목사로 교회를 섬기던 조종남 목사, 이석종 부목사 등을 청빙하여 협동목회를 해 나갔다.

또한 성도가 급증함에 따라 교육 기관을 구성하고, 체계적인 교육과 지도를 위해 구의병, 왕영천, 홍길표, 이상직 등 교육전도사들을 세웠다. 교회학교는 물론 청년부에 이르기까지 신앙 교육의 전문화를 이루기 위한 노력을 이어 간 것이다.

노고산동으로 옮겨 지금에 이른 신촌성결교회는 변화하는 시대를 수용하되 성결교 전통 신앙의 정체성을 지키며 단단한 신앙의 공동체로 나아갔다. 최학철 목사라는 강직한 목회자를 통해 교회의 틀을 안정적으로 잡았고, 대학가로 변모해 가는 신촌 지역의 상황에 맞춰 체계를 갖춘 덕분이다.

화합과 지성의 목회를 열다

1970년대 중반에 들어서면서 성결교단의 중심적인 교회로 성장해 가던 교회는 담임목사의 갑작스런 사의 표명으로 다시 혼란에 빠졌다. 새로운 예배당에서 드린 봉헌예배 후 고작 두어 달이 지난 시점이었다.

최학철 목사가 갑작스럽게 사의를 표명한 것은 열 명의 자녀 중 대부분이 미국에 가게 되면서였다. 잦은 교역자의 교체로 아픔을 겪은 교회로선 또다시 담임목사가 부재한 상황을 맞을 수 없었기에 후임 목사 청빙에 매달렸다. 그러나 최 목사의 사의 표명부터 이민에 이르기까지는 불과 한 달여밖에 걸리지 않았다. 결국 6개월간 담임목사가 부재한 상황이 되었고 성도 수가 감소했다. 여러모로 아쉬운 일이다.

6개월의 시간 동안 담임목사 청빙 문제를 놓고 성도 간의 갈등도 있었다. 하지만 교회를 사랑하신 하나님은 갈등이 분쟁으로 번지기 전에 정진경이라는 좋은 종을 보내셨다. 위기를 기회로 바꾸시며 새로운 시대를 열어 가신 것이다.

아천 정진경 목사는 이성봉, 최학철 목사와 함께 신앙의 뿌리가 깊은 이북 출신으로, 파란만장한 한국 현대사 속에서 개인적 체험과 회심을 통해 주의 종이 되었다. 지적 호기심이 강하고 신학에 대한 깊은 탐구를 소원하던 정진경 목사는 한국 성결교단이 최초로 파송한 미국 유학생으로서 LA 아주사퍼시픽대학교와 애즈베리신학대학원에서 신학을 연구했다. 한국으로 돌아온 후에는 서울신학대학교에 부임해 조직신학을 강의하며 학계의 인정과 존경을 받았다. 그런 정 목사가 신촌성결교회 담임목사 청빙 제안을 받아들인 것은 신학과 목회가 함께 가야 한다는 그의 철저한 복음관 때문이었다. 존경받는 신학자로서 강단을 떠나 목회자로 선다는 것은 교계나 학계에 신선한 충격이었다.

정진경 목사가 3대 담임목사로 취임한 때는 1975년 2월, 그가 여전히 목회자 청빙 건으로 갈등과 상처가 남아 있던 교회를 향해 처음으로 전한 메시지는 사랑과 용서였다. 마태복음 18장 21-34절을 본문으로 '몇 번이나 용서하리까'라는 설교를 하며 사랑과 용서를 통해 교회가 하나 되게 하시는 주님의 뜻을 강조한 것이다. 그와 함께 이렇게 선포했다.

"성도 여러분, 앞으로 3년 정도는 제가 독재를 하겠습니다."

온화하고 인자한 성품의 정진경 목사가 이같이 선포한 것은 그만큼 연합을 위해 노력을 기울이겠다는 의지의 표현이었다.

부임 후 가장 먼저 한 일은 마포구 성산동에 성산교회를 지교회로 세워 담임목사 자리를 대신하던 이석종 부목사를 시무목사로 세우고 원하는 성도들에게 출석하도록 한 것이다. 이로 인해 갈등이 조용히 마무리되면서 교회는 빠르게 안정을 찾았다.

정 목사는 은사 위주, 이론적인 말씀 위주의 목회가 아닌 삶의 현장에서 학문이 실제적으로 빛을 발휘할 수 있는 살아 있는 사역을 하겠다고 다짐하며 말씀을 전했다. 독재를 하겠다고 선포했지만 임기 내내 단 한 번도 독단적으로 일을 한 적이 없다. 무슨 일이든 이견이 없을 때까지 기다리고 조율하며 만장일치를 이끌어 냈다. 그만큼 온유하고 겸손한 목회자로서 교회를 섬겼다. 교회는 훌륭한 인격과 영성을 갖춘 종과 함께 변화와 부흥의 기회를 맞이했다.

신학과 목회의 균형

"목사님, 훌륭한 메시지에 은혜 많이 받았습니다. 그런데 설교에서 '신학적'이란 표현은 좀 빼주셨으면 합니다."

"장로님, 오늘 저녁에 한 설교는 신학적인 근거에서 한 것인데 그 말을 빼면 메시지의 중심을 잃게 됩니다."

"물론 목사님은 교수이시니 그러겠지만, 설교에서 신학적, 교육적이란 표현이 너무 자주 사용됩니다. 그러다 보니 마치 강의를 듣는 것 같아 은혜가 되지 않습니다. 그러니 순수하게 은혜의 말씀만 전해 주시면 성도들이 어려워하지 않고 은혜를 받을 수 있을 것 같습니다."

정진경 목사는 이 대화를 무척 소중하고 감사하게 여겼다고 전한다. 이 대화는 목회의 방향을 설정하는 키워드가 되었다.

한국교회 안에서 신학과 목회가 별개의 것으로 생각되는 것을 안타까워하던 정 목사는 교실에서만 가르치고 배우는 것으로 끝난다면 죽은 신학이라고 생각했다. 살아 있는 신학이 되려면 '성도들이 생활 현장에서 결실할 수 있는 신학'이 되어야 한다고 생각했기에, 성도들의 삶의 현장 눈높이에서 신학이 이해될 수 있도록 많은 노력을 기울였다. 그러려면 역사 위에서 선포되지 않는 메시지는 복음일 수 없기 때문에 역사와 대화하는 목회, 건전한 예배와 교육과 선교가 균형을 이루는 균형 잡힌 목회를 추구했다.

건전한 예배와 교육과 선교가 균형을 이루는 목회를 위해 장년예배를 강화하고 학생예배를 장년예배과 분리했으며, 예배가 예배다워질 수 있도록 과감히 변화를 시도했다. 그와 함께 인도 선교와 외항선교회 등 해외 선교의 물꼬를 트며 선교에 앞장서는 등 발전적인 변화를 추구하되 변화 앞에서 성도들을 교육하고 설득했다.

성도들의 신앙의 성장을 꾀하려는 노력도 이어졌다. 교육자로서 오랜 시간 강단에 선 경험을 바탕으로 일반 성도를 위한 신앙 강좌를 열었다. 이러한 시도는 당시 한국교회 내에서는 드문 일이었고 교회로서도 새로운 도전이었다.

당회 운영과 구역 관리에도 변화를 주었다. 1970년 4차 장로장립식을 기점으로 9명의 당회원이 구성되면서 교회 운영의 구심점이 당회로 옮겨 가기 시작했다. 그러다가 정진경 목사의 부임 이후 당회가 주요 의결기관이 되었고 당회가 결의한 사항을 사무총회를 통해 승인을 얻는, 지금의 과정으로 옮겨졌다. 이는 교회가 성장하는 과정에서 당연히 나타나는 현상이었다.

창립 이후 2년 만에 4개로 구분한 구역은 해를 거듭하면서 5개, 9개, 13개, 1963년에는 21개 구역으로 발전했다. 그러다가 1975년엔 23개 구역으로 늘어났고 1977년부터는 구역 조직에 변화를 주어 전체를 5개로 나눈 뒤 중간 관리체계인 10개 도구역을 두고 그 아래 52구역으로 개편했다. 성도가 늘어남에 따라 구역을 세밀하게 나누어 구역 차원에서 관리하도록 하되 목회자가 지도 감독할 수 있도록 한 것이다.

이와 함께 교육관 건립이라는 장기적인 비전을 세웠다. 교회는 이미 포화 상태였다. 정 목사가 부임했을 당시 갈등의 여파로 성도가 줄긴 했지만 점차 부흥하여 장년 성도 900여 명, 주일학교 유년부를 비롯해 중고등부 학생이 800명에 육박했다.

당연히 교육 공간에 대한 필요성이 대두되었다. 당시 대학부에서 발간하던 〈사귐〉은 대학부뿐만 아니라 모든 부서의 소리를 담은 소식지로,

다양한 의견이 실렸다. 1980년대를 앞두고는 교육관 건립이 시급하다는 글이 자주 올라왔다. 그만큼 교육에 대한 열정이 넘치는 교회임을 보여 주는 대목이기도 하다.

> 주일 아침이면 항상 시간에 쫓기는 각 기관들의 모습이 보는 이로 하여금 안쓰러움을 느끼게 한다. 1층을 사용하는 부서는 4개 기관과 자치기관으로 두 개의 성가대가 연습을 한다. 제일 먼저 베다니 성가대가 주일 오전 8시 20분부터 대학부 예배실에서, 뒤쪽 성가연습실에서는 유년부 성가대가 성가 연습을 시작하고, 8시 50분부터는 유년주일학교 예배가 고등부 예배실에서 시작된다. 9시 50분에 예배가 끝나면 곧바로 분반 성경공부에 들어가는데 학년당 7개 반씩 42개 반이 장소를 찾아 헤매게 된다. 식당, 예배실, 사무실, 회의실… 옆 반에서 조금이라도 크게 강의하면 그 반 수업에 방해가 된다. 그러다 조금 있으면 고등부 예배가 시작된다. 10시 30분부터 밀려나야 하고 또 한차례 예배가 시작된다. (중략)
>
> 이상에서 살펴본 바와 같이 교육부는 완전 포화 상태에 직면해 있다. 매주 발전하는 교육기관은 급속한 인원 증가와 더불어 다채로운 프로그램이 계획되고 있다. 그런데 그들을 수용해 줄 만한 교육관은 없다.

"교육관 건립이 절실하다", 〈사귐〉(1978년 5월 28일)

1978년부터 논의되던 교육관(현 키움관) 건립은 1980년 '교육관 건립을 위한 특별헌금'을 결의하면서 시작되었다. 이를 위한 건축위원회가 구성되고 건축위원장은 김동수 장로가 맡았다. 이성봉 목사의 둘째 사위이자 한국도자기 대표인 김동수 장로는 창립 초기부터 청년부원으로 교회를 섬긴 일꾼으로서 최선을 다해 교육관 건립을 이끌었다.

교육관 건립 재정은 당회에서 50%를 담당하고 나머지는 성도들의 헌신으로 채우기로 했다. 1980년대 들어서면서 당회 중심으로 교회가 운영되고 있었기에 이미 세워진 열 명이 넘는 당회원들이 솔선수범하여 새 정을 심으면 성도들이 따르는 구조를 갖추었다.

논의부터 완공까지 5년간의 장기적인 건축 프로젝트를 진행하면서 헌금을 특별히 강조한 일이 없었음에도 성도들의 자발적인 참여가 이어졌다. 그런 까닭에 지금까지 그런 것처럼 교육관 건축 역시 부채 없이 진행되었다. 하나님이 특별히 부어 주신 은혜요, 힘이다.

1982년 5월 2일, 건평 677평으로 지어진 교육관의 봉헌예배가 드려졌다. 교육관이 봉헌됨에 따라 매 주일 공간 부족으로 힘들어하던 학생들이 넓어진 공간에서 주의 말씀을 배울 수 있게 되었고 성도들 역시 다양한 배움의 기회를 누릴 수 있었다. 이로써 교회는 본당과 교육관을 갖추며 성장의 시대로 나아갔다.

교육관

지성과 영성으로

정진경 목사는 지나친 기복과 맹목적인 믿음에 치우치지 않도록 이성과 지성이 조화된 신앙 체질로의 변화를 추구했다. 성장을 강조하면서도 기독교의 품위가 떨어지는 것을 조심한 것이다.

이를 위해 주변의 상황을 잘 살펴 목회에 활용하는 구상을 했다. 그는 전도사 시절 공주교회에 첫 부임했을 때 중고등 학생들에게 영어를 가르친 것으로 인해 주변의 비난에 부딪혀야 했다. 정 목사는 그곳이 양반촌이라는 사실에 착안해 정월 초하룻날 어른들을 찾아다니며 세배하는 것으로 문제를 돌파했다. 실제로 그날 이후 그는 '싹수 있는 자'가 되어 목회를 잘할 수 있게 되었다.

그때의 경험을 거울삼아 정 목사는 새로운 대학촌으로 성장하고 있는 신촌 지역의 특성상 지식인들을 성도로 확보해야 한다고 생각했다. 전통적인 성결교회 목회 방법으로는 변해 가는 신촌 지역의 사회상에 발맞추기 어렵다고 판단하고, 지식인들의 수준에 맞는 설교를 준비하고 그들의 눈높이에 맞춰 교회 프로그램을 기획했다. 성도들을 위한 신앙 강좌나 특강, 행사의 격이 높아진 것은 이런 이유에서였다.

오해하지 말아야 할 것은 지식인과 비지식인을 나누는 목회가 아니었다는 점이다. 성도들이나 목회자들이 평가한 것처럼, 그의 설교는 학자다움을 드러내는 것이 아닌, 깊이 있는 내용이지만 쉽게 전달되는 설교였고 그렇게 하도록 일생을 노력했다.

그의 노력으로 기존의 성도는 물론 새롭게 유입된 지식층의 성도들까지 정진경이라는 목회자와 사랑으로 묶일 수 있었고 하나 될 수 있었다. 어떤 갈등이나 분쟁도 없었다.

지성 목회로 체질 개선이 이루어지면서 각계 지식인들이 교회로 유입되기 시작했다. 교회 내 의사는 물론 법조인, 교수, 정관계 인사 등 지식층이 두터워졌고 이러한 전문 지식인들이 교회 운영에 적극 참여하게 되었다. 일례로 교회 내 회계 전문가를 교회 운영에 적극 참여시켜 회계제도를 새롭게 확립할 수 있었다. 이처럼 각 분야 전문가 성도들이 봉사에 참여하면서 교회 운영에 전문성이 더해졌다.

이와 함께 바르게 배우는 일에 힘을 기울였다. 부임한 이듬해(1976년) '바르게 배우고 열심히 전하며 사랑으로 봉사하자'라고 목회 목표를 발표한 것을 보아도 알 수 있듯이 그는 교육자답게 성도들의 바른 신앙 교육을 위해 노력했다.

그때까지 교회 내 성도들의 신앙 성장을 위한 프로그램은 구역예배나 부흥회 정도가 다였는데 1976년부터 신앙 강좌라는 이름으로 일반 성도를 대상으로 신앙 교육이 이뤄졌다. 신앙 강좌는 해마다 진행되었고 지금은 부흥사경회라는 이름으로 이뤄지고 있다.

부흥회를 부흥사경회로 이름을 바꾼 것은 지성 목회를 반영한 결과라 할 수 있다. 당시 부흥회가 심령 부흥을 통한 개인 구원과 내세적인 구원에 역점을 두었다면, 부흥사경회는 성경을 공부하고 일상생활에 적용하는 등 이성적이고 지식적인 요소가 강조되었다. 실제로 부흥사경회를 인도하기 위해 초빙된 강사[14]들의 면면을 보면 모두 지성인으로 대표되는 목회자들로 구성되었다. 이로써 성도들의 신앙 체질이 서서히 바뀌게 되었다.

지적이고 이성적인 목회를 통해 신앙의 체질이 바뀌며 교회는 내적

---

14 1976년 림인식 목사, 1977년 김선도 목사, 1978년 한경직 목사, 1979년 박조준 목사, 1980년 김동길 교수 등이 강사로 초청됨

으로 성장했다. 표면적인 성장에 급급하는 것이 아닌 영적으로 성장하는 방법을 고민했고 교회의 하나됨을 위해 애썼다. 이는 민주적이고 온유한 정진경 목사의 본을 받으려는 마음이기도 했다.

정 목사는 당회를 운영할 때 의견이 어긋나는 일이 있을 때 쉽게 결정을 내리지 않았다. 한 사람이라도 마음 상한 사람이 있으면 결정을 연기해서 만장일치가 될 때까지 기다렸다. 세계 선교 비전을 역설할 때는 뜨거운 의지를 표명하면서도 성도 한 사람 한 사람에겐 인간적으로 다가섰다.

1981년 기독교대한성결교회 총회장으로 피선되어 성결교단을 이끌어갈 때도 연합을 향한 따뜻한 의지와 인격은 많은 이들에게 귀감이 되었다. 한국 교단이 갈라져 있음을 누구보다 가슴 아파했기에 성결교단뿐만 아니라 장로·감리·성결 교단이 하나로 연합하는 일에도 겸손하게 다리 역할을 했다. 이러한 행보가 지속되면서 정진경 목사는 한경직 목사와 함께 존경받는 한국 교계의 목회자가 되었고 자연스럽게 교회의 위상도 높아졌다.

성도들 역시 정 목사의 인격적인 면을 닮으려 노력하며 내적으로 성장했다. 주보나 소식지 하나 만드는 일에도 최선을 다했고 대승적인 차원에서 결정해야 하는 일에 신속하고 적극적으로 참여했다. 그 결과 지성과 영성을 추구하는 성숙한 교회로 세워 갈 수 있었다.

평범함 속에 비범함으로

1990년, 어느덧 교회는 창립 30주년을 넘어 35주년을 향하고 있었다. 한국 경제가 정점에 오른 1990년대를 맞이하면서 교회는 또 다른 변화 앞에 서야 했다. 3대 담임목사였던 정진경 목사의 은퇴가 다가오면서 새로운 담임목사를 청빙해야 할 시점이 돌아온 것이다.

정진경 목사가 16년간 교회를 담임하면서 신촌성결교회는 명실공히 성결교단의 중추적인 역할을 하는 교회로 위상이 높아졌다. 이는 지식층을 위한 집중적인 목회 공략과 함께 기도와 각종 은사에 부합하는 목회를 적극 활성화하고 신학과 목회, 신앙과 이성, 지·정·의의 균형을 이룬 성도의 삶을 지향하도록 도운 목회자의 몫이 컸다. 정진경 목사는 신촌성결교회의 담임목사로서 역할에 충실했을 뿐 아니라 기독교대한성결교회 총회장, 한국기독교총연합회 대표회장, 월드비전 이사장, 한국세계선교협의회장 등 많은 대외 활동을 통해 교계에 지대한 영향을 끼쳤다. 이 같은 지도자가 함께한다는 것은 교회로서 큰 자산이었다.

교회는 4대 담임목사 청빙을 두고 뜨겁게 기도하며 하나님의 뜻을 구했다. 이성봉 목사가 일군 토대 위에 최학철 목사가 밭을 갈았고, 정진경 목사가 씨를 뿌린 곳에서 나무가 자라 열매를 맺게 해 줄 주의 종을 보내 달라고 기도했다. 그 결과 이정익 목사를 청빙하게 되었다.

당시 이정익 목사는 군목 출신의 40대 젊은 목사로, 상도동교회와 춘천소양교회를 거쳐 아현교회에서 목회를 하던 중 청빙 제안을 받았다. 당시 신촌성결교회는 대형 교회는 아니었지만 성결교단 내에서 인정받는, 특히 대학교수 출신의 목회자가 담임한 품격 있는 교회로 알려졌기에 부담이 되기도 했다. 하지만 기도 중에 강력한 부르심이 있었고 그 부르심에 따라 담임목사로 부임하게 되었다.

1991년 4대 담임목사로 취임한 이정익 목사는 "옛적 길 곧 선한 길이 어디인지 알아보고 그리로 가라"는 예레미야 6장 16절 말씀을 그대로 행했다. 이는 교회가 걸어온 연대를 기억하며 점진적인 변화를 추구한 것으로, 교회의 정체성을 고수하되 급속한 변화를 추구하지 않았다.

많은 목회자가 담임목사가 되면 기존의 틀을 벗고 새로운 변화를 시도한다. 그것이 곧 새로운 바람을 일으킬 거라는 생각 때문인데, 오히려 급속한 변화는 득보다 실을 가져올 가능성이 크다. 그렇기에 많은 교회가 변화 앞에서 진통을 겪곤 하는데, 이정익 목사는 이러한 실수를 범하기 않기 위해 수년간 기존 교회의 틀이나 체계를 고수했다.

정진경 목사를 통해 시작된 해외 선교나 교회의 대외 활동, 교단 내에서 교회가 젊어질 몫 등 전임 목회자의 목회 형태를 유지하는 것이 원로목사에 대한 예의이자 성도들과도 쉽게 융합할 수 있는 길이라 여긴 것인데, 실제 이런 모습은 리더의 교체에 따른 피로감을 줄였다.

변화에 대한 부담을 내려놓는 대신 '어떻게 하면 교회가 지역사회와 한국교회를 위해 그 역할을 감당할 수 있을까'를 생각하며 사역을 구상했다.

그 결과 단 한 번도 분리나 당파가 없었던 교회의 전통을 이어 인화 목회를 실천했고, 하나님과 이웃을 섬기는 섬김 목회를 이어 갔으며, 나눔을 통해 영적인 책임을 다하는 교회로 자리매김하는 데 온 힘을 기울였다.

특히 주력한 부분은 목양이다. 성경에 표현된 목양은 양 떼를 돌본다는 의미로, 소중히 품고 따뜻하게 돌보며 사랑으로 양육하는 것을 말한다. 목회자에게 있어 성도들을 돌보고 양육하는 일은 본질이기에 이 목사는 목양에 최우선을 두었다. 이는 지적 도약기를 거쳐 높아진 교회의 위상에 걸맞은 결정이었다. 그 결과 5년 만에 배가 되는 축복[15]이 임했다.

설교에는 변화를 주었다. 목회자는 성도들에게 하나님의 말씀을 내언하는 자로서 메신저 역할을 잘해야 한다. 이정익 목사는 '허황되지 않고 지성적인 메시지로, 웅변적이지 않고 대화체의 설교로, 권위적이지 않고 생활적이며, 이론적이지 않고 신앙적인 메시지로, 구체적인 메시지를 전달'하겠다는 철학을 바탕으로 삶에 적용이 되는 설교를 전했다.

성도들은 이를 친근하게 받아들였다. 실제 자신의 삶에 적용하게 되는 현실적인 메시지는 성도들의 평범한 일상 속에서 비범한 진리를 깨닫게 해 주는 힘이 되었다.

1990년대를 맞아 신촌성결교회는 그동안 지켜 온 교회의 아름다운 전통을 지키되 인화와 섬김, 나눔을 실천하는 목회자와 함께 부흥의 시대로 나아갔다.

---

15 1991년 재적 1,436명에서 1995년 3,424명으로 거의 두 배가 되었다.

부흥이 온다

한국 교계는 1990년대에도 여전히 성장기를 지나고 있었다. 이정익 목사는 이러한 흐름에 따라 교회 성장에 초점을 맞추어 사역을 이어 갔다. 그러려면 지역에 대한 이해가 수반되어야 했기에 철저한 조사를 통해 구체적이고 장기적인 목회 계획을 세웠다.

1990년대 들어서면서 신촌은 더 이상 모이는 지역이 아닌 흩어지는 지역이 되었다. 상업지구로 바뀌면서 뿔뿔이 흩어지는 곳이 되었고 거주하는 이들은 대부분 맞벌이 가정이었다. 더구나 반경 2km 안에 대학 캠퍼스가 다섯 개나 있는 대학촌이었다.

예전과는 달라진 지역 현실을 반영하여 교회 사역을 해야 했다. 이에 맞벌이 가정을 도울 수 있는 지역사회 사역을 지원하고, 상업 활동 종사자들을 도울 수 있는 교회 내 전문 인력을 활용한 상담을 시작했다.

특히 청년들이 많이 모일 수 있다는 장점을 목회에 적극 활용하는 게 관건이었다. 대학가 중심에 자리 잡았다는 장점을 최대한 발휘해 지금까지와는 다른 청년 교회로 부흥해야 한다는 거룩한 꿈을 꾸며 변화를 꾀했다. 이를 위해 청년 지도자와 소그룹 인도자를 양성하고 청년예배를 공개 예배로 과감히 전환했다.

그러자 예배가 살아나고, 교육을 통해 청년 사역에 헌신하는 이들이 지속적으로 배출되면서 폭발적인 부흥으로 이어졌다. 이것은 혁신이었다. 이로써 신촌성결교회는 지식인들이 모이는 교회에서 청년이 모이는 교회로 확장해 나가는 발판을 마련할 수 있었다.

교회 성장을 위해 강조한 것은 '함께하는 목회'였다. 성장은 결국 하나됨의 연합에서 시작된다는 것을 목회를 통해 철저히 실천한 것인데, 이를 위해 1990년대에 시작한 '전 교인' 차원의 목회는 성장 드라이브가 되었다. 제일 먼저 시작한 것은 기도다. 기도는 교회를 지탱하는 힘이다. 성도들의 눈물과 기도로 세워진 교회는 쉽게 무너지지 않는다. 이정익 목사는 약해진 기도의 불꽃을 살려 부흥으로 이어지길 기도했다. 이를 위해 사순절 새벽기도회를 시작했다.

부활절 이전 40일간 예수님의 고난을 생각하며 지키는 사순절 새벽기도회를 처음 시작한 것은 1992년, 성도들은 새벽을 깨우며 성전으로 나왔다. 40일간의 새벽기도회를 통해 개인적으로 시간이 허용하는 범위에서 충분히 기도하도록 했는데, 과연 기도의 불씨가 살아났다. 이는 지금까지 특별새벽기도회로 이어지고 있다.

예배와 기도의 기초를 단단히 잡아 가는 동시에 또 하나 시도한 것은 '전 교인'을 대상으로 하는 행사였다.

재적 교인 3천 명이 넘어가던 1996년 처음으로 시작한 전 교인 체육대회는 새로운 역사가 되었다. 1천 명이 넘는 교인들이 참석해 웃고 뛰고 땀을 흘렸다. 이는 교세가 늘어남에 따라 줄어드는 소속감을 긍정적으로 바꾸는 계기가 되었다.

체육대회를 시작으로 전 교인 산상기도회, 전 교인 수련회 등 전 성도의 신앙 훈련이 이어졌다. 1박 2일에 걸쳐 전 교인이 신앙의 교제를 나누고 기도하는 행사를 통해 굉장한 효과가 나타났다. 행사에 참여하는 성도들이 경험하는 기쁨과 감동도 크지만, 행사를 준비하는 과정에서 얻어지는 하나 됨의 은혜가 훨씬 컸기 때문이다.

이정익 목사는 행사를 진행할 때마다 준비위원회의 인력을 크게 강화했다. 적재적소에 필요한 평신도 인재들이 발굴되고 그들이 함께 기도로 준비하면서 교회로선 인재를 얻게 되고 성도들은 신앙 훈련이 되는, 좋은 성장 구조를 갖추게 된다고 생각했기 때문이다. 실제 이 생각은 주효했다. 전 교인이 함께하는 행사를 통해 많은 평신도 성도들이 일꾼으로 세워지며 부흥했다.

1990년대 중반을 지나며 성도 5천 명이 넘는 큰 교회로 향해 가던 신촌성결교회는 성도와 함께하는 목회를 넘어 목회자들과도 함께하는 사역으로 지경을 넓혀 갔다. 성결교단을 넘어 한국 교계에서 위상이 높아짐에 따라 지도자 사역이 필요했던 것이다. 신촌포럼은 이러한 배경에서 시작되었다.

신촌포럼은 목회자들을 대상으로 한 세미나로, 교회 사역에 협동하는 목회자들을 중심으로 진행되었다. 주제에 대해 서로 토론하는 세미나 형식으로 신학 분야의 석학들이 참여하는 만큼 포럼을 개최하는 교회의 품격은 더욱 높아졌다.

1997년에 시작된 신촌포럼은 지금까지 40여 회에 걸쳐 진행되었으며, 해마다 토론자로 누가 설지에 이목이 집중되는 등 교회 안팎에서 인정받는 학술 포럼으로 자리 잡고 있다.

2000년대 들어서면서 함께하는 목회의 범위가 더욱 확장되었다. 이웃과 사회, 타 교단과 타 교회까지 그 범위가 확장되었다. 그들과 함께하는 것이 교회 성장의 길이라고 보았기 때문이다.

신촌이 상업 지역으로 탈바꿈하고 맞벌이 가정이 많아지면서 아이들을 돌보는 일은 지역의 숙제였다. 이에 교회가 나서서 신촌 방과후 어린이교실과 같은 사회복지사업에 뛰어들었다. 이는 예수 그리스도의 사랑을 전하는 일인 동시에 지역과 함께 성장하는 길이었다.

교회, 교단과 함께 성장하는 일에도 노력을 기울였다. 교회 개척에 적극적으로 나선 것인데 이는 교회에 주신 하나님의 사명이자 복음을 전하는 자들의 의무이며 교회가 할 수 있는 최선이다.

개척교회를 돕는 일은 창립 이후부터 시작되었으나, 창립 20주년 되던 해에 창립한 마포구 성산교회가 공식적인 1호 지교회다. 그 후 창립 30주년, 35주년 등 교회 창립을 기념하는 해에 교회 설립을 돕고 교회가 자립할 수 있도록 했다.

2005년 창립 50주년을 맞이하던 해에는 희년을 맞아 10개 지교회 창립 개척을 계획했고 전 성도가 동참했다. 이는 성결교단 100주년 기념사업으로 진행하는 교회 개척 사업에 부응한 것이기도 한데, 교회와 교계의 아름다운 본이 되었다.

2006년 이정익 목사가 기독교대한성결교회 총회장이 된 뒤 교단 창립 100주년 기념 행사를 진행할 때도, 서울신학대학교 이사장으로서 목회자 양성을 위한 다양한 활동을 할 때도 교회는 적극 동참했으며, 이는 교단과 교계의 귀감이 되었다.

해외 선교 역시 교회 성장의 발판이 되었다. 이미 정진경 목사가 시작한 외항선교회를 통해 세계 선교의 물꼬를 튼 터라 조금 더 전략적으로 접근했다. 마카오를 비롯한 우간다, 인도네시아, 인도 등으로 선교사를 파송하고 현지 교회를 지원하는 원래 방식은 그대로 유지하되, 교회 내 전문인력인 의료인을 활용하는 선교로 나아간 것이다.

2000년 첫 단기 의료선교를 시작으로 의료선교회는 의료선교를 통해 진정한 그리스도 정신을 깨닫고 실천하며 복음을 전하는 사역을 실천하고 있다. 이는 청년부의 의료선교로 확장되었다.

교회, 새 틀을 입다

2008년, 이정익 목사가 요한복음 2장 19절의 말씀을 바탕으로 교회의 표어를 선포했을 때 성도들은 일제히 아멘으로 화답했다. 이는 교회에 주시는 하나님의 명령이었다.

신촌성결교회는 1990년대를 거쳐 2000년대를 이어 가며 지속적으로 부흥했다. 특히 청년부가 양적으로 부흥함에 따라 예배 공간의 부족이 자연스럽게 대두되었다. 다행히 이전부터 조금씩 주변의 부지를 확보해 온 터라 2004년에는 교회 앞 세방여행사와 부속건물을 매입하여 선교관(현 키움관)으로 사용했다. 그리고 매입한 부지에 비전홀 예배실을 지어 1층엔 주차장을, 2층엔 예배실로 사용했다. 그즈음 찬양예배를 통해 한창 부흥하고 있던 청년부를 위한 공간을 마련한 것인데, 교회의 큰 지원이자 배려였다.

그럼에도 한계가 있었다. 노고산동으로 이전하면서 지은 예배당(아천홀)은 건축 30년을 바라보고 있었고 교육관의 노후, 기존에 있던 시설들을 인수한 탓에 교회 사역에 효율적으로 활용하기엔 아쉬운 점이 많았다.

본당(아천홀)에서 예배할 때면 공간이 부족해 통로마다 비상 의자를 놓았고, 성가대는 강단 위로 올라갔다. 주차 공간과 식당이 협소해 성도들이 이용에 불편을 느끼고 있었고 교육 공간이 부족하다는 것도 큰 문제였다. 주일학교 학생들이 분반 공부를 위해 장소를 찾아다니는가 하면, 청장년들도 소모임을 위해 인근 상업지구를 이용해야 했다. 이 같은 한계 상황을 전 성도가 공감하면서 성전 건축에 대한 여론이 조성되었고 지금의 대성전, 성봉채플 건축을 계획하게 되었다.

새 성전 건축에 있어 세 가지 지향점이 있었다. 영적으로 거듭나는 성전, 소프트웨어가 새로워지고 하드웨어가 완전히 새로워지는 교회가 그 것이다. 이에 따라 실무 조직에 해당하는 7개 분과를 만들되 가능한 많은 성도가 직접 기획 관리하도록 하기 위해 130명의 긴축위원회를 구성했다. 한편, 중요 결정권자가 너무 많은 데서 오는 어려움을 최소화하기 위한 장치도 마련했다. 무엇보다 중요한 것이 모든 건축 과정에서 공정성과 투명성을 지키는 것이었다. 이를 위해 교회 차원에서 객관적 의견을 수렴하고 끝없이 토론하면서 성도들과 건축 과정을 소통했다.

성전을 새로 건축하면서 교회가 본을 보인 것은 예배와 기도다. 이정익 목사는 2011년 성봉 채플 봉헌을 계획하고 2008년 1월 1일 '천일예배'를 선언했다. 건축 기간 동안 기도와 예배로 교회가 세워지고 성도들의 가정이 영적으로 세워지도록 하기 위함이다.

건축위원회 영성분과위가 '성공적인 건축을 위한 천일(2008년 1월 1일-2011년 3월 11일) 예배'를 주관하며 공동기도문을 바탕으로 온 교회가 지속적으로 기도하도록 했다.

이러한 기도를 바탕으로 건축이 시작되었다. '최종 결정은 오로지 하나님께 맡긴다'는 원칙으로 모든 건축 과정을 진행했다. 총 200억 정도의 건축 예산에 따른 아름다운 헌신이 이어졌다. 교회의 예산과 함께 당회원들이 섬김의 본을 보였으며 그 뒤를 따르는 성도들의 끊임없는 헌신으로 예산이 채워져 갔다. 이로 인해 또 다시 부채 없이 성봉채플을 건축할 수 있었다. 이는 그동안 신촌성결교회가 여러 번 건축하는 과정에서 하나님이 동일하게 부어 주신 은혜였고 교회의 아름다운 전통이 되었다.

물론 공사가 진행되는 과정에서 어려움도 있었다. 주민들의 민원이 자칫 분쟁으로 번질 수도 있었지만 건축위원회의 기도와 적극적인 대처로 원만한 해결을 이룰 수 있었다. 교회 주차장 진입로를 내부로 변경하고, 교회 완공 후 일부 공간을 주민에게 제공했다. 뿐만 아니라 지역 주민들을 위해 각종 편의를 제공했고, 교회 주변의 환경을 정화하는 등 교회와 지역이 함께 발전하기 위해 연합하는 분위기를 조성하며 성공적으로 건축을 마무리할 수 있었다.

뿐만 아니라 시공사와 건축비 사용 문제로 갈등이 불거져 어려움을 겪을 뻔했으나 이 역시 공평하신 하나님의 은혜로 큰 갈등 없이 마무리되었다. 이는 하나님의 전적인 은혜 아래 성전 건축을 위해 치열하게 고민하고 철저히 검증하며 전심으로 기도한 교회와 건축위, 성도들에게 주어진 선물이었다.

2011년, 신촌성결교회는 세련된 외관과 함께 시대를 앞서가는 소프트웨어를 갖춘 현대적인 교회로 재탄생했다.

부흥사 이성봉 목사의 뜨거운 영성과 신앙의 전통을 이어 가고자 명명한 성봉채플에 성도들이 모였다. 이정익 목사를 비롯한 모든 성도가 봉헌예배를 통해 감격의 눈물을 흘렸다. 창립 이래 네 번의 건축 과정을 거치며 단 한 번도 부채 없이 성전을 지을 수 있게 하신 기적 같은 하나님의 은혜에 감사하는 눈물이요, 부흥의 시대로 나아가게 하시는 하나님께 감사하는 눈물이었다.

3개 층에 걸쳐 지어진 예배당은 더없이 웅장했다. 더 이상 공간에 제한받지 않고 넓은 예배당에서 마음껏 예배할 수 있게 된 것이다.

모임의 효율성도 더해졌다. 성봉채플을 지을 때 중점을 둔 건 소그룹 미팅룸이었다. 지하 1층에 작은 공간들을 만들어 청년을 비롯한 성도들이 자유롭게 사용할 수 있도록 한 것인데, 미팅룸이 지어지면서 소그룹 활

동이 더욱 활성화되었다. 이는 당회원들이 별도의 공간을 반납하고 청년
들에게 내어주는 아름다운 본을 보임으로써 더 큰 효과를 누렸다.

성봉채플

　성봉채플 건축을 계기로 교회는 더욱 성장했다. 이미 부흥의 파도를
타고 있던 청년부 예배가 성봉채플로 옮겨지면서 청년이 1천여 명까지
부흥했고, 다양한 예배가 시도됨에 따라 장년들의 부흥도 이어졌다.
　성봉채플의 성공적 건축과 함께 기존 건물인 아천홀과 키움관의 리
모델링도 진행하면서 교회는 새롭게 단장한 틀을 입고 성숙해 갔다. 사역
은 더욱 다양해졌으며 세계를 향한 복음의 꿈은 더욱 견고해졌다.

다리놓는교회

창립 60주년을 지나면서 교회는 새로운 담임목사를 청빙하는 과제 앞에 섰다. 지난 25년간 교회를 부흥으로 이끌며 성결교단의 장자 교회로서 그 위상을 곤고히 세운 이정익 목사가 은퇴를 앞두고 있었기 때문이다.

60년이라는 안정된 기반 위에 새로운 변화가 필요하던 때에 지성과 영성, 열정을 갖춘 박노훈 목사의 청빙은 매우 적절했다.

박노훈 목사는 4대째 이어진 신앙의 명문가에서 성장하며 주의 종이 되었다. 어린 시절부터 성경을 많이 읽고 탐구를 즐기던 박 목사는 연세대학교 신학과를 거쳐 서울신대 신대원, 예일대(Yale University) 신학석사와 밴더빌트대(Vanderbilt University) 철학박사를 받은 신학자다.

유학 후 모교인 연세대학교로 돌아와 신학을 가르치던 중 담임목사 청빙 제안을 받고 대학과 교회 사이에서 고민을 했다. 기도하던 중 에베소서 4장 11-12절 말씀이 레마로 다가왔다. 또한 목회자로 하나님께 헌신할 거라면 인생에서 가장 중요한 계절을 바치는 게 좋을 것이라는 모교 학장의 진심 어린 조언에 교회를 위해 헌신하기로 결단했다.

'목양일념', 2016년 5대 담임목사로 부임한 박노훈 목사가 꺼낸 철학이다. 목회에만 전념하겠다는 젊은 목사의 다짐은 성도들에게 깊은 신뢰를 주었다.

'그리스도의 몸을 세우기 위해 성도를 온전히 세우고 가르치고 코칭하는 소임'을 다하겠다는 각오와 교회의 역사와 전통을 지키며 세대와 세대를 잇는 교회로 이끌겠다는 겸손한 비전은 공감을 이끌었다. 이는 지난 시간 교회가 걸어온 역사와 하나님이 사용하신 주의 종을 향한 존경과 계승, 나아가 변화와 전통을 잇겠다는 의지였다.

신촌성결교회는 부흥사로 복음을 위해 목숨 바친 이성봉 목사님의 뜨거운 신앙의 기운과 최학철 목사님의 기도, 신학자로서 깊은 지성과 인격을 갖추신 정진경 목사님의 말씀 중심의 목양, 삶의 목회로 성도들을 목양하고 부흥의 시대로 이끈 이정익 목사님의 영향으로 지성과 품성이 있는 복음주의 교회로 발전했습니다. 그간 신촌 지역의 변화와 함께 자연스럽게 지성인이 모이는 교회가 되었고 청장년이 70%가 넘는 젊은 교회가 되었습니다. 이런 좋은 분위기 속에서 목회 계승 철학을 가지고 세대와 세대, 교회와 교회, 한국과 세계에 다리를 놓는 교회로의 소명의식을 가지고 사역을 시작했습니다.

박노훈 목사 인터뷰

박노훈 목사는 네 개의 생명의 다리를 놓겠다는 비전으로 교회를 이끌었다.

먼저 세대와 세대를 잇는 인화와 통합의 다리로서 교회를 세워 갔다. 이를 위해 영아부부터 경로문화대학까지 생애 주기별로 사역의 부족함을 보완하고 재정비했다.

지역과 교회를 잇는 나눔과 섬김의 다리가 될 것도 다짐했다. 이는 지금까지 지역사회를 통해 나눈 그리스도의 사랑을 구체화하는 것으로, 직접적으로 지역과 교회가 함께할 수 있는 사역을 확장시켜 나갔다. 인근 지역 상권을 적극적으로 이용하고 새벽 거리 청소, 노숙인 섬김 사역을 비롯해 구청과 연계해 소외계층을 찾아 사랑을 전하고 수준 높은 음악을 통해 지역사회와 적극 소통했다.

나아가 남과 북을 잇는 다리로서 그 역할을 확장시켰다. 이를 위해 이정익 목사 시절부터 해 오던 북한 선교사역을 넓혀 갔다.

그와 함께 민족과 민족을 연결하는 다리로서 국내외 다양한 계층을 위한 복지와 교육, 의료 봉사 등 지역사회를 돕는 일과 선교에 집중했다.

이러한 비전은 세분화되고 구체화된 사역으로 지경을 넓혀 갔다. 세대와 민족, 지역을 잇는 다리 역할을 하는 교회로서 그 문을 더욱 활짝 열었다. 특히 신촌이라는 지역의 특장점을 살려 더 많은 젊은이와 다음 세대가 올 수 있도록 했다. 청장년층이 대다수를 이루는 만큼 우선 교회 내부적으로 젊은 교구를 더욱 활성화했다. 그리고 신촌 거리, 교회 주변 캠퍼스 등으로 나가 복음을 전하는 동시에 교회를 찾아온 청년들을 위해 다양한 교육 과정을 운영하고 그들만의 스토리를 만들어 갈 수 있도록 기회를 제공했다. 다음 세대를 위한 사역도 넓혔다. 영아부부터 유초등부, 중고등학생부에 이르기까지 연령별로 신앙의 기초를 세우고 성장할 수 있도록 커리큘럼이 일관성을 갖도록 했다. 무엇보다 올바른 기독교 세계관을 갖도록 교육하는 데 중점을 두고 구체적인 사역의 스펙트럼을 확장시켰다.

2020년, 세계는 큰 전환점을 맞았다. 누구도 예상 못한 코로나19라는 복병은 세상의 판도를 바꾸었고 교회에 큰 어려움을 주었다. 함께 모여 예배하는 것이 어려워졌고 그로 인해 교회의 문이 닫히기도 했다.

인터넷 플랫폼과 콘텐츠에 집중한 세상과 달리 교회는 코로나19로 인한 비대면 시대를 능동적으로 대응하지 못했다. 하지만 교회를 사랑하시는 하나님의 은혜로 온라인으로 전환되는 예배 환경에 빠르게 대처해 나갈 수 있었고, 이는 교회 사역의 변화와 전환을 가져왔다.

모임 자체가 어려워지는 상황에서 교회가 가장 먼저 생각한 것은 예배다. 최대한 신속히 온라인 예배에 접근하기 위해 교회 내 방송 관련 전문인들을 중심으로 신촌미디어랩을 개원했다. 이를 통해 다음 세대를 위한 유튜브 제작, 랜선 선교 등 온라인 사역을 개발했다.

우선 디지털 환경에 익숙한 교회학교나 청년부를 위한 온라인 사역부터 시작했다. 인터넷이나 유튜브 등에 익숙한 유초등부, 중고등부 학생들의 눈높이에 맞춘 콘텐츠를 개발하고 공유하자 시간과 장소를 뛰어넘는 영적 소통이 이루어졌다.

청년부에서는 보다 다채로운 콘텐츠를 개발하되 현재는 물론 이후에 다가올 위드 코로나를 고려하여 사역을 진행했다. 사역의 지향점이 미래를 향하도록 한 것이다.

교회학교와 청년들을 위한 온라인 사역을 진행하는 동시에 온라인 환경에 익숙하지 않은 장년층을 위해 별도의 장년부 TFT를 구성하여 줌 온라인 사역 지원에 힘썼다. 먼저 줌 사용 매뉴얼을 제작해 전 교인에게 배포하는 등 먼저 배우고 활용할 수 있도록 배려했다. 이를 통해 줌 목장

모임이 활성화되었고, 성도들은 달라진 예배 환경에 적응해 나갔다.

새로운 매체 활용을 통한 교회 사역은 3년이라는 시간을 지나며 인식에 변환을 가져왔다. 시간과 장소, 세대와 세상을 넘나드는 온라인 사역이 주는 파급력도 크다는 것을 알게 되었고, 다양한 형태로 복음이 증거될 수 있다는 가능성을 알게 됐으며, 교회 내 다양한 콘텐츠를 개발할 수 있다는 가능성도 엿볼 수 있다.

온라인 사역이 확장됨에 따라 상대적으로 현장 예배를 향한 간절함이 줄어든 것은 아쉬운 점이지만, 그간 교회가 세상의 변화를 주도하던 자리에서 따라가는 자리로 물러나 있었다는 자각과 주도적으로 복음을 전하지 못했다는 회개의 계기로 삼기엔 충분했다.

신촌성결교회는 코로나 팬데믹이라는 초유의 사태를 겪으면서 성장했다. 변화 앞에 물러서기보다 주도적으로 온라인 사역을 개발했고, 성도들의 적극적인 참여를 이끌어냄으로써 온오프라인 교회 사역을 다양하게 갖출 수 있었기에 성공적인 대처를 했다는 교계의 평가를 받았다.

더 나아가 어려운 상황 중에도 교회를 넘어 사회를 향해 구호 활동에 적극 참여함으로써 교회의 본을 보였다.

코로나가 창궐하던 2020년, 박노훈 목사는 중책을 맡았다. 세계 최대 국제구호개발 NGO인 월드비전 5대 이사장에 추대된 것이다. 월드비전은 한경직 목사에 이어 정진경 목사가 이사장을 지냈고, 이정익 목사 역시 이사로 역임하는 등 존경받는 교계의 지도자들이 거쳐 간 역사와 전통이 있는 구호 단체다. 이곳에 박 목사가 최연소 수장이 된 것이다.

박노훈 목사는 어려운 상황에서도 3년간 월드비전을 훌륭히 이끌었다. 한국을 넘어 세계 구호의 상징이 되고 있는 월드비전의 이사장으로서 교회와 세상, 교회와 기관을 잇는 그리스도 사랑의 파수꾼이 되었다.

교회와 성도들도 박노훈 목사와 함께 세상과 사람, 사람과 사람을 잇는 구호 활동에 적극 나섰다. 세상이 위기에 처했을 때 교회가 누구보다 가장 먼저 나서서 중보자이자 치료자로서 역할을 감당해야 한다는 생각으로 하나 된 것이다.

끝나지 않을 것 같던 코로나 팬데믹이 종식되면서 신촌성결교회는 다시 시작점에 섰다. 박노훈 목사는 다시 새롭게 시작하는 의미로 'W.O.R.D'라는 네 가지 키워드로 사역을 정하고 교회를 섬기고 있다.

Worship of ministry 말씀이 삶이 되는 교회

Oikos 가정 소그룹 목장의 교회

Reach out 구제와 전도로 섬기는 교회

Disciple 제자 삼는 교회

4년을 주기로 사이클이 움직이게 될 워드(W.O.R.D) 사역의 중심이 되는 것은 '말씀'이다.

2022년부터 2년간 '예배의 영광을 회복하는 교회'라는 목표를 정하고 살아 있는 예배, 살아나는 예배에 집중했다. 성공적인 예배를 위해 중요한 부분을 차지하는 것이 말씀이기에 말씀 중심의 목회를 위해 많은 기도와 노력을 기울였다. 절기와 행사마다 그에 맞는 강해설교 위주의 말씀을 전하며 말씀에 대한 깊은 해석과 해석 이후에 삶으로의 적용을 제시했다. 성도들은 말씀을 통해 결단하고 기도하며 더욱 깊은 신앙을 체험할 수

있었다. 박노훈 목사의 학자로서의 깊이와 시대를 읽어 내는 시대정신, 영성이 더해져 강단은 풍성해지고 있다.

또한 교회 사역이 점점 소그룹화되는 것과 동시에 목장 리더 등에 의해 움직이는 작은 교회가 활성화되고 있다. 청년부의 셀, 장년부의 목장 등 소그룹이 교회로 움직일 때 교회는 역동성을 찾을 수 있기에 작은 교회를 활성화하는 방법을 계속 개발 중에 있다.

그리고 세상과 연결고리가 되는 교회의 사명을 감당하기 위해 구제와 전도로 섬기는 사역을 펼치고 있다. 나누는 교회, 사회적인 책임을 다하는 교회를 지향하는 것이다.

그와 함께 오랜 역사와 신앙의 전통을 지닌 교회로서 그 자부심과 책임감을 계승하기 위해 제자 삼는 교회로 나아가는 중이다. 제자 삼는 교회란 건강한 리더십 공동체와 소그룹이 목양의 책임을 함께 맡으며 협력하는 교회를 의미한다. 이는 지금껏 교회가 성장을 위해 지향해 온 성경적 방법으로, 이제는 조금 더 고도화하여 성도 한 사람 한 사람이 예수 그리스도의 제자로서 사명을 감당할 수 있도록 훈련하고 있다.

박노훈 목사와 함께 시작한 워드 사역은 목회의 방향을 정확히 제시하며 순항 중이다.

비전센터, 영적 플랫폼이 되다

2022년 11월, 또 한 번 중요한 결정이 내려졌다. 교회의 사명을 고도화하고 전문화하여 재정립해야 한다는 의견들이 더해져 창립 70주년을 기념해 비전센터를 건축하기로 한 것이다. 이는 머무르지 않고 역진하는 교회가 되기 위한 도전이었다. 변화와 도전 앞에서 세상과의 접촉점이 되겠다는 의지였다.

우리 어린이들과 청소년, 청년들에게 더 나은 예배와 교육 환경이 제공되어 하나님의 마음에 합한 사람들로 세상을 위하여 주께서 귀히 쓰는 인물들로 자라게 하옵소서.

건축이 진행되는 과정마다 하나님의 선한 뜻 안에서 모든 것이 채워지고 우리 마음의 정성이 모아지게 하시며, 이 성전 건축의 중심에 나와 우리 가정이 있게 하여 주시옵소서.

비전센터 건립을 위한 공동기도문 중

2023년 구 사회관 자리에 터 파기 공사를 시작으로 건축에 들어간 비전센터는 창립 70주년을 앞두고 모습을 드러냈다. 다시 한번 성도들의 아름다운 기도와 헌신으로 다섯 번째 건축이 완성되었다.

2024년 12월에 완공된 비전센터는 다음 세대와 한국교회의 미래를 대비하겠다는 소명을 담아 지하 2층, 지상 8층으로 지어졌다. 지하 1, 2층은 All Line 스튜디오와 다목적홀로 구성되었다. 복음의 메시지를 담은 다양한 콘텐츠를 제작·개발하고 다양한 방식으로 세상에 전하는 귀한 창구가 될 것이다. 1·2층은 지역과 함께하는 공간으로, 누구나 언제든 와서 공간을 공유하고 풍성히 교제할 수 있도록 커뮤니티 공간으로 마련했다. 교회 성도는 물론이고 지역 주민 누구나 편하고 쉽게 사용할 수 있도록 세상과의 다리가 되려는 교회의 의지다. 3층부터 5층까지는 다음 세대가 꿈꿀 수 있는 공간이다. 3층은 영유아·유치부 어린아이들이 마음껏 예배하고 뛰어놀 수 있는 영유아 어린이를 위한 공간, 4층은 청소년들이 자신과 하나님을 알아 가고 교회 공동체를 경험하는 아지트가 된다. 5층은 청년들을 위한 공간이다. 청년들이 이곳에서 셀 모임을 비롯한 친교와 선교 모임을 하며 영적인 에너지를 뿜어내길 기대한다.

6층부터 8층까지는 조금 특별한 공간이다. 교회의 오랜 숙원인 부교역자와 선교사를 위한 주거 공간으로 마련되었다. 많은 교회가 목회자들의 주거 문제를 고민하는 상황에서 비전센터를 통해 주거 공간을 마련할 수 있게 된 것은 교회의 기쁨이고 은혜. 이 주거 공간을 통해 목회자들이 안식과 회복을 얻고 안정적으로 사역할 수 있기를 기대한다.

신촌성결교회스러움을 정의하면 존경과 사랑이다. 옛것을 지키는 존경의 마음과 하나님을 향한 사랑, 이웃을 향한 사랑이 교회를 정의한다.

2024년 12월에 완공되어 창립 70주년인 2025년에 본격적으로 사역이 진행될 비전센터는 신촌성결교회의 교회다움을 이어 갈 것이다. 뜨거운 기도와 성령이 충만함으로 부흥을 견인한 옛적 길을 기억하고, 하나님과의 사랑, 성도 간의 사랑, 이웃과의 사랑을 실천하며 들리지 않는 곳까지 복음을 전하는 믿음의 전진기지가 될 것이다. 특히 다가올 미래를 대비하는 영적 플랫폼이 되어 지속 가능한 교회를 꿈꾸며 내일을 향해 나아갈 것이다.

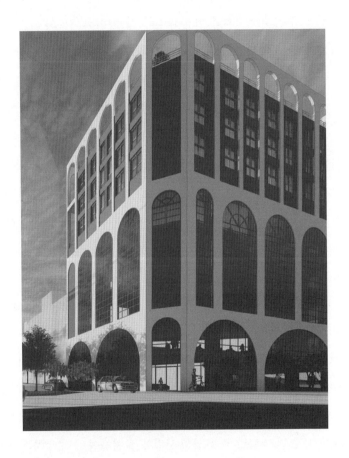

비전센터

아천홀과 성봉채플

2.
교회,
진리를 잇다

신촌성결교회의 70년은
은혜와 진리를 추구하는 시간이었다.

예수라는 진리를 추구하고
예수가 주신 생명을 살리며
예수라는 길을 따르는
믿음의 행전(行傳)이었다.

2장

말씀으로 살다

아버지께 참되게 예배하는 자들은 영과 진
리로 예배할 때가 오나니 곧 이때라 아버
지께서는 자기에게 이렇게 예배하는 자들
을 찾으시느니라 하나님은 영이시니 예배
하는 자가 영과 진리로 예배할지니라

요 4:23-24

회개하고 돌아오라

죄 지은 사람이 지옥 가는 것이 아니요,
회개하지 못한 사람이 지옥 가는 것입니다.
베드로는 회개하여 구원을 얻었고
가룟 유다는 회개하지 않았기 때문에
망하였습니다…. 그러니 스스로 돌이키십시오.
주님 눈동자를 보고 주께 돌아오십시오.
찬양 부르겠습니다.

♬ 내 맘에는 원이로되 이 육신이 약하여
때를 따라 쓰러져도 주님 나를 붙드네
마귀 시험 지독하고 사람 단련 많으나
여호와의 크신 사랑 내 승리가 되시네 ♬

이성봉, "실패의 원인과 회복의 비결", 《임마누엘 강단》(생명의말씀사, 1993)

성결교회의 초창기 예배는 선교사들에 의해 받아들인 찬송 샌드위치 형식(Hymn Sandwich)[16]의 바탕 위에 북과 장구를 치며 복음에 대한 열정을 찬송으로 표출하는, 열정과 뜨거움이 있는 예배였다. 부흥회는 성결교회를 특징짓는 예배 중 하나였다. 북과 장구를 치며 열정적인 찬송을 부른 뒤 복음설교와 통성기도로 이어졌는데 이를 통해 큰 은혜를 체험한 사람들의 결신이 이어졌다.

신촌성결교회도 이 영향을 받아 부흥회를 많이 열었다. 체부동교회의 개척 지원을 받아 교회 부지를 확보하고 난 뒤 천막을 치고 교회를 시

---

16 19세기 미국 선교사가 전한 예배 형식으로, 찬송과 찬송 사이에 성경-기도-설교가 위치한다(본 교회 조기연 협동목사 답변).

작했을 때도 제일 먼저 한 것이 부흥 집회였다. 이때 이성봉 목사와 양도천 목사가 부흥 집회를 인도함으로 많은 이들이 회심했고, 부흥의 물꼬를 텄다.

특히 예배에서 가장 중요한 설교에 있어 이성봉 목사가 미친 영향이 컸다. 이 목사는 메시지의 대중성을 높이고 설교를 좀 더 수준 있게 끌어올렸다. '천로역정 강해'를 통해 메시지를 전달할 때는 스토리텔러로, 타고난 소리꾼으로 찬양과 메시지를 격조 있게 전달했다. 대중적인 면을 고수하면서도 지적인 면을 잃지 않았기에 그의 설교로 인해 예배의 품격이 높아졌다.

> 초창기에 예배가 참 뜨거웠습니다. 부흥회도 많이 했었는데, 북을 치고 찬양을 하고 함께 기도하고 목사님 말씀 한마디라도 더 들으려고 집중했습니다. 아무래도 이성봉 목사님에 대한 기대가 컸고 잘 뵙지는 못해도 워낙 말씀이 주는 영향력이 컸기에 그랬던 것 같습니다.
>
> 특히 회개와 구원의 확신을 강조했는데, 얼마나 말씀에 위력이 있는지 성도들이 많이 울며 회개했고 신유의 은혜가 일어나기도 하고, 성령 체험을 하는 등 놀라운 일들이 일어났습니다.
>
> 최순신 원로권사 인터뷰

창립 이래 수차례 목회자가 바뀌는 어려움도 있었고 교단적으로도 분열되는 갈등을 겪었지만, 이러한 아픔을 견딜 수 있었던 것은 복음주의적인 말씀을 따라 신앙을 다지고 철저히 예배자로 거듭났기 때문이다.

부르짖는 기도의 예배

1964년 12월 최학철 목사가 부임했을 때 교회는 장년 500여 명이 출석하는 교회로 성장하고 있었다. 강단 있고 보수적인 목회자였던 최학철 목사는 예배에 철저한 모습을 보였다. 부임과 함께 신현균 목사를 모시고 6일간 부흥회를 개최하여 뜨거운 예배의 전통을 이어 갔고, 성별회를 통해서도 성도들의 신앙을 훈련시켰다.

성별회는 복음전도관 시대부터 있던 성결교단만의 신앙 지도 방식이다. 자연인을 교회로 인도해 복음을 전하고 결신시키는 구령회와는 달리, 이미 신자가 된 이들에게 성령을 받게 하려는 목적으로 시작된 집회였기에 매우 열정적인 찬송과 통성기도, 방언 등이 수반되었다.

최학철 목사의 부임 후 2-3년 동안 꾸준히 성별회가 광고되었는데 주로 주일 오전 예배를 드린 뒤 오후에 성별회를 진행했고, 2개월에 한 번 서울지방회 주관으로 교회를 순회하며 주일 저녁에 열기도 했다. 성별회에는 다른 교파의 교역자와 신자들까지 참석하여 큰 은혜를 받았지만 1960년대 중반 이후 사라진 것으로 보인다.

벽돌교회 완공과 함께 작게나마 교육관이 준공되고 교회의 예배는 다양해졌다. 1969년 학생 지도를 전담하는 왕영천 전도사가 부임하면서 학생들을 위한 예배가 생기고, 대학부 창립과 함께 대학부 예배가 신설되었다. 이때 교회 이전이 결정되었다. 이러한 큰 이슈 앞에서 최학철 목사는 '기도하는 예배'를 강조했다. 전 성도에게 기도의 중요성을 강조하며 교회를 위해, 나라를 위해 기도하도록 촉구했다. 무엇보다 최 목사 자신이 간절히 기도하는 본을 보임으로써 성도들에게 감동을 주었다.

최학철 목사님은 늘 기도하는 분이었습니다. 교회를 옮기는 과정에서 어려운 일도 많았는데 그때마다 바닥에 무릎을 꿇고 앉아서 간절히 기도하는 모습을 보여 주셨어요. 예배마다 또 심방 오실 때마다 얼마나 기도를 간절히 하시는지 온 성도가 그 모습을 본받아 열심히 기도했습니다.

이옥희 명예전도사 인터뷰

7.7기도회는 성결교단 내에서 최초로 신촌성결교회가 시작한 기도회다. 최학철 목사는 오순절 부흥을 기원하는 의미로 교회 성도들과 함께 새벽마다 기도회를 열었다. 부르짖는 기도로 성도들의 신앙 성장은 물론 교회 문제가 떠나가는 은혜를 체험했다. 이는 최학철 목사가 교단 총회장에 피선되던 1970년에 교단 차원의 기도운동으로 확장되었다.

우리 교단은 60여 성상(星霜)의 세월이 흐르는 가운데 600 교회의 15만 시노(衆)를 헤아릴 수 있는 큰 교단을 이루었다. 이는 하나님의 큰 축복이요 이 교단의 부흥 발전이 아닐 수 없다. 이제 우리 교단이 숫자적인 증가와 연조의 해를 거듭하는 가견적 교회로서 외형을 갖추게 된 것이 전부는 아니라 할 것이다. 불가견의 교회 곧 영적으로 그 내용이 충실하여야 하고 그 속에 생명이 넘치는 신령한 교회이어야 한다. (중략)

우리 교단에도 오순절 부흥을 기원하는 뜻에서 7.7기도회를 선포하는 바이다. 이런 깊은 의의를 가지고 전국 교회 전 교역자 15만 성도가 빠짐없이 50일간 기도의 포문을 열고 7.7기도회를 전개하여 주시기를 바란다.

7.7기도회 선포문(1970년 6월 1일)

성결교단의 부흥을 기원하고 다시금 기도의 불을 지피겠다는 사명을 품은 최학철 목사의 인도로 교회의 예배는 뜨거운 기도가 뒷받침되었다.

구역이 함께하는 예배

1887년 아펜젤러 선교사는 배재학당 재학생 한 명과 관리 한 사람을 데리고 밤길을 나섰다. 목적지에 도착하니 사랑방과 안방에 사람들이 모여 있었다. 아펜젤러 선교사는 남자들이 모여 있는 사랑방, 여자들이 모여 있는 안방을 두루 다니며 성경을 가르쳤다. 말씀에 목말랐던 이들은 배움을 통해 변화되었다. 이것이 구역예배의 시작이다.

신촌성결교회도 구역예배의 형태를 띠고 출발했다. 몇몇이 모여 가정에서 기도 모임으로 시작한 것이 이후 일정 기간 지속되었다. 그러다 정식으로 구역예배를 조직한 건 1957년 1월 첫 번째 사무총회를 개최하면서부터다. 구역은 총 4개로 나뉘었다.

1구역 – 노고산동 일대
2구역 – 영단주택 일대
3구역 – 굴다리 외 일원
4구역 – 서교동 일대

구역예배에 있어 중요한 것은 구역장을 세우는 일인데 믿음 좋은 성도들이 많아지면서 각 구역에 두 명의 구역장을 임명할 수 있었다. 구역장은 구역원의 가정을 예배 장소로 삼고 예배를 인도하면서 구역 조직을 견고히 했다. 구역예배는 성도들이 함께 모여 찬송하고 말씀을 생각하면서 신앙을 다지는 한편, 기도 제목을 서로 나누며 위로하는 공동체로 거듭나

도록 했다.

구역예배는 전도의 전초전이기도 했다. 구역원들은 예배가 끝나면 동네를 구석구석 다니며 복음을 전했다. 듣건 듣지 않건 복음을 전하자 예수를 믿겠다는 이들이 생겼다. 그렇게 초대된 이들은 구역예배에 참석하여 먼저 예배를 맛보았고 교회에 등록했다. 틈만 나면 나가서 전도하다 보니 자연스럽게 교회는 부흥했다.

뿐만 아니라 구역예배는 사랑을 실천하는 장이었다. 실제로 출산이나 장례, 질병 등으로 가정에 어려움이 생겼을 때 가장 먼저 발 벗고 나서 도움을 준 이들이 구역원들이다. 구역원에게 일이 생기면 온 구역 식구가 밤이나 낮이나 뛰어가 기도하고 도와주었다는 한 원로권사의 이야기는 은혜의 간증이 아닐 수 없다. 이처럼 구역예배는 교회를 든든히 지키는 근간이 되었다. 비록 예배가 체계화되지는 못했을지언정 예배를 향한 열정은 어느 때보다 뜨거웠다. 또한 교회와 지체를 향한 사랑은 성도들의 신앙을 성장시키고 교회를 부흥시켰다.

1970년대 중반까지 해를 거듭할수록 구역이 계속 늘어났다. 정진경 목사는 부임과 동시에 구역 조직에 변화를 주었다. 이때 대교구 도구역으로 세분화한 오늘날의 조직 체계를 갖추게 되었다. 뿐만 아니라 교회 차원의 가이드를 제공해 효과적이고 통일된 성경공부가 되도록 했다. 가정이 없이는 구역이 없고 구역이 없이는 교회가 없다. 구역예배는 가정을 세우고 교회를 세우는 중요한 역할을 했다. 모이는 데 힘쓰라는 말씀을 좇아 모여 예배하고 교제함으로 작은 교회로서의 사명을 다하는 동시에 선한 사마리아인이 되어 디아코니아(Diakonia)[17]를 실천한 것이다.

---

17 섬기다 혹은 병을 고치거나 화해하다라는 의미다. 상처를 꿰매고 갈라진 곳에 다리를 놓고 건강을 회복하는 것을 의미하는 헬라어다.

영과 진리로 예배할지니

"이제부턴 강단에 신발을 신고 올라갑시다. 다른 교회에서 신발 벗고 올라가는 것을 못 봤습니다."

"목사님, 그런 행위는 안 됩니다. 강단은 거룩한 곳입니다. 하나님이 임재하시는 곳인데 신발을 신다니요. 안 됩니다."

강력한 반대에 정진경 목사도 일단 후퇴했다. 얼마 뒤 당회에 참석한 정 목사는 당회원들과 일일이 악수하며 신발을 벗고 사무실로 들어갔다. 그러자 회원들도 영문을 모른 채 신발을 벗고 슬리퍼로 바꿔 신으며 물었다.

"목사님 왜 이러십니까? 이 많은 사람들이 신발을 벗고 슬리퍼를 신으면 번거로워서 어찌합니까?"

"저는 온 성도가 다 벗도록 할 것입니다."

"아니 목사님 농담하십니까?"

"아니요, 여러분의 의견을 존중하려는 것입니다. 우리가 예배당을 봉헌할 때 예배당 전체를 봉헌했습니까? 아니면 강대상만 봉헌했습니까? 성경에 보면 '성전이 더 귀하냐 뭐가 더 귀하냐' 그런 내용이 있지요. 앉아 계신 곳도 강단도 똑같이 거룩하게 여겨야지요. 그러니 이제부터는 교회에 와서는 아예 모두가 신을 벗도록 합시다."

논리정연한 말에 누구도 입을 열지 못했다. 강대상에 신발을 신고 올라가도 된다는 결의를 이끌어내기까지 1년이 걸렸지만 마침내 구습을 벗는 데 성공한 것이다.

3대 담임목사로 취임한 정진경 목사는 예배를 예배답게 바꿔 나가는 일에 집중했다. 그때까지 알게 모르게 오랜 습관에 젖어 비합리적으로 지속되던 몇 가지 관습들이 예배를 방해하고 있다는 생각에 과감히 개혁을 한 것이다.

가장 먼저 바꾼 것이 헌금이다. 그간 일일이 헌금 제목에 따라 기도했던 것을 한 번의 감사기도로 바꾸고 예물을 봉헌하도록 했다. 헌금이 줄어든다는 이유로 반대하는 이들을 끝까지 설득한 결과 한 달여가 지났을 때 오히려 헌금이 두 배 세 배로 불어나는 은혜가 임했다.

의식과 절차에도 변화를 주었다. 예배의 횟수는 교인의 증가에 따라 유동성을 두었고 헌금과 광고를 설교 이전으로 바꾸었다.

정 목사는 교회에 부임하면서 그동안 심방과 안수기도, 방언 등으로 은사 위주의 신앙, 기복적인 모습을 발견하고 신앙의 균형이 필요하다는 것을 깨달았다. 은혜는 성결교회에서 받고 교회는 장로교회를 택한다는 우스갯말을 진중하게 받아들이며 말씀을 통한 신앙 다지기를 중요하게 여겼다.

이때부터 주보에도 변화가 생겼는데, 주보 뒷면에 그 주 설교 말씀을 요약해서 실으며 말씀의 이해를 도왔다. 이는 말씀의 중요성을 강조하고 말씀을 듣고 신앙의 실천으로 직접 이어지게 한다는 점에서 큰 변화라 할 수 있다.

설교에 담는 메시지도 우선시했는데, 기존 성도들이 은혜와 은사에 치중하는 모습을 경계하는 의미로 사회문제와 공동체 개념에 대한 설교를 자주 했다. 이전과는 다른 메시지에 불만을 품은 이들도 있었지만, 그 깊이에 젖어들면서 차차 변화되기 시작했다. 이웃과 사회를 이해하며 선교에 대한 비전을 제시하는 목회자의 비전과도 융화되어 갔다.

정진경 목사는 민주적인 목회 방향에 따르면서도 예배에 있어서는 전통과 예식을 철저히 지키고 가르쳤다.

창립 3년 차인 1958년 다른 교회에서 성찬 집기를 빌려와 최초의 성만찬식을 거행한 것을 시작으로 신촌성결교회의 성만찬은 한 달에 한 번 시행하고 있었다. 정 목사는 이 성례전이 원래 담고 있는 의미와 하나님께 어떤 마음가짐으로 성례전에 임해야 하는지 설교 시간에 가르쳤다.

성만찬과 함께 중요한 예식인 세례에 대해서도 가르쳤다. 세례는 한 사람의 자연인이 천국의 시민으로 다시 태어나는 의식이며, 죄를 씻는 의식, 그리스도와 접붙임을 받는 의식, 또한 교회와 세례자가 연합하는 의식이다. 새롭게 태어나는 자리인 만큼 세례식이 있는 날에는 세례가 지닌 의미를 떠올리며 성도 모두가 세례받는 이들을 축복하고 축하했다. 이렇듯 성도들은 말씀을 통해 전통과 예식에 대해 좀 더 깊이 이해하며 예배에 집중할 수 있었다.

1980년대를 지나면서 지성과 영성이 조화된 말씀을 통해 예배의 깊이는 더해졌다. 정 목사는 새로운 성도들이 증가함에 따라 그들의 눈높이에서 기독교의 핵심을 가르치는가 하면, 기존 신자들을 위해선 신앙으로 재무장할 수 있는 메시지를 전달했다. 또한 예수의 설교를 연구하며 그 속에서 얻은 비결을 말씀에 녹여 내고 재현해 내는 데 충실했다. 정 목사는 한 손엔 불변하는 진리의 말씀을, 다른 한 손엔 시대적인 케리그마 (kerygma)[18]를 균형 있게 가지고 말씀을 전했다.

덕분에 성도들은 1970-1980년대의 시대적 혼란 중에도 진리로 자유케 되는 희망을 붙잡을 수 있었다. 절대로 책망하는 것이 아닌 미래와 희망을 주려는 하나님의 마음을 따라 긍정적이고 미래지향적인 말씀으로 무장하고 예배로 승리하는 자들이 될 수 있었다.

---

18 자기에게 위탁된 메시지를 권위 있게 선포하는 것

현재에 살면서도 과거와 미래를 함께 사는 우리 인간은 특수한 존재이기 때문에 앞으로 나가야 합니다. 안 된다 하지 말고 앞으로 내몰아야 합니다. 그리스도인이 있는 직장과 사회가 먼저 발전해야 합니다. 존 웨슬리 목사는 그리스도인이 권력층이나 지식층에 자리를 잡아야 한다고 했습니다. 그래야 기독교 문화가 확산되어서 시대를 이끌어 갈 수 있다고 했습니다. 그리스도인은 어디서나 향상되어 가야 합니다.

이유진 편저, 《목적이 분명하면 길은 열린다: 정진경 목사의 자서전》(홍성사, 2008)

성가대의 출범

다윗이 군대 지휘관들과 더불어 아삽과 헤만과 여두둔의 자손 중에서 구별하여 섬기게 하되 수금과 비파와 제금을 잡아 신령한 노래를 하게 하였으니 그 직무대로 일하는 자의 수효는 이러하니라…이들이 다 그들의 아버지의 지휘 아래 제금과 비파와 수금을 잡아 여호와의 전에서 노래하여 하나님의 전을 섬겼으며 아삽과 여두둔과 헤만은 왕의 지휘 아래 있었으니 그들과 모든 형제 곧 여호와 찬송하기를 배워 익숙한 자의 수효가 이백팔십팔 명이라 | 대상 25:1, 6-7 |

다윗은 성전에서 봉사할 제사장과 제사장을 돕는 레위 사람들의 직무를 정해 준 뒤 성전에서 여호와 하나님을 찬양할 찬양대를 조직했다. 선택받고 구별된 사람을 세워 찬양으로 하나님을 섬기도록 한 것은 그만큼 찬양의 예배가 중요하다는 것을 증거로 보여 준 것이다.

영국의 대설교가 찰스 스펄전(Charles Spurgeon)도 예배와 찬양은 떼놓을 수 없는 관계임을 말했다.

> 만일 내가 하나님을 찬양치 않고 잠잠히 있다면 온 우주 속에 유일한 예외가 될 것이요. 천둥이 하나님 군대의 드럼 소리요, 산에 부는 바람이 수없는 찬양의 숨결이며 바다의 파도 소리가 그를 격찬하는 아우성이 아닌가!

신촌성결교회의 예배 역사 가운데 찬양을 빼놓을 수 없다. 예배를 돕는 성가대가 처음 시작된 것은 1958년 12월, 창립 4년 차였다. 교회의 체계를 잡아 가는 시점이었음에도 비공식적이나마 성가대를 조직해 예배를 돕도록 한 것은 이례적이며 선진적이었다.

그로부터 2년 뒤 성가대가 정식으로 출범했다. 17명의 대원으로 구성된 성가대는 예배를 돕는 레위 지파로서의 역할을 감당하며 예배에 은혜를 불어넣었다. 특히 인근 대학에서 음악을 전공하는 인재들이 교회로 영입되면서 음악적인 수준이 높아졌고, 조직된 지 1년 만에 음악예배를 드리는 등 빠르게 자리를 잡아 갔다. 초기에는 지휘자가 자주 바뀌기도 했지만 전희준 전임 지휘자가 오고 난 뒤에는 안정적으로 운영되었다.

1968년 12월 24일, 성가대가 주관한 성탄 축하 음악예배가 처음 드려진 이후 교회 창립 20주년 기념 음악예배에서는 하이든의 '천지창조'를, 이후 헨델의 '할렐루야', 바흐의 '마태수난악', 쉬츠의 '예수 탄생 칸타타' 등 교회력에 맞춰 찬양으로 하나님께 영광을 돌렸다. 성결교회 성가대연합회를 조직하여 서울시향과 협연으로 헨델의 '메시아'를 연주하기도 했다.

성가대는 시간이 지나면서 늘어나 1973년 중고등부 예배를 따로 드리게 되면서 학생 성가대가 구성되었다. 얼마 뒤엔 성가대에 이름이 붙여졌다. 학생부 예배를 섬기는 성가대는 가브리엘 성가대로, 1976년부터 장년 예배가 1, 2부로 나뉘면서 1부는 대학생 성가대인 베다니 성가대, 2부는 본성가대로 시온 성가대로 명명되었다.

성가대는 교회 내 중요 예배와 행사에서 찬양으로 은혜를 더하는 것과 함께 대외적으로도 활약했다. 극동방송 개국 20주년 성가대합창제에서 서울 동신교회, 평안교회, 순복음중앙교회, 종교교회, 영락교회 성가대와 더불어 연주를 했고, 1978년 6월엔 제1회 선교음악회를, 1979년 11월엔 교회 창립 25주년 선교음악회 등을 열어 찬양으로 영광을 돌렸다. 이러한 활약에는 성가대의 시작과 함께 전임 지휘자로서 30여 년을 함께한 전희준 장로의 헌신이 컸다.

시간이 지나면서 성가대는 더욱 늘어났다. 창립 30주년 기념행사를 진행할 때는 교육위 산하 성가대를 포함한 8개 성가대로 증가했다. 이는 그만큼 교회가 찬양을 예배 도구로서 중요하게 여긴다는 의미일 뿐 아니라, 찬양하는 예배자들이 많아졌음을 의미했다.

성가대라는 명칭은 2003년 찬양대라는 확장된 개념의 이름으로 바뀌어 오늘에 이르고 있으며, 주요 예배를 섬기는 성가대뿐 아니라 교육기관에도 독립된 성가대가 조직되어 활동 중이다. 찬양대 외에도 전문 합창단인 신촌어린이합창단과 어린이 오케스트라 등이 찬양으로 예배를 돕고 있다.

삶에 밀착된 말씀과 예배로

1990년대 들어서면서 교회의 예배는 좀 더 삶에 밀착하는 예배로 바뀌었다. 이정익 목사는 성도들의 삶의 변화와 비전을 강조하는 메시지를 전했다. 메시지에 대한 철학이 확실했기에 성도들은 말씀을 구체적으로 삶에 적용하며 변화되었다.

> 신촌교회의 메시지의 특성은 허황되지 않고 지성적인 메시지로, 웅변적이지 않고 대화체의 설교로, 권위적이지 않고 생활적이며, 이론적이지 않고 신앙적인 메시지로, 개념적이지 않고 구체적인 메시지에 주안점을 두고 나갈 것입니다.
>
> 이정익 목사, "비전 만명 만명교인성장계획서 신촌교회 중장기 발전계획안", 〈활천〉 통권 508호(1996), 44

삶에 적용되는 메시지는 성도들을 말씀과 더욱 가까워지게 했다. 이는 적극적인 신앙생활로 이어졌다. 가장 먼저 기도 생활에서 변화가 일어났다.

이정익 목사는 부임했을 때부터 기도에 대한 아쉬움을 느꼈는데, 예배와 말씀을 통해 기도의 불을 붙였다. 1992년 사순절 기간에 시작한 전 교인 새벽기도회가 그 신호탄이 되었다. 전 교인 사순절 새벽기도회는 성도들을 보다 적극적으로 움직이게 했다. 당시 신촌이 상업 위주 지역으로 바뀌면서 성도들이 흩어져 있었다. 그런 까닭에 새벽기도의 필요성은 알았지만 참여는 저조한 상황이었다. 그런데 말씀을 통해 적극적인 신앙으로 무장하게 된 성도들이 기꺼이 새벽을 깨우며 교회로 왔다. 기도하자는 도전에 흩어졌던 성도들이 모여들었다. 새벽마다 본당을 가득 메운 성도들이 기도를 통해 하나님의 은혜를 구했고 말씀을 통해 삶에 적용하려는 노력을 기울였다.

> 어제는 새벽 달을 보며 감사하는 마음으로, 오늘은 술 취해 비틀거리며 지나가는 사람을 안타깝게 바라보며 기도하면서 교회로 향한다. 이른 새벽 먼 곳에서 교회를 향해 달려오는 분들을 보며 저절로 감사가 나온다. 많은 성도들이 모여 예수님의 탄생부터 십자가에 못 박혀 돌아가시고 장사 지내기까지의 과정을 낱낱이 들으며 은혜를 체험했다. 새벽에 약속이나 한 듯 매일 마주치는 사람들을 보며 저 사람들이 성전을 향해 달려갈 수 있게 해 달라고 기도한다. 주여, 언제 어느 곳에 재림하실는지 모르지만 주님 만나는 그때까지 새벽 제단을 쌓을 수 있도록 인도하여 주옵소서 아멘!
>
> 김영렬 집사, "사순절 새벽기도를 마치고", 〈신촌교회보〉 100호 기념

1992년에 시작된 사순절 전 교인 새벽기도회는 해마다 이어졌다. 삶에 적용되는 구체적인 메시지를 통해 성도들은 해마다 새벽을 깨우며 사순절을 보냈다. 2003년부터는 더욱 말씀으로 깊이 들어갔다. 구약성서와 신약성서를 통독하는 새벽기도회로 바뀌어 전 성도가 말씀을 알고 말씀 안에서 거듭나도록 도왔다.

해마다 수백 명씩 늘어나는 양적인 부흥과 함께 예배도 현실에 맞춰 다양화했다. 1997년부터는 저녁에만 진행하던 수요예배를 오전 예배까지 신설하여 저녁 예배 참석이 어려운 성도들을 교회로 오게 했다. 이는 교회 주변에 거주하다가 서울 주변이나 수도권으로 이동한 성도들을 위

한 배려인 동시에 말씀을 공부할 기회를 주는 것이기도 했다.

수요 오전 예배는 성경공부를 겸한 예배로 진행되었기에 신앙의 성장을 도왔다. 또한 주로 여성도들이 참여하는 만큼 교회 일에 동참하는 창구가 되었다. 시간이 지나면서 수요 오전 예배의 참석률이 높아짐에 따라 수요 저녁 예배는 금요 철야기도회와 통합하여 기도의 열기를 이어 가고 있다.

2004년 비전홀을 짓게 되었을 때[19]는 예배가 더 다양해졌다. 청년예배를 비전홀로 옮겨 그곳을 청년 목회의 전당으로 키웠고 주일 오후 예배는 '아름다운 예배'라는 이름으로 바꾸었다. 아름다운 예배는 교회 내 젊은 세대 중심의 교구로 분립된 7교구 성도들이 주로 섬긴다. 오케스트라를 비롯한 3040세대로 구성된 찬양팀과 밴드 등 3040세대만의 색깔을 살린 찬양과 예배, 교제와 나눔이 이뤄진다.

또한 2시 30분에 본당에서 드려지던 주일 오후 예배는 아천홀로 장소를 옮겨 특화했다. 이때는 부목사의 설교와 담임목사의 축도로 예배가 진행되기에 성도들은 다양한 말씀을 접할 수 있고, 부교역자들에게도 좋은 기회가 된다.

오후 예배는 기존의 예배 형식을 취하되 특별한 순서를 마련하여 예배자들과 감동을 나누었다. 특별 순서에는 다양한 코너가 마련되는데, 전도폭발훈련이나 제자양육과정 수료 등 교회 헌신예배로 드려지는가 하면, 찬양사역자의 찬양, 몸 찬양, 의료 특강, 미술 특강 등을 진행했다. 이때는 외부 강사를 초빙하기도 했지만 교회 내 전문 인재를 활용해 예배의 활력을 불어넣었다. 주일 오후 예배가 20년 넘게 이어지는 과정에서 전문적

---

19 2004년 10월 10일 주일 오후 3시 비전홀 입당 예배

으로 예배를 기획하는 인재가 성도들 중에서 세워진 것도 교회에 주신 은혜다.

신촌성결교회는 이정익 목사의 삶에 적용되는 말씀을 통해 삶에 밀착되는 예배로 다양화되고 변화했다. 이를 통해 성도들은 보다 적극적으로 교회 활동에 임했고 말씀을 통해 다양한 달란트를 개발하고 헌신할 수 있었다.

찬양이 불타오르는 예배

부임 이후부터 청년의 부흥을 기도해 오던 이정익 목사는 대학가에 위치한 교회라는 장점을 살리고 21세기를 향해 가는 젊은 교회로 거듭나기 위해 여러 가지 시도를 했다.

1998년 2월부터는 청년주일대예배를 신설하여 5부 예배로 드렸다. 그때까지 청년부 활동은 다소 위축되어 있었다. 주일 오후 4시 30분에 청년들이 모여 예배했으나 50여 명의 청년이 모일 뿐 제자 양육 중심으로 이루어지는 청년부의 특성을 담아내지 못했다.

그러다가 1998년 오전 6시, 장년 1부 예배가 신설되면서 장년 5부 예배를 청장년예배로 바꾸고 청년이 중심이 되는 예배로 서서히 방향을 잡아 갔다. 그즈음 기독 청년들에게 비전과 소명을 일깨우던 선교단체인 예수전도단 집회를 허락함에 따라 평일 저녁에 청년들이 교회로 모여들었고 이는 교회에 큰 도전이 되었다.

신촌성결교회는 밀레니엄을 앞두고 예배에 변혁을 꾀했다. 열정적인 찬양과 뜨거운 기도라는 성결교 특유의 전통을 청년 세대에 적용한, 찬양예배의 도입이었다.

2000년, 5부 예배가 공식적으로 청장년 예배로 바뀌면서 예수전도단 리더를 지낸 한정우 전도사를 청년회 찬양사역자로 영입했다. 그러자 청년들의 예배는 뜨거운 찬양과 기도가 함께하는 시간이 되었다. 법궤를 가져오던 다윗이 하나님께 춤추고 찬양하며 예배했던 것처럼 청년들이 예배하며 뛰었다. 이러한 모습은 기존의 성도뿐 아니라 초신자, 새신자 모두에게 예배에 친근감을 갖도록 했다.

신촌교회의 청년부는 찬양이 뜨거운 교회다. 주일 5부 예배의 말씀 전 찬양 시간은 성령의 불이 타오르는 시간이다. 2000년 1월부터 전문 세션으로 시작한 찬양팀은 찬양 시간을 위해서 2년 동안 준비했다고 한다. 1998년도 한 해는 1년에 4번에 걸쳐 장년부 예배를 통해 가능성을 시도해 보는 극성을 보이기까지 했다. 그 덕분에 지금 신촌교회는 매주 찬양의 부흥성회를 열고 있는 셈이다. 이 찬양 예배 시간을 사모하여 참석하는 학생들도 많은 것으로 알려졌다.

박종순 기자, "신촌성결교회 청년부를 가다", 〈크리스천투데이〉(2002년 2월 15일)

청년예배가 지향하는 바는 분명했다. 거부감을 갖지 않는 여건에서 복음을 명료하게 전달하는 것이다. 이를 위해 각종 문화 양식을 빌려 예배를 진행하되 자칫 세상적인 방향으로 빠지지 않도록 예배의 핵심을 전달하고 알게 하는 데 집중했다. 무엇보다 감정에 치우치지 않도록 말씀으로 무장시켰고, 예배 이후에 이루어지는 소모임을 통해서도 말씀을 나누었다. 그 결과 내부적으로 청년들의 신앙이 결속되었고 나아가 캠퍼스 사역으로 이어지며 수많은 청년들을 교회로 인도했다.

50여 명에 불과하던 청년부는 2000년 청년예배가 시작되면서 100-200명으로 늘어났고, 2007년 스프링 청년 사역을 통해 500-600명으로 늘어났으며, 이제는 천여 명이 참석하는 예배로 성장했다. 이렇듯 청년예배는 신촌성결교회의 부흥과 성장을 견인한 예배로 자리매김했다.

청년부 예배

천일의 영적 여정

"천일기도로 시작한 성전 건축이 아무 사고 없이 완공될 수 있었던 것은 하나님의 은혜와 성도들의 기도와 헌신 덕분입니다. 진정한 예배와 뜨거운 기도, 말씀이 살아 있는 건강한 교회로서 세상을 향해 마음껏 비상합시다."

성봉채플의 아름다운 시작을 알리는 말이었다. 성봉채플에 모인 성도들은 이정익 목사의 선포에 박수와 아멘으로 화답했다.

현대의 교회 건축은 목회의 철학과 비전을 담아내는 그릇이다. 한정된 면에서 합리적인 공간 계획을 통해 교회의 존재 목적인 예배와 교육, 문화와 복지, 주거 등의 요구를 충족하고 고유의 성경적인 메시지를 전달하기 위해 노력하기 때문이다.

신촌성결교회는 2008년 새 성전 건축을 준비하면서 영적인 교회로 거듭나길 기도했다. 겉으로 보이는 외관보다 영적으로 은혜가 충만한 교회가 우선되어야 했기에 모든 성도가 기도로 건축에 참여하기로 했다. 이에 영성분과와 건축위원회, 목회자의 협력으로 공동기도문을 만들고 배포했다. 성도들은 매일 정해진 부분의 성경을 읽고 공동기도문으로 기도하며 성공적인 성전 건축을 기원했다.

얼마 뒤 이는 '성전 건축을 위한 천일예배'로 바뀌었다. 사도신경으로 신앙을 고백하고 매일 지정된 성경을 읽은 뒤 공동기도문으로 기도를 하고 헌금과 주기도문으로 마치는 것이 천일예배의 순서였다. 성도들은 매일 순서에 맞춰 천일예배에 동참했다.

하나님 아버지!

일찍이 주님의 뜻 가운데 신촌성결교회를 세우시고 넘치는 축복으로 여기까지 인도하여 주심을 감사드립니다. 때가 되매 온 성도가 새로운 성전의 꿈을 꾸며 천일예배로 준비하기 원하오니 주님 기쁘게 받아 주시옵소서.

성전 건축을 위하여 다 함께 힘을 모아 간구하오니 사탄의 모든 훼방을 막아 주시고 개인과 가정에 성령이 충만케 하시며 하나님 보시기에 아름다운 성전이 세워지게 하시옵소서.

우리 모두가 새로운 성전을 사모하며 새 성전이 사람을 위한 것이 아니요 하나님을 위한 것이 되게 하시고, 내게 주신 모든 것이 내 것이 아니요 주님의 것임을 고백하며, 즐거운 마음으로 드리게 하시고 이 성전 건축의 중심에 나와 우리 가정이 있게 하여 주시옵소서.

천 일 후 이곳에 아름다운 성전이 세워짐과 함께 우리 마음에는 은혜 충만한 성전이 세워지게 하여 주시옵소서. 예수님의 이름으로 기도드립니다. 아멘.

성전 건축을 위한 천 일 공동기도문

천일예배와 함께 진행된 교회 건축은 매 순간 은혜로 채워졌다. 공사의 어려움도 있었고 시공사와 갈등도 있었지만 온 성도가 함께 기도하며 하나님께 방법을 구했다. 특히 준공이 미뤄지는 어려움 속에서도 교회는 꾸준히 기도하며 하나님의 은혜를 구했다.

기도가 발휘하는 위력은 과연 컸다. 갈등의 순간마다 하나님은 피할 길을 주셨고 순식간에 문제를 해결하셨다. 천일예배에 소홀했던 이들도 기도와 예배를 통해 건축이 진행되는 과정을 지켜보며 은혜를 받고 신실한 예배자가 되었다. 그러자 천일예배를 중심으로 한 기도 모임이 늘어나기 시작했다.

천일예배와는 별개로 매월 첫 주 수요일에 '전 교인 수요 기도 모임'이 시작되었다. 전 교인 수요 기도 모임은 건축위원회 각 분과가 돌아가면서 진행했고 그다음에는 각 기관이 주관이 되어 진행했다. 영성분과와 건축위원회 위원들의 기도회를 비롯한 장로 기도 모임 등 건축 기간 내내 기도가 끊이지 않았다.

성봉채플은 기도의 열매로 지어졌다. 하나님은 천 일의 예배를 받으셨고 천 번의 예배를 마친 성도들은 아름다운 성전을 봉헌하는 은혜를 경험했다. 부채 없이 완성된 새 성전은 입당과 함께 교적 교인 수 1만 명에 이르는 축복이 부어졌다.

천 일의 예배는 성전 건축을 위한 새로운 패러다임을 형성했다. 하나님이 받으시는 성전은 온 성도의 기도와 예배가 철저히 우선되어야 한다는 것을 확인시켜 준 만큼 이후에 진행된 아천홀과 키움홀 리모델링 작업과 비전센터 건축 역시 온 성도가 함께하는 예배로 진행되었다. 신촌성결교회의 전통으로 자리 잡게 된 것이다.

다시 말씀으로!

박노훈 목사가 취임하면서 교회는 새로운 출발선에 섰다. 박 목사는 빠르게 변해 가는 현대 사회에서 교회가 어떤 정체성을 고수해야 하고 어떻게 변해 가야 하는지, 특히 4차 산업혁명 시대에 교회가 어떻게 해야 교회다울 수 있는지를 고민하며 기도했다. 그리고 급변하는 시대일수록 더욱 변치 않는 진리를 붙잡음으로 더 깊은 영성으로 나아가야 한다는 결론을 얻고 말씀과 예배에 집중했다.

2018년부터 해마다 사순절 특별새벽기도회와 함께 추수감사절 엎드림 새벽기도회를 시작하여 성도들의 영적 성숙을 위한 예배의 통로를 열었다. 또한 기독교 신앙은 신앙생활이 아니라 '생활신앙'이라는 것을 강조하며 가정과 일터, 공공 영역 속에서 예수님과 동행하는 삶을 살도록 메시지를 전했다. 교회의 영적인 파워는 도움이 필요한 이들에게 예수 그리스도의 사랑을 전하고 실천하는 생활신앙에서 나온다. 그렇기에 교회가 더욱 담장 밖으로 향해야 함을 강조했다.

2020년 코로나가 온 세계를 덮치며 일상이 멈추었다. 대면이 불가능해지고 마스크가 일상이 되면서 교회는 가장 큰 타격을 입었다. 현장 예배가 불가능해지고 성도의 교제가 어려워진 상황에 교회는 빠르게 대응해야 했다. 그동안 교회가 세상의 변화에 능동적으로 대처하지 못했다는 반성의 목소리를 겸허하게 받아들이며 온라인 사역을 준비했다. 교회의 생명, 교회의 존재 이유가 복음을 듣고 전하는 것이기에 신속하게 사역을 전환했다.

방역 수칙이 수시로 바뀌는 상황에서 예배의 공백을 없애기 위해 하드웨어적인 면에서 온라인 시스템을 갖추고 소프트웨어적인 면에서 대면 위주의 콘텐츠를 온라인화했다. 교회학교에서는 각 연령에 맞게 유튜브 콘텐츠를 개발하여 온라인으로 예배를 드리는 한편, 다채로운 영상을 통해 교제와 성경공부를 진행해 소통에 힘썼다. 오히려 온라인 사역은 원활한 대화의 장이 되었다.

청년부를 위한 온라인 예배는 특히 다양해졌다. 일방적으로 듣는 설교가 아닌 소통형 설교를 시도하여 목회자와 예배자가 적극적으로 예배에 참여할 수 있도록 했다. 줌을 이용한 온라인 촛불예배를 비롯해 절기에 맞는 무대 세팅으로 다양한 예배 영상을 경험하도록 했다. 또한 설교 리마인드 영상과 게시물을 SNS에 지속적으로 업로드하여 생활 속에서 예배할 수 있도록 했다.

장년층을 위한 온라인 사역은 좀 더 신중하게 접근했다. 디지털 환경이 익숙하지 않은 세대이기에 우선 목장들을 대상으로 온라인 사역에 대해 교육하고 자연스럽게 성도들이 사용할 수 있도록 한 뒤 순차적으로 온라인 사역의 비중을 확대해 나갔다.

온라인 사역이 빠르게 자리 잡아 가면서 교회 내 예배와 교육은 모두 온라인으로 전환되었다. 공식적인 교육 과정뿐만 아니라 '천로역정 강화 시리즈' '말씀플러스' '이른아침기도회' '온라인 가정 예배' 등의 새로운 콘텐츠를 제공함으로써 일상에서 자유롭게 예배하도록 도왔다.

교구 목양도 예외가 아니었다. 전화와 문자 심방, 영상 메시지, 깜짝 문고리 심방을 비롯해 온라인 라이브 방송과 온라인 상담, 온라인 독서실, 요리와 영화, 게임을 온라인으로 함께하는 등 새로운 콘텐츠를 만들어 함께했다.

이처럼 코로나19라는 변수에 흔들리기보다 오히려 디딤돌로 삼아 지경을 더 넓혀 갔다.

창립 70주년을 맞이한 신촌성결교회는 '다시 예배로 다시 말씀으로' 순항 중이다. 박노훈 목사는 신촌성결교회의 정체성을 강화시킬 워드(W.O.R.D) 사역의 첫 번째를 말씀에 두고 말씀을 중심으로 한 예배에 집중하고 있다.

온오프라인의 넓은 세계 속에서 시공간을 초월한 예배가 가능해진 만큼 더욱 복음의 본질로 돌아가고자 2023년, 2024년 두 해 동안 '예배의 영광을 회복하는 교회'를 주제로 예배의 회복으로 부흥하는 교회로 나아가고 있다.

우리는 예배 속에서 절망을 딛고 다시 일어서야 합니다. 삶에 쫓겨 피곤하지만 예배의 자리에서 하나님의 살아 계심과 회복하게 하심을 경험해야 행복한 사람으로 다시 태어날 수 있습니다. 예배 속에 있을 때 울음이 변하여 찬송이 되고 슬픔이 변하여 기쁨이 되고 눈물뿐인 길이 감사와 찬양으로 변하게 됩니다. 초대교회의 아름다운 예배의 전통을 계승하여 우리 교회가 다시금 예배의 영광을 경험하는 교회로 나아가 죽음과 절망 위에 생명과 소명으로 넘쳐 나길 기도합니다.

3장

날마다 배우고 자라다

오직 우리 주 곧 구주 예수 그리스도의
은혜와 그를 아는 지식에서 자라 가라
영광이 이제와 영원한 날까지 그에게
있을지어다

벧후 3:18

오직 말씀으로 배우다

예수 그리스도가 이 땅에 오셔서 하신 일은 가르침과 전파와 치유다. 3대 사역 중 첫 번째인 가르침(teaching)은 교회가 가진 특별한 사명이다.

예수를 구주로 영접하고 그리스도인으로 세워지는 과정은 지속적이다. 구원은 예수를 믿음으로 단번에 이루어지지만 이후 성화(聖化)의 과정이 지속된다. 성화는 단번에 이루어지지 않는다. 지속적으로 배우고 훈련해야 하는 과정이기에 교회는 그 일을 잘 담당해야 한다.

1950년대를 지나 1960년대에 접어든 기독교 교육이라 함은 주로 설교자의 말씀을 통한 가르침이었다. 신촌성결교회 역시 목회자들에 의해 선포되는 복음의 메시지가 양육의 중심이 되었다. 이성봉 목사를 비롯해 초창기 10년을 이끈 목회자들은 성결교단의 부흥을 위해 헌신한 목회자들로, 현실 중심이나 시사적인 주제보다 신앙적인 요소를 주제로 메시지를 전했다. 대부분 신앙의 뿌리가 깊게 내린 이북 출신이었는데 이러한 배경이 더욱 복음주의적인 설교로 이끌었고 성도들은 복음 그 자체를 깊이 있게 배우며 신앙의 뿌리를 내렸다.

특히 10여 년간 교회를 도운 이성봉 목사의 하나님 중심, 예수 중심, 성령 중심, 말씀 중심의 메시지와 함께 하나님 앞에서 일차원적이고 절대적인 삶은 성도들에게 본이 되었다.

"하나님과 나 사이에 올바른 관계를 맺고, 사람과 사람 사이에 올바른 관계를 맺고, 기도의 목적이 순결하여야 하고, 예수의 공로를 의지하여 간절히 전심으로 구하고 믿음으로 구하고 하나님의 기뻐하는 기도를 드림으로 우리의 기도는 응답받을 수 있을 것입니다."

"아멘."

"성도들아, 항상 깨어 쉬지 말고 기도하세. 주님 부탁하셨으니 쉬지 말고 기도하세. 말세에 우리에게 성신을 약속하셨으니 반드시 주실 줄 믿고 쉬지 말고 기도하세."

"아멘."

성도들은 구원과 죄, 회개와 변화의 삶, 희망과 위로의 메시지로 말씀을 배우며 신앙의 기초를 다졌다. 개인의 구원과 구원받은 자로서 변화된 삶, 중생과 성결, 신유와 재림이라는 성결교의 사중 복음 위에서 자유롭게 믿음과 신앙의 세계를 꿈꿀 수 있었다.

이러한 메시지는 초창기 자주 열린 부흥회나 사경회 등을 통해서도 이어졌다. 부흥회에 초청된 강사들 역시 구원을 통한 확신과 회개, 성령 충만으로 변화된 삶을 강조했고, 실제로 성도들은 변화된 모습으로 교회를 섬겼다. 말씀을 통한 변화야말로 성화로 가는 곧은길임을 보여 준 것이라 하겠다.

1964년 말쯤 최학철 목사가 담임목사로 부임하면서 교회는 성도들의 신앙 증진을 위해 한 걸음 더 나아갔다. 1년에 며칠간 청년 신앙 강좌[20]가 계획된 것으로 보아 그때부터 신앙 교육이 시작된 것으로 보인다.

또한 건축과 이전 등으로 변화를 겪고 있을 때였기에 기도를 통한 신앙 훈련에 집중했다. 구역을 순회하며 신앙을 지도하고 개인 심방을 통해 기도를 권면하는 기도 중심의 신앙 교육이 이뤄졌다. 덕분에 노고산동으로 교회가 이전하는 과정에서 성도들의 이탈은 거의 없었다. 오히려 기도로 무장한 성도들이 자발적으로 복음 전파에 나서며 교회의 부흥을 견인했다.

---

20 1967년 연중 행사표 참고

노고산동으로 교회가 이전함에 따라 최학철 목사는 기존의 교육부를 교육위원회로 개정하여 교육의 역할을 강화했다. 성도들이 증가함에 따라 신앙 교육의 전문화가 요구되었고 이에 교육위원회를 통해 교육을 전담할 교육전도사를 세우고 신앙을 지도하도록 했다.

이는 교회학교에 먼저 적용되었다. 처음으로 구의병 교육전도사를 청빙하여 주일학교 아이들의 신앙을 지도하도록 했고, 학생 지도 전도사를 세워 중고등부 학생들의 신앙을 체계적으로 가르쳤다. 또한 청년 담당 교육자를 청빙하여 청년들이 신앙 안에서 성장하고 삶에서 신앙을 실천하도록 가르쳤다.

1970년대부터 시작된 신촌성결교회의 교육은 특별한 양육 프로그램이 있는 것도, 체계가 잡힌 것도 아니지만, 말씀을 공부한다는 것이 무엇인지 알게 하고 그 기회를 제공했다는 것만으로도 의미가 있었다. 한창 양적 성장에 치우치던 교계 분위기 속에서 영적 성장을 고민한 흔적이었기 때문이다.

교육의 기틀을 잡다

신약성서에는 예수님의 말씀을 가르침으로 표현하는 부분이 47회 나온다.[21] 또한 예수님을 전도자나 설교자가 아닌 선생으로 부른 부분이 42회 나온다. 이는 예수님의 사역 가운데 교육이 그만큼 중요하다는 것을 보여 준다.

3대 담임목사로 부임한 정진경 목사는 교육에 대해 특별한 은사와 경험이 있는 목회자로, 예수님의 가르침의 방향을 철저히 따르며 교회 교육의 틀을 잡았다.

철저히 신앙 안에서 성도들을 교육하려 한 그는 예배 순서를 과감히 바꾸어 말씀이 차지하는 비중을 강조했다. 이는 단순한 예배 순서의 변화를 넘어 말씀의 중요성을 강조한 것이며, 그 말씀으로 삶에 변화를 가져오도록 했다는 점에서 혁신이었다. 주일예배 설교를 요약해 주보에 실었는데, 이는 말씀이 삶 속에 뿌리내리게 하기 위함이었다.

부임한 첫해부터 기독교의 본질, 교회란 무엇인가, 세례의 의미, 모범적인 교회상, 성찬의 의미, 죄, 십일조 헌금의 의미, 왜 인간은 존엄한가, 공산주의는 세계를 구원할 수 있는가 등 원론적이면서도 기독교인으로서 반드시 알아야 할 메시지를 전했다.

또한 주일 낮 설교에는 '시리즈'를 도입해 성경의 맥락을 잡도록 도왔다.[22] '기독교의 인간 이해'라는 주제로 한 달간 창조와 인간, 타락과 인간, 죽음과 인간, 구원과 인간을 다루는가 하면, '기독교의 죄에 대한 이해'를 주제로 교만의 죄, 위선의 죄, 질투의 죄, 나태의 죄 등 죄에 대해 치열하게

---

21 기독교 교육학자 루이스 쉐릴(L. S. Sherrill)의 통계

22 〈사귐〉(1977년 9월 4일) 소식란 참고

돌아보며 신앙을 점검하는 시간을 갖기도 했다. 이 같은 주제 설교는 성도들로 하여금 자신의 영적 상태를 점검하고 자발적으로 돌이켜 변화할 수 있도록 이끌었다.

말씀을 통한 가르침과 함께 시도한 것은 성도가 성도를 교육하는 것이다. 이를 위해 심방권사와 심방집사[23]를 두었다. 당시 교회에는 초창기부터 뜨겁게 신앙생활을 하며 돕는 은사를 발휘한 성도들이 있었는데 그들로 하여금 여교역자를 도와 성도들의 신앙을 독려하도록 했다. 이는 은사에 치중하는 목회를 경계하되 적절히 은사가 사용되도록 한 것인 동시에 평신도를 세우는 일이기도 했다. 심방권사, 심방집사는 교역자를 도와 성도들의 가정을 심방하고 교회와 성도 간에 완충작용을 하며 신앙의 성장을 도우며 십 수년간 역할을 했다.

정 목사는 이때부터 평신도 제자훈련에 비전을 갖고 성도들을 교육했다. 목회자에 의해 수동적으로 신앙생활을 하는 것에서 벗어나 교육과 훈련을 통해 그리스도의 제자요 목회자의 동역자로 세워지도록 훈련하는 것이 평신도 제자훈련이다. 평신도 제자훈련은 1960년대 이후 도입되었는데, 한국교회의 깨어 있는 지도자들이 이를 적극 수용했다. 정 목사도 그중 한 사람이었다.

구역을 재편함으로써 평신도 신앙 교육을 구체적으로 실현했다. 1975년 기존 구역을 세분화하여 32구역으로 나누고, 그동안 기도 모임의 성격을 가지던 구역예배를 말씀 중심의 예배로 변화시켰다. 매주 수요일 구역예배를 위한 예비 공부를 신설하고 구역장과 강사가 참여하도록 했다.[24] 이를 통해 구역원들은 각 가정을 성전 삼아 예배를 드릴 때 말씀이 우

---

23 1978년부터 1991년까지 심방권사, 심방집사 제도를 두었던 것으로 확인된다. 사무총회록 참고
24 1975년 8월 31일 주보 참고

선되어야 한다는 것을 인식하기 시작했다.

1977년에는 전체 구역을 5교구 10도교구 52구역으로 개편 증설하면서 소그룹 위주의 신앙 훈련이 이루어졌다. 교구를 담당할 목회자를 청빙해 구역을 돌보도록 함으로써 구역예배를 통한 신앙 교육은 더욱 체계화되었다. 뿐만 아니라 구역예배를 위한 예비 모임이나 성경 읽기 안내 등을 통해 예배가 예배다워지고 신앙이 성장할 수 있도록 했다.

1979년부터는 부서별 성경공부를 시작했다. 당시 활발히 활동하던 대학부가 청년 담당 목사의 인도로 성경공부를 시작했고 곧이어 대학부 영어 성경공부 과정도 신설됐다. 이와 함께 청년부와 여성도들의 모임인 드보라에서도 성경공부를 시작했다. 남전도회는 영어성경 공부를 자발적으로 시작했다. 이는 평신도를 세워 그리스도의 제자가 되게 하고 그들과 함께 교회를 세우겠다는 담임목사의 목회 방향과 일치하는 것이었다.

> 처음 3년간 하향식 목회를 하고 교회가 자리 잡고 안정되었을 때 교회와 각 부서에 민주화 선언을 했다. 학교에서 하지 않는 교육 방식을 교회에 실시해 볼 생각을 하고 교회에서 민주주의 교육을 시도했다. 성도들의 개성을 살리되 꾸준히 민주 의식을 키우며 설교, 교육, 행정, 모든 분야에서 지시일변도의 목회에서 한 걸음 뒤로 물러나 자율적인 분위기로 활동하도록 노력했다. 자율적인 활동은 점진적으로 정착되었고 그런 결단이 현명한 것이었음을 온 교회가 확인하게 되었다. 성도들은 각자 맡은 일에 주인의식을 가지고 창의적인 활동을 활발히 했다. 교구 전담 부교역자를 두고 목회 훈련을 충분히 시켰는데 이렇게 훈련받은 부교역자는 나중에 훌륭한 목회자가 되었다.
>
> 이유진 편저, 《목적이 분명하면 길은 열린다: 정진경 목사의 자서전》(홍성사, 2008)

영적으로 성장하는 교회

1980년대 진입을 앞두고 정진경 목사는 신촌 지역의 변화에 발맞춰 교회의 지적이고 영적인 수준을 높여야 한다는 생각으로 교육을 강화했다.

이에 따라 일반 성도를 대상으로 시작한 신앙 강좌가 다양해졌다. 기존의 일방적 가르침이 아닌 기독교와 기독교적인 삶에 대해 생각하고 토론하는 형식의 신앙 강좌는 낯설지만 성도들에게 신선한 도전이 되었다. 또한 담임목사뿐 아니라 외부 강사가 강좌를 맡아서 보다 다양한 말씀을 듣고 공부할 수 있었다.

신앙 강좌는 1976년부터 해마다 이어졌다. 첫해는 연세대 민경배 교수, 서울대 한완상 교수, 감신대 박봉배 교수, 정진경 목사 등이 다양한 주제를 가지고 성도들과 만났다. 이후 듣는 층을 특화하여 2회 신앙 강좌부터는 신촌성결교회 내 교회학교 지도자 교육대학으로 대체하여 해마다 명망 있는 학계의 지도자, 목회자를 초빙해 진행했다. 이로써 신앙 강좌는 지도자 교육 프로그램으로 자리 잡아 갔고, 교회의 부흥과 성장에도 크게 도움이 되었다.

교육 공간에 대한 절실한 필요로 교육관이 봉헌됨에 따라 지적·영적 성장을 위한 교회 교육은 더욱 다양해졌다.

1982년 5월 2일, 교육관 봉헌 경축 행사로 학술 세미나와 시화전, 사진전이 진행됐다. 은준관 교수가 대표 강사로 나서 '기독교 교육의 현재와 미래'라는 주제로 세미나를 진행하며 교회 차원에서 어떤 교육이 구체적으로 이루어져야 하는지 토론하고 의견을 나누었다. 한편, 시화전과 사진전은 교회 내 교육부 산하 각 기관이 참여해 교회 교육이 어떻게 진행되고 있는지, 어떤 비전으로 나아가는지 모든 성도로부터 공감을 끌어냈다.

이후의 교육 프로그램은 기관별로 다양하게 진행했다. 남전도회가 주최하는 성경공부와 켈렌 선교사가 가르치는 영어 성경공부, 신구약 개론을 배우는 여전도회 성경공부 등 배움의 기회가 많아졌다. 그와 함께 구역의 활성화를 위한 구역장 세미나, 교회학교 교사대학 등의 교육 프로그램이 진행되었다.

다양해진 교육을 통해 개인적인 간증도 넘쳤다. 말씀을 깊이 공부하면서 하나님과 인격적으로 만날 수 있었다는 고백부터 전도의 열심을 품게 되었다, 교사대학을 통해 학문에 대한 깊은 통찰과 새로운 학문의 충전을 얻었다, 어린 제자들에게 실질적인 예배자가 되도록 가르치는 일에 확신을 갖게 되었다 등 간증이 이어졌다.

이는 전문적인 교육을 위해 애쓴 노력의 결과이기도 했다. 실제로 교회는 성도들의 올바른 교육을 위해 기독교 교육을 전공한 목사가 청년을 담당하고 종교음악을 전공한 음악목사가 음악 사역을, 선교목사가 선교를 담당하도록 했다. 이렇듯 전문 목회자를 세움으로써 질 높고 효율적인 교육이 이뤄지도록 했다.

교회는 다른 교육 프로그램을 수용하는 데 있어서도 열려 있었다. 1980년대 들어서면서 소위 인기 있는 프로그램이나 커리큘럼이 나오기 시작했다. 이를 교회에 적용하자는 목소리가 나오자, 민주적인 교육 방침에 따라 검증된 교육 프로그램에 한해 외부에서 배우는 것을 용인했다. 이는 교육과 양육 프로그램이 조금 더 풍성하게 확장되도록 했다.

1980년대 중반에 교회에 오니 성도들 모두가 배움의 벽이 없었습니다. 베뢰아 사람처럼 성품 자체가 고상하고 배움에 너그러움과 간절함이 느껴졌습니다. 수준이 높고 낮음에 상관없이 하나님에 대해 배우는 일을 허용하는 분위기 속에서 말씀을 사모하고 있다는 것이 느껴졌습니다. 또한 누가 와도 친절하고 너그럽게 배움을 베풀고 나누니 정착으로 이 어졌습니다. 이렇게 평신도가 기본적으로 배움에 대한 열망이 크고 따 뜻하고 관대한 허용의 자세를 가진 데다 서로를 보면서 메시지를 주고 받으니 신촌성결교회 교육이 급성장할 수 있었다고 생각합니다.

김남훈 장로(현 교육위원장) 인터뷰

신촌성결교회는 정진경 목사의 지성 목회와 함께 신앙 훈련을 통해 성장했다. 체험을 통해 하나님을 아는 것에서 말씀을 통해 깊이 하나님을 만날 수 있도록 이끈 교육 덕분에, 성도 개개인이 실존주의를 뛰어넘어 역사주의 사관으로 신앙생활에 이를 수 있었고 이는 영적 수준을 높이는 터닝포인트가 되었다.

새신자교육의 틀을 잡다

일요일, 교회에 가는 것보다 산에 가는 것을 더 좋아하던 저였습니다. 아내와의 약속 때문에 태어나 처음으로 교회에 오던 날 몸도 마음도 추웠지만 반갑게 맞아 주시는 분들의 미소와 손길로 녹기 시작했습니다. 그때부터 새신자 양육부의 목사님, 장로님, 권사님, 집사님의 관심과 배려, 기도를 통해 기쁨으로 교회 생활을 하게 되었습니다. 초급반에서 예수님에 대해 배우면서 막연하게 알던 예수님을 알게 되었고 교회에 대해 부정적인 마음도 긍정으로 변했습니다. 설교 도중 "주님 제가 잘못했습니다"를 속으로 외치기도 하고 눈물 흘리며 찬양을 하기도 했습니다. 새신자양육을 통해 막연하던 구원을 확신으로 이끌어 주신 하나님께 감사드립니다.

이원규 성도, "막연하던 구원이 확신으로", 〈신촌교회보〉(1998년 7월 12일)

1990년대 들어서면서 한국 교계의 성장세가 조금씩 둔화되기 시작했다. 1970-1980년대에 절정을 이루던 부흥이 1990년대 들어서 성장세가 조금씩 둔화되다가 후반에는 정체기를 보이기 시작했다. 더구나 교인들의 수평 이동 현상이 나타났다. 교회로선 고민이었다.

이정익 목사도 이 점을 주목했다. 여전히 전도 활동이 활발한 가운데 많은 이들이 교회를 찾지만 정착하지 못하고 스쳐 지나가는 것을 보며 안타까움이 컸다. 어느 교회나 예외가 아니었기에 어떻게 하면 새신자들이 교회에 정착하고 헌신된 일꾼으로 세워질 수 있을까 고민했다.

더군다나 1990년대 이후 사회 전반적으로 포스트모더니즘[25]이 강해

---

25 기존 사회의 주류였던 이성, 합리성, 근대성, 거대 담론 등으로 대표되는 모더니즘을 해체하려는 사상적 경향성을 의미

지면서 종교 생활에 마음이 열린 사람이 많아졌다. 예수님도 믿지만 다른 신도 함께 믿는 식이다. 이런 사상을 가진 이들에게 예수 그리스도만이 절대 구원의 유일한 존재임을 설명하고 교육하는 과정이 필요했다.

이에 1992년 새가족 양육부라는 이름으로 담당 목회자를 전진 배치하고 도울 성도들로 부서를 꾸렸다. 당시 연 400여 명의 세례교인이 증가하고 있었지만 문제는 그들이 정착해서 크리스천이 되는 것이었다. 등록 신자 85% 정착률을 목표로 삼았다.

정재학, 윤훈기, 조준철 목사를 비롯한 평신도들의 참여로 구성된 새가족부는 가장 먼저 사례를 연구했다. 이미 새가족부를 운영하고 있는 교회들을 찾아가 배우는가 하면, 양육 관련 세미나에 적극 참여했다. 교회 차원에서 적극 지원한 결과, 5주간의 새신자 교육 과정이 완성되었다.

새가족부의 목표는 새가족이 된 성도에게 구원의 확신을 심어 주는 것이다. 5주간의 교육을 통해 우리의 죄와 구원을 약속하신 예수님의 말씀을 이해시키고, 교회 공동체와 좋은 관계를 맺어 정착할 수 있도록 사랑으로 섬기며, 따뜻한 교회의 이미지를 전했다.

교회와 환경이 낯설어 적응이 어려운 이들은 따뜻한 사랑과 환대에 마음의 문을 열었다. 새가족 교육은 장년뿐 아니라 교회학교에도 영향을 미쳐 아이들 신앙 교육에도 큰 도움이 되었다.

5주간의 새가족 교육을 마치고 성도가 된 이들을 대대적으로 환영하는 자리도 마련했다. 해마다 두 차례 새가족으로 등록된 성도들을 위해 마련한 자리는 교회 잔치가 되었다. 모여 떡을 떼는 초대교회의 아름다운 모습이 이와 같지 않을까 했다.

교회를 찾아온 모든 이들에게 하나님의 은혜와 교회의 아름다움, 성도 교제의 복됨을 꼭 전해 주고 싶었습니다. 모든 새가족이 하나님 안에서 기쁨을 느낄 수 있도록 교회에 더 오래 머물러 있었으면 좋겠다 생각했습니다. 이를 위해 새가족을 환영하고 양육하는 일이 꼭 필요하다고 생각했습니다. 새가족부는 교회의 어떤 조직보다 열정적이고 헌신적이었습니다. 많은 새가족이 성실한 양육을 받으며 훌륭한 신앙인의 길을 걷기 시작했습니다. 신촌성결교회는 상식이 통하고 젊음이 넘치며 신앙이 자라고 세상을 섬기는 건강한 교회로 성장해 왔습니다. 새가족부가 교회의 아름다운 성장에 많은 기여를 했다고 생각합니다.

신촌성결교회 새가족부, 《새가족 양육에서 정착까지》 머리말에서

새가족부는 영적으로 어린아이에서 한 단계 성장한 성도들과의 관계를 이어 가며 소통했다. 성도로서 자라 가려면 계속 배워야 하기에 교회 내 다양한 교육 프로그램에 참여할 수 있도록 안내하여 성도로서 융합되도록 도왔다.

1992년에 시작된 새가족부는 현재까지 활발한 활동을 이어 가며 새신자의 교회 정착률을 높이고, 새신자가 구원의 확신을 얻은 그리스도인으로 성숙해 가는 발판이 되고 있다.

전 성도를 위한 도전

창립 40주년을 기념하는 행사가 진행되었다. 어떤 화려한 행사가 아닌, 모든 성도가 말씀과 동행하도록 염원을 담은 통독 필사 운동이었다.

막상 필사 운동을 시작하니 곳곳에서 놀라운 일이 일어났다. 말씀을 사모하는 이들이 곳곳에서 일어났고 말씀과 동행하고 있다는 간증이 이어졌다. 최고의 신앙 교육 교재인 성경을 읽고 쓰고 마음에 새기는 시간을 통해 성도들 스스로 신앙을 다지는 시간이 된 것이다. 전 성도 성경 읽기 쓰기 운동은 큰 반향을 일으켰다.

> 필사를 하니 몰랐던 부분도 알게 되고 뉘우쳐지는 면도 있어서 좋았습니다. 특히 잠언 말씀이 생활에 있어 큰 깨달음을 주었습니다. 필사를 시작하게 된 건 저의 신앙적 발전뿐 아니라 가장으로서 본이 되어야겠다는 마음가짐 그리고 5남매에게 손수 쓴 성경을 나누어 주고 싶어서입니다. 지금 세 번째 필사를 마치면 통독을 한 번 한 뒤 네 번째 필사에 들어가려고요. 이번엔 또 어떤 깨달음과 기쁨이 있을지 기대가 됩니다.
>
> 안길방 성도, "만나고 싶었습니다", 〈신촌교회보〉(1996년 9월 1일)

1994년에 시작된 전 성도 통독 필사 운동은 성도들에게 잔잔한 감동이 되었을 뿐 아니라 신앙의 열정을 다시금 불태우게 했다. 듣는 말씀에서 보고 읽고 체험하는 말씀이 되면서 성경 통독과 필사는 지금까지 계속되고 있다.

이정익 목사는 교회 성장에 대한 확실한 철학이 있었다. 부흥하는 교회로서 전도 활동을 적극 펼치되 양적 성장에 걸맞은 교육과 양육이 전 성도 차원에서 이루어져야 한다는 것이다. 이런 배경 아래 진행된 것이 전 성도를 대상으로 한 기도회와 수련회였다. 이는 성도 간의 교제와 나눔의 연장이기도 하지만 전 성도를 하나로 묶는 양육의 도구이기도 했다. 성도가 늘어날수록 교제가 취약해지고 양육이 소홀해지는 데 대한 대비책이기도 했다.

행사를 준비하는 과정은 훈련의 시간이기도 했다. 하나의 행사를 위해 준비하는 시간은 짧게는 수개월에서 길게는 1년 가까이 되었기에 그 기간을 통해 저절로 리더 양육이 이루어진 것이다.

이러한 성공적인 경험이 축적됨에 따라 전 성도 차원의 행사를 기획하는 데 자유로워졌고, 성도 한 사람 한 사람 놓치지 않고 양육하는 일에 집중할 수 있었다.

전 성도 양육을 위해 리더 교육도 강화했다. 구역 조직을 세분화해 세운 소그룹 리더를 대상으로 구역 임원 수련회를 진행했다. 이는 구역 모임의 역할과 전망, 비전을 함께 나누는 훈련의 장이 되었다. 구역장과 구역강사는 임원 수련회를 통해 리더 교육을 받은 뒤 구역예배와 교육, 친교와 전도에 실질적인 적용을 함으로써 전 성도가 그 교육의 영향을 받도록 했다.

이외에도 구역장 세미나, 청지기 수련회, 교사대학 등 다양한 교육 프로그램을 통해 리더 교육이 이루어졌다. 이들은 먼저 하나님의 일을 대신 맡은 청지기로서 서약을 하면서 각자에게 주어진 사명에 대해 새롭게 각오했다. 그리고 자질 향상과 영적 각성을 위해 훈련을 받았다. 리더 교육을 통해 세워진 리더들은 양육자가 되어 또 다른 리더를 세우는 역할을 했다. 그 결과 전 성도가 훈련받은 제자로 세워지는 건강한 교회로 자리매김할 수 있었다.

리더 교육은 청년부에도 이어졌다. 찬양예배를 도입하면서부터 목회자를 비롯한 청년 리더들로 하여금 다양한 교육을 통해 훈련받도록 했다. 그 결과 청년부는 건강한 공동체로 빠르게 성장했을 뿐 아니라 교회 부흥의 견인차 역할을 했다.

전 성도를 아우르는 교육으로 또 하나 시작한 것이 가족 세미나다. 가정이 살아야 교회가 산다는 생각으로 온 가족 새벽기도회를 시작으로 가족 세미나 등을 통해 크리스천 가정 교육을 진행했다. 최고의 권위자들이 강사로 나서 어떻게 하면 행복한 가정을 만들 수 있는지, 왜 가정 교육이 기독교 교육의 시작이 되는지, 행복한 가정과 부부의 역할은 무엇인지 등을 교육했다.

2000년대를 맞이하면서 보다 다양한 교육과 양육 프로그램을 개발해 전 성도를 대상으로 적용했다. 예수 그리스도의 제자로 세워지도록 훈련하는 비전스쿨을 도입해 7주간의 체계적인 교육을 진행한 뒤 평신도 리더를 세웠고, 가정을 세우기 위한 훈련 코스도 시작했다. 특히 결혼을 준비하거나 신혼 중인 기독 청년 커플을 대상으로 결혼 예비자 교육 프로그램을 진행했다. 성경적인 가정관을 갖게 하기 위함인데, 프로그램을 수료한 청년 커플은 헬퍼로 섬기게 되어 가정사역의 동역자로 세워졌다. 이와 함께 개인과 가정 내의 여러 문제를 기독교 신앙으로 회복하고 치유하는 프로그램을 지속적으로 개발하고 운영했다.

성도에서 제자로

'날마다 그를 알아 가는 지식 안에서 자라가라.'

예수님을 따르기로 결심한 거룩한 무리를 성도라 한다. 말씀대로 살겠다고 고백한 성도는 자신이 따르기로 한 말씀을 평생 배워야 한다. 그래야 제자로 한 단계 나아갈 수 있다. 신촌성결교회는 전 성도 차원의 교육을 넘어 체계화된 신앙 훈련 프로그램을 마련했다. 이는 기존의 성도뿐만 아니라 새신자 교육을 받은 세례 교인이 성도에서 제자로 나아가도록 돕는 제자양육 프로그램이다. 모든 교인이 자신의 은사를 발견·강화하여 은사에 따른 사역에 봉사함으로써 주님의 몸 된 교회를 세우는 것이 이 프로그램의 목적이다.

김건중 협동목사를 비롯해 제자훈련 프로그램 개발을 돕는 이들이 이 사역에 전진 배치되었다. 이미 교회 실정에 맞게 만들어진 새가족양육부 교재를 기본으로 하되 참고가 될 만한 원서들을 직접 번역해 교회 상황에 맞게 편집한 교재가 완성되었다.

제자훈련 기본과정

과정	성경공부	성구 암송
1	오리엔테이션 : 왜 제자훈련인가	-
2	제1과 성경	요일 5:11-12
3	제2과 예수 그리스도	요 16:24
4	제3과 구원	고전 10:13
5	제4과 그리스도인의 삶	요일 1:9
6	제5과 교회	잠 3:5-6

제자훈련은 첫 주 오리엔테이션을 포함한 6주의 기본과정과 12주의 제자과정으로 나뉘어 강의식이 아닌 토의식으로 진행된다.

6주간 진행되는 기본과정은 모든 성도가 전도하고 양육할 수 있는 일꾼이 되게 한다는 것이 그 목적이다. 이를 위해 창세기부터 요한계시록에 이르는 일관된 주제와 중심 인물인 예수 그리스도를 발견하고, 우리를 향한 구원, 그리스도인다운 삶과 교회에 대해 배우게 된다.

6주간의 기본과정을 마치면 12주 제자과정으로 이어진다. 제자과정은 그리스도인으로서 그 삶을 견고하게 세우기 위한 것으로, 주제별 성경 공부와 기도, 큐티 등으로 구성된다. 제자과정인 만큼 강도 있는 훈련을 받게 된다. 매주 성경 암송과 간증, 전도, 양육 실습 등의 과제를 수행해야 하며, 그룹별로 큐티를 나누고 함께 기도하고 공부해야 한다.

제자훈련 제자과정

과정	주제	내용	QT	성경 암송	과제
1	새로운 삶	구원의 확신		고후 5:17, 갈 2:20	
2	그리스도인의 삶의 중심	그리스도의 주재권		롬 12:1, 요 14:21	
3	말씀과 생활	하나님과의 관계		딤후 3:16, 수 1:18	
4	기도와 생활	하나님과의 관계		요 15:7, 빌 4:6-7	
5	교회 생활	그리스도인의 상호관계		마 18:20, 히 10:24-25	
6	그리스도인의 성품	그리스도를 닮아 감		마 4:19, 롬 1:16	
7	하나님의 뜻과 순종	하나님의 뜻 분별		롬 3:23, 사 53:6	
8	성령 충만한 삶	성령		롬 6:23, 히 9:27	
9	소망의 삶	그리스도의 재림		롬 5:8, 벧전 3:18	
10	청지기의 삶	섬김		엡 2:8-9, 딛 3:5	
11	증거의 삶	전도		요 1:12, 계 3:20	
12	그리스도인의 사명	지상명령		요일 5:13, 요 5:24	

12주의 훈련은 먼저 구원의 확신을 갖는 것부터 시작된다. 이로써 하나님과의 관계가 회복되는 은혜를 경험하게 되며, 그 은혜 가운데 성령의 충만함이 부어지면 예수 그리스도의 증인으로 살겠다는 제자의 사명을 받게 된다.

제자훈련에 가장 먼저 참여한 사람은 두 명의 장로였다. 신임 장로로 피택된 두 명이 제자훈련을 자원했고 그들의 참여로 제자훈련 프로그램이 본격화되었다. 성도를 대표하는 평신도로서 예수님의 제자가 되기 위해 기꺼이 교육을 받는 모습은 모두에게 귀감이 되어 전 성도가 자발적으로 제자훈련에 참여하는 기반이 되었다. 청년 장년 관계없이 제자훈련에 참여하면서 하나님과 관계를 회복하고 성령 충만함 가운데 사명을 발견하여 예수 그리스도의 제자로 세워져 갔다.

쉽지 않은 훈련 과정을 마친 이들에게 부어지는 은혜는 컸다. 18주간의 제자훈련을 받고 선교사로 파송받은 선교사 부부는 훈련을 통해 사명을 보다 분명히 깨닫고 많은 열매를 맺을 수 있었다고 고백했다. 일본으로 건너가 선교 활동을 하는 부부 선교사는 자신이 받은 제자훈련을 선교지에서 적용하여 큰 변화가 일어났다는 기쁜 소식도 전했다.

어떤 성도는 제자과정을 마치면서 하나님의 종으로 헌신하고자 신학교에 입학했고, 새신자 교육을 마친 뒤 제자훈련을 받은 성도는 교육 과정을 통해 하나님의 부르심을 분명히 느꼈다는 위대한 고백을 했다. 이렇듯 제자훈련은 해를 거듭하면서 교육 필수 코스로 자리 잡았고, 성도들에게 아름다운 도전을 주고 있다.

신촌성결교회 성도들은 율법적이지 않고 자발적인 성향이 강합니다. 최학철, 정진경, 이정익 목사님 등으로 이어지는 훌륭한 목회자들의 깨어 있는 믿음과 온유한 지도 아래 훈련을 받았고, 지적인 수준이 높은 것을 도구 삼아 거룩하게 순종하는 것이 몸에 배어 있다 보니 교육 프로그램을 진행할 때도 직분자들이 솔선수범하는 모습을 보였고, 그러한 모습이 전 성도에게 전해졌다고 보입니다. 신앙의 성숙을 위해 교육이 반드시 필요하지만 이정익 목사님은 강압하기보다 자율적인 의지에 맡겼고 오히려 그런 자율성을 부여함으로 신촌성결교회 성도들의 자발적 참여와 인식을 깨어나게 만들었다고 생각합니다. 신촌 제자양육 프로그램이 지금까지 잘 이어져 가고 있는 것은 하나님의 특별한 은혜와 지혜, 이 교회의 자발적 의지와 순종이 더해진 결과라고 생각합니다.

김건중 협동목사 인터뷰(신촌성결교회 교육 프로그램 담당)

평생 그리스도를 배우다

예수를 구주로 영접하고 그리스도인이 된 뒤에는 성결을 향해 나아가야 한다. 성결은 끊임없이 그리스도를 알아 가고 배우는 과정 속에서 이루어질 수 있다.

박노훈 목사의 부임과 함께 교회는 교육 프로그램을 더욱 정교화하고 세분화해 성도의 영적 성장을 도왔다.

기본(6주, 오리엔테이션 포함), 제자 과정(12주)으로 진행된 제자훈련은 물론 사역과정(20주)까지 총 38주의 제자훈련 과정이 체계화되었다. 사역과정은 제자과정을 모두 수료한 이들을 인도자로 세우기 위한 훈련 과정으로, 교육에 대한 특별한 경험과 지식과 비전이 있는 담임목사의 뜻에 따라 리더 그룹을 견고히 세우고자 함이었다.

그렇기에 원하는 누구에게나 교육의 기회를 주되 임직자들은 필수적으로 제자훈련 과정을 마치도록 했다. 장로와 권사는 기본, 제자, 사역 과정까지 38주의 제자훈련을 마쳐야 제직으로 활동할 수 있도록 했으며, 집사의 경우 사역과정은 선택으로 두고 나머지는 필수적으로 훈련받도록 했다.

더 나아가 훈련을 통해 인도자로 세워졌다. 사역과정을 마치면 각 그룹에 파견되어 헬퍼로서 도운 뒤 실습과정을 거쳐 인도자로 세워졌다. 특히 임직을 받은 장로 · 권사를 비롯해 교회학교 핵심 교사나 부장 등 리더들이 제자훈련과 실습을 통해 인도자로 세워졌다.

코로나 팬데믹 상황에서도 제자훈련은 계속되었다. 온라인 교육으로 빠르게 전환함에 따라 온라인과 오프라인을 통해 제자훈련이 이어졌는데 이는 훈련받은 리더 그룹이 어느 정도 확보되었기에 가능했다. 어려운 상황에서도 일꾼의 필요를 미리 아시고 채우신 하나님의 은혜로 많은 이들이 제자화되어 갔다.

> 제자훈련 과정은 그간의 신앙생활에 대한 생각을 바꿔 놓는 시간이었습니다. 기도가 내 뜻을 하나님의 뜻에 맞추는 것이라는 것을 알게 되었고 예수 그리스도의 이름이 얼마나 중요하고 또 능력 있는지 새롭게 배울 수 있었습니다. 무엇보다 말로만 예수를 전하는 선생님이 아니라 예수님의 말씀을 좇아 신실하게 살려 노력하는 제자의 모습은 감동이었고 도전이 되었으며 변화가 생겼습니다. 제자훈련을 통해 내 중심에 주님을 모시자 하나님과 나와의 교제가 시작되었고 그리스도의 성품을 닮아 더 많은 성령의 열매를 맺는 삶을 살게 되었습니다. 이제 이 모든 고백이 삶에서 나오는 노래가 되길 원하며 하나님의 뜻을 분별하고 성령 충만의 삶을 살며 하나님께서 원하시는 소망을 다른 이에게도 전하는 제자가 되기로 다짐합니다.
>
> 장민경 집사, 제자훈련 간증문, 〈신촌라이프〉(2018년 가을호)

박노훈 목사는 제자훈련의 성공적인 정착과 함께 전 성도의 제자화를 꿈꾸며 교육 프로그램을 전면 개편했다. 생애주기별로 커리큘럼화한 것이다. 조직적으로 재구성하고 인력을 배치하는 등 정교화 과정을 거쳐 교육 프로그램을 짜되 한 사람의 성도도 교육에서 제외되지 않도록 최선을 다했다.

우선 모든 교육 프로그램을 성경공부 프로그램과 생애주기별 프로그램으로 나누어 분야에 맞게 배치했다.

성경공부 프로그램에는 새가족 교육을 비롯해 제자훈련, 장년 성경

공부와 함께 전도폭발 훈련이 있다. 전도폭발 훈련의 경우 20여 년 전부터 도입한 것으로 교회 성장과 부흥을 견인한 전도 훈련 프로그램이다. 권사와 장로 직분을 받은 이들이 의무적으로 받는 교육으로, 영혼을 주께로 인도하는 훈련을 통해 부흥을 경험할 수 있다.

생애주기별 프로그램은 교회가 지향하는 교회 교육의 방향이다. 평생 그리스도를 알아 가야 하는 성도에게 배움은 필수다. 어려서부터 청년까지는 교회학교와 청년부 교육을 통해 그리스도를 배우고, 이후 장년으로 이어지는 교회 교육을 통해 생애 전반에 걸쳐 말씀으로 훈련받아야 하기에 교회는 세대별로 교육 프로그램을 다양화했다.

2024 신촌성결교회 교육 프로그램

프로그램	과정	교육 과정 내용	교육 대상
새가족 양육	매월	신앙생활의 핵심을 배우고 신앙의 기초를 다지며 교회 정착을 돕는 과정	새가족, 입회자
제자훈련 기본, 제자	18주	예수님 닮은 제자로 성장하기 위해 18주간 말씀 암송·묵상·주제별 성경공부를 하는 양육 과정	모든 성도
제자훈련 사역	20주	제자과정을 수료한 성도를 제자훈련 인도자로 세우기 위해 사역자의 소명과 자세, 인도법 훈련 과정	제자과정 수료자
통큰성경통독	16주	성경을 연대기로 하나님 관점에서 통독함으로 핵심 진리를 보도록 돕는 교육	모든 성도
어? 성경이 읽어지네	25주	25주간 성경을 연대기로 읽으며 역사적·지리적·문화적 상황을 학습하여 일독을 돕는 교육	모든 성도
장년성경공부 권별·인물별·교리별	10주	기독교 신앙의 핵심 진리를 권별·인물별·교리별로 배우며 삶 속에 적용하는 교육	모든 성도
전도폭발	8주	복음을 명확하게 이해하고 확신하여 생활 현장에서 복음을 전할 수 있도록 하는 전도훈련 프로그램	제자과정 수료자

신촌바이블칼리지	10주	매 학기 10주 과정으로 신학의 분야별로 구성하여 성경과 기독교 세계관을 배우는 신학 강좌	모든 성도
영성훈련	10주	출애굽, 광야 시대, 가나안에 이르는 과정에서 하나님이 훈련하신 내용을 배우고 체득하는 훈련	모든 성도
결혼코칭스쿨	3주	신앙 안에서 믿음의 가정을 이루도록 도움을 주는 교육 프로그램	신혼부부, 결혼예비자
부부코칭스쿨	4주	행복한 믿음의 가정을 세울 수 있도록 성경 안에서 방법을 찾고 적용하는 프로그램	부부, 개인
마더와이즈	35주	아내로, 어머니로의 부르심에 기쁘게 참여할 수 있도록 말씀의 원리를 배우는 성경공부 프로그램	엄마, 예비엄마
파더와이즈	20주	가정·일터·교회에서 지혜로운 아버지가 되도록 기도하고 교제하는 훈련 프로그램	아빠, 예비아빠
디퍼런스세미나	4주	타고난 특성에 대한 이해를 돕고 균형 있는 인간관계를 형성하는 데 도움을 주는 프로그램	모든 성도
신촌경로문화대학	-	65세 이상 어르신을 위한 평생교육 과정	65세 이상

특히 성도의 20%를 차지하는 노년 성도를 위한 교육 프로그램을 보완했다. 노년층을 위한 신촌경로문화대학을 보완·강화하자 주변 주민들의 참여가 이어졌고 이는 전도의 열매로 맺어졌다.

생애주기별 프로그램이 강화되면서 더욱 반가운 것은 젊은이들이 교육 훈련 프로그램에 적극적으로 참여하고 있다는 점이다. 젊은이들 교구로 구성된 9, 10, 11교구의 경우, 성도 전체가 교육 프로그램에 가장 먼저 참여할 정도로 교회 일에 적극 참여하고 있다.

생애주기별 교육을 진행하면서 교회는 성도 한 사람 한 사람의 교육 이력 관리를 시작했다. 그동안 교회 다니면서도 무슨 교육을 받았는지 쉽게 알 수 없는 데다 중복되는 교육 과정에 대한 불편이 있었기에 이를 시스템화한 것이다. 특히 청년부 자체의 교육 프로그램이 장년과 겹치면서 중복되는 불편이 잦았는데 이 부분이 보완되면서 효율적으로 교육 이력을 관리할 수 있게 되었다.

신촌성결교회는 예수를 아는 지식 안에서 자라 가는 교회로 한 사람 한 사람이 세워지길 기도하며 요람에서 무덤까지 신앙교육을 이어 가고 있다. 그리스도인으로서 평생 예수를 배워야 하기 때문이다.

4장

땅끝을 향한
위대한 복음행진

오직 성령이 너희에게 임하시면
너희가 권능을 받고 예루살렘과 온 유대와
사마리아와 땅끝까지 이르러 내 증인이
되리라 하시니라

행 1:8

믿기만 하오 믿기만 하오

"하나님으로부터 위대한 일을 계획하라. 하나님을 위하여 위대한 일을 시도하라!"

현대 선교의 아버지라 불리는 윌리엄 캐리(William Carrey)는 선교지 인도로 떠나면서 이 말을 남겼다. 세상에서 가장 위대한 일은 전도요 선교라는 것을 말한 것이다.

교회의 사명은 그리스도의 제자로서 그 사역을 재현하는 것이고 복음 전파는 위대한 사역의 중심에 있다. 한국 성결교회는 성령을 따라 순수한 복음과 그 열정만으로 세워졌다. 그런 이유로 처음부터 특정한 교파 의식 없이 복음을 전하는 일에만 집중했다. 복음이 전부였다.

1907년 5월 어느 날 어스름한 어둠이 내릴 무렵, 서울 종로 염곡(鹽谷, 지금의 무교동)에 두 젊은이가 모습을 드러냈다. 한 사람은 장등을 들고 한 사람은 북을 쳐 가며 큰 소리로 외쳤다.

"죄를 회개하고 예수를 믿으시오! 믿기만 하오! 믿기만 하오! 예수님은 당신을 사랑하십니다. 지금 곧 예수께 돌아오시오. 새사람이 됩니다!"

그들은 매일 저녁 한 사람은 장등을 들고 한 사람은 북을 치며 황토현(광화문 사거리)에 나가 찬송을 부르며 전도했다. 때론 오해를 받고 조롱과 비판을 받기도 했지만, 영혼을 구원하는 일에 어떤 핍박도 감당하겠다는 의지로 나아갔다.

초기 한국 성결교단은 목회보다 선교, 교육보다 복음 전도에 주력했다. 교단을 만들기보다 아직 복음을 받아들이지 않은 동족에게 복음을 전하는 것이 최우선이었기에 전도와 선교에 대한 열심은 성결교회에 흐르는 커다란 정신이며 철학이다.

신촌성결교회 역시 이러한 흐름과 같이한다. 이성봉 목사가 전국 방방곡곡을 누비며 복음을 전하는 과정에서 교회의 창립을 주도했기에 처음부터 복음 전파에 대한 사명이 투철했다. 교회를 시작할 때부터 성도 한 사람 한 사람, 동네 아이들을 전도하여 예배를 드렸고 예배를 드린 뒤에는 주택가를 다니며 복음을 전했다. 그 흔한 전도지 한 장 없이도 예수를 전하고 천국을 전파했다.

성도들이 모이면서 짝을 지어 주택가와 시장을 다니며 전도 활동을 펼쳤다. 예수 믿고 구원 받으라는 말에 전도되어 온 이들은 교회 예배는 물론이고 구역 모임을 통해 교제를 나누며 신앙을 키웠다. 신앙이 자라면 전도자가 되어 전도 활동에 나섰다. 한마디로 구역이 전도특공대의 역할을 한 셈이다.

개인의 전도와 함께 부흥회를 통한 복음 전파는 특히 열정적이었다. 교회가 처음으로 연 부흥집회는 천막교회를 지었을 때다. 부흥강사는 복음을 전하는 데 목숨까지 바치겠다고 헌신한 이성봉 목사와 양도천 목사였다. 천막을 친 교회에서 부흥집회가 열리자 많은 이들이 몰려왔다. 부흥회를 통해 철저한 회심과 성신 충만을 구하는 메시지가 전달되자 은혜의 단비가 내렸다. 초대교회에 성령이 임했던 것처럼 성령의 은혜가 천막으로 모여든 이들에게 임했다. 예수를 몰랐던 이들이 예수를 인정하게 되고, 자신의 죄를 철저히 회개하며 영적으로 변화되는 은혜가 임한 것이다.

그러자 너도 나도 교회를 위해 헌신하겠다고 나섰다. 복음을 전하는 사람이 되어 살겠다는 헌신이 이어지며 교회는 성장의 기반을 잡을 수 있었다.

이후로도 때를 얻든지 못 얻든지 복음을 전해야 한다는 성도들의 남

다른 열심은 교회 성장에 큰 영향을 미쳤다. 성령의 체험으로 은혜받은 자들이 날마다 신촌 일대를 누비며 복음을 전했거니와 복음 전파의 사명으로 똘똘 뭉친 성도들이 교회를 든든히 세워 갔기 때문이다.

전도로 살다

1970년 노고산동으로 교회를 이전하면서 성도들은 다소 걱정을 했다고 한다. 이미 창천동에서 벽돌교회를 짓고 성도가 400-500명으로 늘어났는데 교회 이전으로 인해 성도가 이탈하면 어쩌나 염려가 된 것이다. 그럼에도 대의적 차원에서 교회 이전은 불가피한 상황이었다. 그저 하나님께 맡기고 교회 이전을 단행했다.

하지만 걱정은 기우에 지나지 않았다. 온 성도가 한마음으로 전도에 열심을 품으면서 성도 이탈은 거의 없었다. 오히려 믿지 않는 가족을 교회로 인도하고 노방에서 전도하면서 성도가 더 늘었다.

교회가 완공되자 전도는 더욱 적극적으로 바뀌었다. 주로 노방전도와 같은 직접 전도였다. 이는 성결교단이 주로 사용한 복음 증거의 방법이다. 축호전도도 많이 했다. 축호전도란 가가호호 찾아다니며 복음을 전하는 것으로, 영단주택에서부터 시작한 축호전도는 교회를 짓고 이전한 이후에도 계속되었다. 사실 성결교단이 한국에 뿌리를 내리고 영역을 확대하는 데 가장 큰 역할을 한 것이 축호전도였다. 신촌성결교회도 다르지 않았다. 물론 어려움과 핍박도 감수해야 했다. 사전에 동의를 구하고 약속해서 방문하는 것이 아니므로 문전박대를 당하는가 하면 심한 말을 듣기도 했다. 그런데도 복음을 전하는 발걸음을 멈추지 않았다.

최학철 목사가 부임하고 심방 목회가 활성화되면서 심방을 통한 전도로 자연스럽게 이어졌다. 구역예배는 심방 전도의 전초전이었다. 실제로 당시 구역예배를 드린 뒤에는 지역을 나눠 동네를 돌아다니며 전도 활동을 했다고 한다. 이러한 열정은 심방을 통한 전도로도 이어져 복음의 열매를 맺었다.

교회는 그밖에도 전도를 위해 다양한 시도를 했다. 1968년 직원회의 록에 소개된 '짝믿음 전도'의 경우, 부부 중 한 사람만 교회에 출석하는 경우 다른 한쪽을 전도하는 것을 목표로 치러진 행사였다. 또 다른 해에는 믿음이 약한 자, 이웃, 불신자 전도에 뜻을 모았다.

노고산동으로 이전하여 지하에서 예배드리기 시작했을 때는 교인 총 동원의 달을 정해 서울신학대학교 신학생들과 함께 대전도대회를 실시 하여 축호전도를 나가는 등 적극적인 교인 배가 활동을 펼쳤다.

장년들의 전도 활동과 함께 청년들도 전도에 동참했다. 청년들은 교 회 야유회 장소로도 자주 애용되던 연세대 캠퍼스를 중심으로 전도 활동 을 펼쳤는데 주요 장소가 세브란스 병원이었다. 청년들은 주일 새벽기도 를 마치고 병원으로 달려가 병실 꼭대기 층에서부터 각 병동을 돌며 찬송 을 불렀다. 그러다가 기도를 부탁하는 환자가 있으면 함께 간 장로나 집 사, 전도사가 기도해 주며 복음을 전했다.

아픈 자들에게 주의 사랑과 위로를 전하며 복음을 전하는 이 전도 활 동은 특수기관 전도로 이어졌다. 주로 병원이나 기관을 지정하여 정기적 으로 방문하고 복음을 전하던 특수기관 전도는 선교에 새로운 장을 열며 부흥의 열매를 맺었다.

오전 10시 원목실 예배를 시작으로 오후 5시까지 쉴 새 없이 병실을 돌며 복음을 증거합니다. 일주일 중 4일은 적십자 병원에서, 하루는 녹십자 병원에서 봉사하면서 처음엔 망설임과 두려움도 있었지만 지금은 하나 님께서 함께하심을 깨닫고 반드시 해야 할 일임을 알게 되었습니다. 과 연 병원이야말로 전도의 황금어장입니다. 월 평균 50~60명 이상의 결신 자를 맺는데 병원 선교에서 가장 중요한 것은 예수님의 사랑과 지혜로 환자들을 맞아 주는 것입니다. 그래서 전도지보다는 손수 그린 카드를 들고 찾아가서 웃는 자와 함께 웃고, 우는 자와 함께 울며 전도를 하고 있습니다. 전도를 통해 고통 속에서 위로를 빋고 절망 속에서 희망을 찾아가는 이들을 바라보면서 제가 은혜를 받습니다.

민충희 권사, "병원 선교의 사명", 〈신촌교회보〉(1983년 6월 5일)

정진경 목사와 함께 지적·영적으로 성숙한 교회로 성장하면서 전도를 위한 훈련도 시작되었다. 한국 교계는 빌리 그레이엄 전도집회와 엑스플로74 전도대회 이후 전도훈련에 대한 인식이 강해졌다. 성결교단 역시 이런 흐름에 적극 동참했다.

1978년 처음으로 시작한 전도훈련은 훈련을 통한 전도가 얼마나 강력한지를 입증했다. 외부 강사로부터 선교부원들이 전도훈련을 받고 500여 가정을 방문하여 3분의 1이 넘는 결신자를 얻는 열매를 얻기도 했다.[26]

이와 함께 교회 밖 복음 전파에도 눈을 돌렸다. 미자립 교회를 순회하면서 돕고 교회가 돕고 있는 기관인 일선 부대와 병원, 아파트 등에 2만 부 이상의 전도지를 배포했다. 이는 지속적으로 교회의 내적 성장과 함께 양적 성장을 잇는 고리가 되었고 해외 선교의 디딤돌이 되었다.

---

26 〈사김〉(1978년 12월 25일) 교회동정란 참고

외항선에 복음의 깃발을 꽂다

1885년 부활절 아침, 인천항에 외항선 한 대가 도착했다. 그 외항선에는 한 손엔 복음을, 한 손엔 그리스도의 사랑을 들고 이 땅을 찾은 외국인 선교사 언더우드(Horace Grant Underwood)와 아펜젤러(Henry Gerhard Appenzeller)가 있었다. 그들은 복음의 불모지인 조선에 복음의 빛을 전해 주었고 비로소 조선은 구원의 땅으로 변화되었다.

그로부터 약 90년이 지난 1974년, 외항선에 한국인이 올랐다. 배에 올라 전한 것은 복음이다. 복음을 전해 듣던 이들이 이제는 복음을 전하는 자가 된 것이다. 배에 올라 복음을 전하는 선교, 한국 외항선 선교는 그렇게 시작되었다.

한국외항선교회는 항만 선교를 통해 복음을 전하기 위해 1974년에 조직된 자생적 선교단체다. 1970년대 인천항에 독(dock) 시설이 완성되고 국제 선박을 비롯한 국제 선원이 들어오게 되면서 이들에게 한국을 소개하고 복음을 전하는 기구로 만들어졌다. 한국외항선교회는 외항선을 탄 선원들을 그리스도의 제자가 되게 하는 것이 그 목적이다. 특히 복음이 단절된 지역에 복음을 연결시키는 특수한 선교를 하고 있다. 따라서 북한과 중공(중국) 등 아시아 전 지역과 선교사를 파송할 수 없는 지역의 선원들에게 자유롭게 복음을 전할 수 있다는 점에서 매우 필요한 선교였다.

교계의 지도자로서 해외 선교를 책임지는 자리에 있던 정진경 목사는 외항선교회가 시작되고 얼마 후 외항선교회 2대 회장[27]이 되었다. 그 후 교회와 외항선 선교는 긴밀한 관계를 유지하게 되었다. 1977년 당시 교회 종탑 4층에 한국외항선교회 사무실을 대여하고 선교회의 협동총무를 맡

---

27 한국외항선교회 2대 회장(1976-1980년)

고 있던 최기만 집사[28]와 연합하여 사무를 보도록 하는 등 인력과 물질을 지원했다. 서울 지역의 교회들을 외항선교회 후원 교회로 연결하고 성도들에게 외항선 선교를 확실하게 인식시키는 등 교단과 교회가 연합한 선교를 한 것이다.

성도들의 직접 전도 활동도 시작되었다. 1977년 인천항에 입항한 외국 선적의 배에 올라 선원들에게 전도하는 것이 시작이었다. 1978년 OM 선교회 소속인 로고스(Logos) 선교선이 인천항에 한 달간 정박했을 때, 인천과 서울 지역 교회를 대상으로 전도와 선교에 대한 정보를 제공했을 뿐 아니라 외항선에 올라 전도하고 세례를 주었다.

이때 두 차례에 걸쳐 외항선 선교 활동을 도우면서 중국 린다호 선교[29]를 통해 15명, 유고슬라비아 배 선교를 통해 15명이 결신했다는 소식은 교회에 큰 기쁨을 주었다.

선교 4년 만에 인천항만에서만 40여 개국에서 들어온 27,500여 명의 외국 선원들이 복음을 받아들였다.[30] 기록은 외항선 선교가 얼마나 활발했는지 보여 준다. 한 번도 복음을 들어 본 적이 없는 이들이 타국에서 예수를 구주로 영접하고 자국으로 돌아가 복음의 증인이 되었다는 것은 진정한 디아스포라의 모습을 보여 주었다 할 것이다.

외항선 선교는 신촌성결교회 해외 선교의 시작점이 되었다. 성도들은 예수님의 지상명령을 따르는 증인된 삶에 도전을 받았다. 정진경 목사는 초기 외항선교회 간사로 섬기던 전철한 목사를 청년회 지도 목사로 초빙하고(1981년), 한국외항선교회 전도목사로 파견했다.

---

28 당시 영락교회 소속 선교사이며 후에 신촌성결교회 협동목사가 됨
29 〈사귐〉(1978년 12월 25일) 참고
30 〈사귐〉(1978년 4월 9일) 참고

이후 국내 항구도시를 중심으로 사역하던 한국외항선교회가 외국의 항구도시에 선교사를 직접 파송하게 되자, 전철한 목사 가족을 비롯한 교회 내 선교에 헌신한 이들을 해외 선교사로 파송했다. 복음의 외항선인 둘로스(Doulos) 선교선[31]에 올라 복음을 전한 것이다.

둘로스선에는 선교에 헌신한 수십 개국 출신의 일꾼이 올라 한 항구에 2-4주, 한 국가에 4-6주간 머무르며 다양한 선교 활동을 펼쳤다. 누구나 배에 올라 복음을 전했고 정박되는 곳에서 복음을 전했다.

그때 복음을 전하는 배에 올라탄 전철한, 임상범 등이 신촌성결교회 세계 선교의 문을 열었다. 이는 예수님의 지상명령인 온 천하를 다니며 복음을 전파하라는 명령에 즉각적으로 순종한 일이었기에 매우 의미가 있었다.

외항선 선교팀(1977년 11월 26일)

---

31 1978년부터 전 세계의 항구를 돌며 선교 사역을 펼친 외항선이다. 선박 내 METAL 사역은 가장 창의적이고 도전적인 선교의 도구로 평가받고 있다.

열방을 향하는 신촌의 선교사들

> 앞으로 80년대의 선교의 무대는 아세아가 될 것이 틀림없습니다. 특히 6억 5천만의 대국인 인도와 10억의 인구를 가진 중공(중국)이 선교의 가장 큰 목표가 될 것입니다. 지금 이 두 나라에는 복음의 문이 열리기 시작했습니다. 그리고 이 아세아 복음화의 주역은 한국밖에 없습니다.

정진경 목사 설교, "80년대의 선교 전망", 1980년 2월 10일 주일예배

1977년, 정진경 목사는 인도로 선교 시찰에 나섰다. 기독교대한성결교회가 교단 창립 70주년을 맞아 인도 교회 개척 사업에 적극적으로 참여하고 있었기 때문이다.

시찰 이후 교단 총회 산하 조직인 '해외선교위원회'가 조직되면서 정진경 목사의 주도로 인도에 30개 교회 개척이 추진되었다. 신촌성결교회 역시 이 흐름과 함께하며 세계 선교에 한 걸음 다가섰다.

정진경 목사는 교단을 대표하는 지도자로서 세계 선교를 계획하고 역량을 발휘했다. 외항선교회와 둘로스선을 통한 선교와 함께 동남아 지역을 통한 해외 선교의 밑그림을 그리며 전도사로 신촌성결교회를 섬긴 홍성철 선교사를 태국 선교사로 파송했다. 홍성철 선교사는 태국으로 건너가 현지인 중심의 선교를 통해 무앙타이 교회를 세우고 돌아오는 등 선교의 열매를 거두었다.

1981년 기독교대한성결교회 총회장에 선출된 정진경 목사는 더욱 구체적으로 해외 선교에 대한 비전을 밝혔다.

"우리는 선교받는 교회에서 선교하는 교회로 전환하는 시점에 있습니다. 민족의식의 울타리에서 벗어나 아세아 및 세계 선교로 확대해야 합

니다. 이를 위해 우리 성결교회가 뜨거운 부흥 운동을 일으키고 더 훌륭한 교회를 세우는 등 양적 팽창과 교회의 대형화가 필요합니다."

얼마 뒤 그는 교단 목회자들과 다시 인도로 가게 되었다. 엘머 길보른(Elmer Kilbourne) 선교사의 방문과 권유 때문이다.

엘머 길보른 선교사는 한국의 성결교회를 태동시킨 초기 성결교회 3대 감독이자 경성성서학원(현 서울신학대학교) 원장이던 어니스트 길보른(Ernest A. Kilbourne) 선교사의 손자다. 그는 한국에서 선교 사역을 하며 30년간 인도 선교도 열심히 했는데 인도 선교가 생각대로 진척되지 않아 어려움을 겪고 있었다. 이에 정 목사를 찾아와 인도 현지로 선교 시찰을 해 보고 기도해 달라고 해서 인도를 찾게 되었다. 당시 인도는 IT강국으로 부상하고 있었으나 전체적인 국민 생활은 낙후되어 있었다.

선교 상황은 더 열악했다. 마드라스(첸나이) 지역에 세워진 신학교에서 복음의 일꾼이 되어 일하고 있는 이들을 보며 선교단 일행은 100개 교회를 지어 주자는 믿음의 선포를 하고 돌아왔다.

정진경 목사는 주일예배를 통해 인도의 상황을 성도들에게 알렸고 그 자리에서 열 명의 성도가 인도 교회를 위해 건축헌금을 약속했다. 잇달아 다른 성도들의 헌신으로 80여 명의 인도 교회 교역자들의 생활비도 지원할 수 있었다. 이와 함께 효과적인 선교를 위해 인도 교회 지도자 양성을 계획하고 현지인을 초청하여 서울신학대학교에서 위탁 교육을 하는 등 목회자 양성을 위한 노력도 기울였다.

그 결과 인도인들이 자체적으로 세운 교회가 100개, 신촌성결교회를 비롯한 여러 교회가 세운 교회가 100개 등 수백 개의 교회가 마드라스 남쪽에 세워지는 기적이 일어났다.[32]

---

32 이유진 편저, 《목적이 분명하면 길은 열린다: 정진경 목사의 자서전》(홍성사, 2008)

한편, 교회는 해외 선교사를 파송했다. 공식적으로 파송한 첫 번째 선교사는 전철한 선교사다. 외항선교회를 통해 협력관계를 유지하고 있던 전철한 선교사는 청년부 지도 목사로 정식 부임한 뒤 둘로스 선교선에 올랐다. 그는 2년간 외항선교를 하다가 교회와 성도들의 전적인 후원과 기도로 1987년부터는 남아프리카공화국으로 건너갔다. 그곳에서 외항선교회 남아공 지부를 열고 아프리카 선교의 문을 연 개척자가 되었으며, 현지 선교와 연결해 그 땅에 기독교가 뿌리내리는 역할을 감당했다.

김정윤 선교사는 교회가 두 번째로 파송한 선교사다. 의료진이 없는 어려운 곳에 의료선교를 가고 싶다는 소망을 품고 기도하던 중 정진경 목사를 만나 우간다로 파송받게 되었다. 그는 거기서 간호 사역뿐 아니라 현지 간호사를 길러 내는 간호학교 사역을 했다. 뿐만 아니라 주말 성경공부반을 조직하여 성경을 가르치고 회교도들에게 예수 그리스도의 사랑을 전했다.

> 의료장비가 없어 홑이불을 뜯어 환자들을 싸매기도 하고 열이 뜨겁게 오르는 환자를 치료할 약이 없어 그저 울며 기도하던 기억들이 납니다. 사랑이라고는 찾을 수 없던 우간다에 하나님의 사랑을 전하는 자부심을 가지고 힘써 복음을 전하겠습니다.
>
> 조준영 기자, "김정윤·임종표 선교사, 언더우드상 수상", 〈뉴스파워〉(2005년 10월 28일)

안락한 삶을 버리고 복음의 불모지로 들어가 그리스도의 사랑을 전하며 아프리카 땅에서 복음의 증인으로 살아가는 선교사의 간증은 성도들에게 큰 감동과 도전을 주었다.

신촌성결교회는 1980년대를 지나며 한국을 넘어 세계를 품으며 선교 사역을 넓혀 갔다. 교회 자체적으로 선교사를 파송하기도 했지만 나아가 한국외항선교회와 월드컨선선교회(World Concern), OM선교회 등을 통해 성결교단 선교사들을 후원하는 데 앞장섰다. 이렇듯 교회는 교회를 초월하고 교단을 초월하는 연합을 지향했다.

전도와 선교의 체계를 잡다

내가 달려갈 길과 주 예수께 받은 사명 곧 하나님의 은혜의 복음을 증언하는 일을 마치려 함에는 나의 생명조차 조금도 귀한 것으로 여기지 아니하노라 | 행 20:24 |

이정익 목사가 부임할 당시 신촌성결교회는 장년 성도 1천여 명을 넘어서며 중형에서 대형 교회로 나아가는 분기점에 있었다. 이에 조금 더 전략적인 성장이 필요했던 교회는 해외로 확장된 선교에 대한 계획을 수립하는 동시에 내적인 성장에 힘을 기울였다.

우선 전도위원회를 새롭게 설치해 전도를 위한 적극적인 행보에 나섰다. 이를 위해 전도폭발훈련을 도입했다. 이 훈련을 통해 전도가 더 이상 부담이 아닌 평생 즐겁게 감당할 영광스런 사명으로 바뀌었으며 해마다 열리는 전도축제를 통해 교구가 부흥했다.

전도폭발 교육 과정을 앞두고는 주저함이 컸습니다. 우선 남에게 뭔가를 권하는 일을 어려워하는 저의 개인적인 성향과 무작정 외운 제시문으로 전도하는 방법에 신뢰가 가질 않았습니다. 전도폭발훈련이 시작되자 폐쇄적인 마음이 차츰 바뀌었습니다. 첫날 훈련자께서 제가 모시고 온 전도 대상자에게 처음 복음 제시를 하실 때 밀려오던 감동이 기억납니다. 마치 제가 이 귀한 복음을 전해 받는 당사자인 듯 새롭고 감동스럽고 놀라웠습니다. 그간 수십 년을 그리스도인으로 살아왔음에도 우리가 전해야 하는 복음의 내용을 일목요연하게 정리하고 있지 못하다는 자각이 들었고, 이 전도폭발훈련 과정을 통해 체계적으로 습득할 수 있음에 새삼 감사함을 느꼈습니다. 12번의 강의와 10번의 복음 제시 훈련을 이어 가면서 고스란히 전도 현실을 경험해 보았고, 실제 전도 대상자분이 예수님의 초대를 기다렸다는 듯 말씀을 받아들이는 모습을 보며 전도의 사명을 일깨우게 되었습니다.

김정 권사, "사명을 일깨우시는 하나님의 도우심과 은혜", 〈신촌라이프〉(2023년 6월호)

교회는 전 성도 전도훈련을 지속적으로 해 나가며 전도축제를 진행했다. 전도 대상자를 위해 사순절 새벽기도회에서 매일 기도하고 새신자부와 협의하여 이슬비 전도편지 발송, 심야기도회를 활용한 특별기도회를 실시하여 전도의 열정을 불러일으켰다.

해마다 5월 둘째 주일은 '온가족주일'로 정해 믿지 않는 성도들의 가족을 교회로 인도할 수 있도록 했으며, 이를 위해 전도에 성공하는 10가지 방법을 안내하는 등 적극적인 행보를 이어 갔다.

전도의 열정은 교회의 양적인 성장에 큰 영향을 끼쳤다. 1990년대 초반 1,500여 명이던 교회 출석 성도가 1990년대 중반 들어서면서 3천여 명을 넘어섰고 2000년대 들어서는 4천여 명이 되었다. 뿐만 아니라 2011년 성봉채플 봉헌과 함께 청년들이 부흥의 주역으로 떠오르면서 재적 1만 명 성도를 육박하는 대형 교회로 자리매김하게 되었다.

전도가 자리를 잡아 가면서 선교에 대해서도 체계를 굳건히 했다. 전철한, 김정윤 선교사 파송으로 본격적으로 선교의 장을 연 뒤 김영길(마카오), 김은희(우간다), 김재봉(인도네시아), 임상범(브라질) 선교사를 파송하고 진대인 선교사를 미전도종족 지역으로 파송하게 되었다. 그와 함께 교구와 해외 선교지를 매칭함으로써 전 성도가 해외 선교에 관심을 갖도록 했다. 이는 교구별 단기선교로 이어지는 열매를 낳았는데, 특히 청년부에서 장년으로 올라온 7교구와 8교구의 선교 활동이 매우 활발하여 지금까지 이어지고 있다.

2005년, 창립 50주년을 맞아 교회는 해외 선교에 더욱 박차를 가했다. 이는 이정익 목사가 창립 100주년을 맞는 기독교대한성결교회의 백주년 기념사업 위원장을 맡고 이후 기성 총회장에 오르면서 교단 차원의 선교와 맞물려 풍성해졌다.

2007년 창립 100주년을 맞은 성결교단은 향후 4년간 3천 교회를 개척하자고 결의했다. 또한 각 교회가 교회 개척과 전도에 역량을 집중하여 선교사 1천 명과 현지인 사역자 2만 명을 양성해 세계 복음화에 기여하자고 다짐했다.

신촌성결교회 역시 이 운동에 동참하여 교회 창립 50주년을 맞아 현성근, 홍순혁, 장차진, 황철구 선교사를 카메룬·인도·멕시코 등에 각각 파송했다. 이어 태국·멕시코를 비롯한 키르기스스탄·뉴질랜드·남아프리카공화국 등 곳곳에 선교사를 파송하여 땅끝까지 복음을 전했다. 2020년 창립 65주년을 맞은 파송까지 서른두 명의 선교사를 세계 곳곳에 파송했으며, 이외에도 관련된 연합 선교 사역을 도우며 오늘에 이르고 있다.

> 샬롬은 이스라엘에서 가장 흔히 듣는 인사말이지만 이들은 진정한 평화를 누리고 있지 못합니다. 이들의 종교생활은 열심은 대단하지만 진짜 복음을 모르기에 안타깝습니다. 가끔 이 혼란스러운 상황에 외롭기도 하지만 신촌성결교회 이정익 목사님을 비롯한 여러 목사님이 방문하셔서 이스라엘 선교에 대해 새롭게 이해하고 기도해 주시고, 특히 청년 회원님들의 뜨거운 기도가 있다는 사실에 큰 용기와 위로를 얻습니다. 저희는 다만 대신해서 왔을 뿐이니 함께 기도하며 이 땅 이스라엘이 진정한 복음으로 바뀌길 기도합니다.
>
> 김시몬 선교사(청년부 파송, 이스라엘) 선교 편지, 〈신촌교회보〉 (1998년)

순전한 참 종자가 나무가 되어 돌아오기를 기다리는 주님께로 돌아서는 자가 많지 않음에도 계속 일하라 하시니 찬양을 올립니다. 새벽기도가 새 종교라고 받아들이지 못하는 많은 성도들이 골라 지역에서 여러 차례 특별집회의 새벽기도에 참여하면서 변화를 받았습니다. 세 곳 교회에서 새벽 집회로 모이고 영성훈련을 위해 기도하는 이들이 250여 명이 되는 역사가 일어난 것입니다. 진료소에서는 여러 달째 콜레라 환자로 곤욕을 치렀지만 하나님께서 필요한 약을 구입할 수 있도록 하셨고, 매일 아침 예배를 통해 직원들이 변화되는 모습도 볼 수 있었습니다. 모슬렘 가정에서 예수 믿고 구원받은 홉(HOPE)은 집으로 들어갈 수 없어 저와 함께 지내지만, 더 많은 모슬렘이 예수 믿고 돌아오기를 함께 기도해 주십시오.

김정윤 선교사(우간다) 선교 편지, 〈신촌교회보〉(1996년)

의료선교의 장을 열다

2000년 봄, 이정익 목사는 중국 길림성 연변 안도현(중국 백두산으로 가는 길목)에 세워진 교회에서 봉헌예배를 준비하고 있었다. 연해주로 파송된 김덕근 선교사의 헌신으로 현지에 복음이 전해지고 교회가 지어졌음을 기뻐하는 자리였다.

예배를 준비하면서 이 목사는 본 교회 한세열 장로에게 의료선교의 가능성에 대해 물었다. 의료 혜택을 제대로 받지 못하는 지역에 의료를 통해 그리스도의 사랑을 전하는 것이 매우 의미 있는 일이라 생각했기 때문이다. 당시 교회 내 전문 의료진이 간헐적으로 모임을 가지고 있던 터라, 현직 의사였던 한 장로는 한국으로 돌아와 의료인 모임을 통해 뜻을 알렸다. 여러 명이 동참하겠다고 손을 들었고 그 길로 선교를 겸한 봉사팀이 꾸려졌다.

2000년 여름, 휴가철을 이용해 11명의 참가자로 구성된 의료지원팀은 연길에서 차로 3시간 거리에 위치한 길림성 연변 안도현의 영경교회로 향했다. 교회에서 대관해 준 안도현 진료소에서 각자의 전공에 따라 현지 주민을 대상으로 자궁암 검사, 피부질환 진단과 치료, 한방 치료를 실시했다. 의사이자 청년부를 섬기는 이민걸 장로의 지도로 청년부 단기선교팀도 합류해 찬양 모임을 비롯한 예배 등을 도왔다. 이것이 신촌성결교회의 해외 선교 사역에서 매우 중요한 위치를 가지고 있는 의료선교의 시작이다.

2000년에 활동을 시작한 의료선교팀은 이듬해부터 본격적으로 단기 의료선교를 준비했다. 의사 4명과 한의사 1명 외에 치과의사와 약사, 미용사가 선교팀에 합류하면서 의료선교팀은 체계적인 조직을 갖추게 되었다. 그때부터 진료팀(양방·한방·치과·약국)과 미용팀, 아동팀 그리고 현지 사업을 위한 봉사팀 등 총 4개 팀이 구성됐고 이러한 구성은 현재까지 유지되고 있다. 사역지는 현지 선교사들의 요청을 받아 정해졌는데 대부분 의료 혜택을 받기 어려운 오지, 선교의 불모지였다.

인도네시아 의료·미용 선교(2005년)

의료선교팀은 2007년까지 교회 자체적으로 선교지를 선정하고 준비하면서 선교 활동을 펼쳤다. 베트남, 캄보디아, 방글라데시, 네팔, 인도네시아 등을 다니며 소외와 굶주림, 질병으로 어려움을 겪는 이들에게 그리스도의 사랑을 실천했다.

그러다 2008년부터 전환점을 맞았다. 그동안 교회 내에서 현지 선교지를 선정하고 모든 과정을 준비했다면 이제는 NGO 단체인 글로벌비전(이사장 이정익 목사)과 협력하여 체계적이고 전문적인 해외 선교 활동을 하게 된 것이다.

2000-2007년 해외 의료선교 일정

일 시	의료 선교지
2000년	제1차 해외 의료선교 - 중국 의료·미용 선교
2001년	제2차 해외 의료선교 - 베트남 의료·미용 선교
2002년	제3차 해외 의료선교 - 캄보디아 의료·미용 선교
2003년	제4차 해외 의료선교 - 방글라데시 의료·미용 선교
2004년	제5차 해외 의료선교 - 네팔 의료·미용 선교
2005년	제6차 해외 의료선교 - 인도네시아 의료·미용 선교
2006년	제7차 해외 의료선교 - 인도네시아 의료·미용 선교
2007년	제8차 해외 의료선교 - 캄보디아 의료·미용 선교

　　그동안 해외 선교를 진행하면서 가장 어려웠던 것이 입국 절차였다. 당국은 물론 동네 보건당국의 허가를 받는 일까지 준비 과정에서 어려움이 많았는데, NGO 기관과 협력함에 따라 선교지를 선정하고 입국하는 과정이 수월해졌다. 또한 의료 사역의 참여율이 저조하던 시기에 기관이 협력해 주니 활력이 되었고, 미용선교뿐 아니라 구제사업과 관련 사업에까지 확장되면서 지경이 넓어졌다.

　　2008년부터 글로벌비전과 함께한 해외 의료선교 사업은 의료선교팀의 활동과 구제사업, 선교지 현지의 낙후된 거주 환경을 개선하기 위한 재건 사역으로 확장되었다. 정수기 설치 또는 우물 파기, 수도 설비 등 생활 환경을 개선해 주고 마을 교육센터에 컴퓨터를 기증하는 교육사업 지원으로 확장된 것이다.

2008년부터 2018년까지 진행된 해외 의료선교는 NGO와 협업을 통해 보다 체계적이고 다양한 사업으로 확장하며 해외 선교의 다양한 가능성을 확인한 시간이었다.

2008-2018년 해외 의료선교 일정

일시	의료 선교지
2008년	제9차 해외 의료선교 - 베트남 의료·미용 선교
2009년	제10차 해외 의료선교 - 라오스 의료·미용 선교
2010년	제11차 해외 의료선교 - 미얀마 의료·미용 선교
2011년	제12차 해외 의료선교 - 미얀마 의료·미용 선교
2012년	제13차 해외 의료선교 - 라오스 의료·미용 선교
2013년	제14차 해외 의료선교 - 네팔 의료·미용 선교
2014년	제15차 해외 의료선교 - 라오스 의료·미용 선교
2015년	제16차 해외 의료선교 - 라오스 의료·미용 선교
2016년	제17차 해외 의료선교 - 필리핀 의료·미용 선교
2017년	제18차 해외 의료선교 - 베트남 의료·미용 선교
2018년	제19차 해외 의료선교 - 라오스 의료·미용 선교

2019년 신촌성결교회 해외 의료선교는 3기를 맞아 교회가 지향하는 선교 방향과 궤를 맞추고 급변하는 시대 상황을 고려하는 선교로 방향 전환을 했다. 물론 의료를 중심으로 그리스도의 사랑을 흘려보낸다는 점에선 변함이 없다. 신촌성결교회 의료선교는 교회와 성도들에게 큰 자부심과 도전이 되고 있다.

직접 선교가 아닌 현지 선교사를 돕는 의료선교를 통해 하나님이 맺어가시는 열매는 참 컸습니다. 의료선교의 가장 좋은 점은 복음 전파가 어려운 곳에도 의료 기술을 가지고 들어갈 수 있다는 것입니다. 의료단을 앞세워 막힌 곳으로 들어가 진료하며 그리스도의 사랑을 표현할 때 예수 그리스도를 궁금해하는 이들이 생겨나고 변화되는 이들을 볼 수 있었습니다. 베트남, 라오스 등은 날이 갈수록 발전하지만 저희가 들어가는 곳은 그 영향이 미치지 못하는 오지입니다. 여전히 발전과 무관한 곳이기에 삶이 참 힘든데도 우리가 간다는 소식을 들으면 가장 좋은 모습으로 나오는 현지인들을 볼 때 감동스럽고 고맙습니다. 약 처방과 영양제 한 알에도 감동하는 그들에게 최선을 다해 진료를 해 주고 예수 그리스도의 사랑으로 기도하는 시간은 오히려 팀원들에게 은혜가 되었고 또다시 그곳으로 마음이 향하는 기적을 낳고 있습니다. 하나님께선 머리로만 신앙생활을 하던 저를 선교지로 이끄셨고 긍휼의 마음과 시선을 주셨습니다. 의료선교를 통해 저를 변화시키신 주님께 감사드립니다.

노상호 장로(현 해외선교위원장) 인터뷰

라오스 의료·미용 선교(2012년)

낮은 곳으로 향하는 복음

이정익 목사는 성결교단은 민족 자생적 교단이라서 주체성이 강하고 중형 교회가 다수 포진해 있는 교회 중심적인 교단이라고 강조했다.[33] 그러면서도 자생적 교단이 안고 있는 한계점인 해외의 파트너나 연대적 뿌리가 약함을 아쉬워했다. 이를 보완하기 위해 교단 차원, 개교회 차원의 해외 선교, 전략적인 선교의 필요성을 강조했는데 이는 신촌성결교회가 지향하는 전략적 선교로 이어졌다.

1990년대 후반을 지나면서 교회는 선교의 방향과 전략을 다양하게 세우며 국내로 유입되는 외국인들에게 주목했다. 국내로 들어오는 외국인들은 주로 경제적인 이유로 들어온 사람들로, 그들에게 복음을 전하는 것이야말로 또 다른 해외 선교였다.

마침 교회에서 첫 번째로 파송한 전철한 선교사가 남아프리카공화국 선교 사역을 마치고 돌아온 시점이었기에, 인천에 외국인 근로자 선교원을 개설한 뒤 전철한, 김성수 선교사를 중심으로 한국외국인선교회를 조직해 복음 사역을 시작했다.

2001년 7월의 어느 토요일, 태국, 필리핀, 러시아, 인도네시아, 방글라데시 등에서 온 근로자들이 삼삼오오 컨테이너 사무실로 모였다. 서로 다른 시간대에 모여 영어로, 태국어로, 러시아어로 예배를 드리는 광경은 낯설면서도 은혜로웠다. 푹푹 찌는 컨테이너 안에 모여 앉아 자신의 언어로 하나님의 백성이 되었음을 고백하고, 주 안에서 하나 됨을 인정하는 모습은 그 자체로 이 땅의 하나님 나라의 실현이었다.

외국인 근로자는 한국외국인선교회로부터 복음을 전해 들은 뒤 인천

---

33 이정익 목사, "성결교단의 장단점"(한복협 발표문, 2014년 11월 15일)

에 있는 선교센터에 모여 토요예배를 드렸다. 예배 후엔 교제를 나누었다. 한국외국인선교회는 외국인 근로자가 처한 여러 힘든 문제들에 도움을 주기 위해 각종 상담과 법률 문제에 대해 조언하는 것을 비롯해 컴퓨터 교육과 각종 문화시설을 이용할 수 있도록 도왔다. 이는 교회의 적극적인 후원이 있었기에 가능했다. 본 교회 권사이자 성봉선교회 대표인 이의숙 권사와 장석원 장로 그리고 교회의 지원으로 선교센터를 완공할 수 있었다. 이와 더불어 실업인선교회에서 시설을 지원했고, 의료선교팀이 의료와 미용 봉사를 했다. 이들의 지원과 봉사는 외국인 노동자들에게 더없는 위로와 힘이 되었다.

한국외국인선교회는 많은 이들의 기도와 후원에 힘입어 점차 영어권 예배와 회교권 모임에 참석하는 이들이 증가하는 부흥을 이뤄 내고 있다.

이렇게 이 땅에서 하나님의 자녀가 된 외국인 근로자는 본국으로 돌아가 복음을 전하는 현지 선교사가 된다. 실제로 외국인선교회를 통해 본국으로 파송받아 복음을 전하는 이들이 곳곳에서 세워지고 있다.

외국인선교는 해외 선교지로 나가지 않아도 복음을 전할 수 있다는 또 다른 해외 선교의 가능성을 보여 주었다. 무엇보다 낮은 곳으로 그리스도의 사랑을 흘려보내는 선교 활동이란 점에서 교회의 선교적 사명을 확실히 일깨우고 있다.

영혼을 향한 두드림

2017년 가을, 새롭게 리모델링된 아천홀에서 특별한 축제가 열렸다. 이웃 주민과 태신자 150여 명이 참석한 첫 번째 '두드림콘서트'. 이날 콘서트에는 오프닝 공연과 함께 신촌성결교회의 자랑인 갈보리 앙상블, 가수 유열의 찬양과 간증 그리고 담임목사의 '사랑으로의 초대' 메시지까지 선물 같은 순서가 이어졌다. 초대장을 받고 처음 교회에 온 사람도, 태신자와 함께 떨리는 걸음을 한 성도들도 부담 없이 문화예술을 즐기면서 자연스럽게 복음을 접할 수 있었다.

이날 행사를 통해 교회에 등록하거나 복음에 대해 더 자세히 알고 싶다고 대답한 사람이 40여 명이 되었다. 뿐만 아니라 두드림콘서트의 후속 프로그램인 '크리스마스 두드림투어'에 참여하겠다는 이들도 20여 명이었다.

박노훈 목사는 변해 가는 세상에서 영혼을 두드리는 전도의 필요성을 절감하며 두드림콘서트를 기획했다. 단발성으로 끝나지 않고 진정한 성도를 양성하는 전초전이 되기 위해 준비도 철저히 했다. 우선 전도를 위한 훈련 프로그램을 운영해 이를 교육받은 이들이 준비위원이 되어 기도와 함께 인근 지역을 다니며 적극적인 홍보에 나섰다. 경의선 숲길, 인근 아파트 주변 등을 다니며 이웃을 초대했고 청년부원들은 캠퍼스 인근에서 버스킹 공연을 통해 두드림콘서트를 홍보했다.

이러한 열심과 기도로 준비한 두드림콘서트는 큰 반향을 일으켰다. 2017년 첫해는 '가족', 2018년엔 '친구', 2019년은 '이웃'이라는 주제로 콘서트를 진행했다.[34] 뿐만 아니라 콘서트의 열기를 전도 캠페인으로 연결

---

34 2020-2023년 코로나 기간 동안 두드림콘서트는 중단되었다가 2024년에 재개했다

시켜 전 성도가 전도를 생활화하도록 이끌었다.

전 성도의 부흥을 향한 열정은 새생명의 열매뿐만 아니라 교구가 부흥하는 열매도 맺었다. 2006년까지 장년 교구는 6개 도교구로 나누어 운영되었다. 그러다 2007년 이후 청년부원이 장년부로 올라옴에 따라 교구가 늘어났고 이후 지속적인 성장과 함께 2011년에는 9교구까지 늘어나게 되었다.

이러한 부흥과 함께 젊은 교구로 편성된 교구들이 먼저 교구 차원의 선교를 시작했다. 청년부에서 바로 올라와 장년이 된 9교구와 3040세대가 모인 8교구가 자연스럽게 단기선교를 추진하며 복음을 전했다.

교회 차원의 선교도 중요하지만 교구 차원의 선교 활동이 갖는 의미와 역할이 크다고 여겼기에 교회는 적극 지원했다. 교구는 자율적으로 국내외 교회와 선교지 등과 매칭해 미자립교회를 돕는가 하면 현지인 전도 활동에 참여하는 등 아름다운 열매를 맺고 있다.

2023년 코로나19로 인해 멈추었던 교구별 단기선교가 재개되었다. 횡성 지역 작은 교회들을 섬기는 선교 활동을 계획한 9교구는 장년과 어린이 청년들로 팀을 꾸려 여름성경학교, 노방전도, 이미용 봉사에 참여하여 선교지에 필요를 채워 주었다. 다른 교구들도 적극적인 선교 활동에 나서며 영혼을 구원하고 복음을 전하는 일에 힘을 쏟고 있다.

창립 70주년을 맞아 교회는 영혼을 향한 두드림을 이어 가고 있다. 여전히 복음을 듣지 못한 이들을 향해 눈을 열고 귀를 열고 입을 열어 그리스도를 전하고 있다. 낮은 곳을 향해 사랑을 흘려보낼 수 있도록 더 기도하고, 선교지의 필요를 채워 줄 수 있는 효율적인 지혜를 구하며 '선교 신촌'을 꿈꾼다.

9교구 횡성 단기선교

신앙의 전환점이 필요하다는 생각이 들어 선교를 가게 되었습니다. 처음 가 본 라오스는 옛날 시골 마을 같았습니다. 많은 아이들이 끊임없이 찾아왔습니다. 백전노장 권사님들도 당황하실 정도로 많았는데 이상하게도 별로 힘들지 않았습니다. 마르지 않는 생수가 공급되는 것 같다고 할까요. 특히 라오스 아이들의 설레는 그 표정과 눈빛을 볼 때마다 정말 최선을 다해야겠다는 다짐이 샘솟았습니다. 중간중간 지칠 때마다 라오스 아이들의 선한 눈망울과 하나님께서 주시는 감사의 마음이 제게 힘을 채워 주었습니다.

마지막 날에는 귀한 만남도 있었습니다. 저희가 후원하는 아이들 중 세 명의 아이들을 만나게 되었는데 아이들도 저도 똑바로 쳐다볼 수가 없었습니다. 그저 얼마의 후원비로 뿌듯해하며 정작 기도하지 못했던 것에 회개를 많이 했습니다. 마지막 날의 만남을 통해 후원의 참 의미와 섬김의 자세를 깨달을 수 있게 하신 주님께 감사합니다. 다녀온 지 한 달이 지나지 않았지만 벌써부터 다시 세상의 고민들이 저를 괴롭힙니다. 그럴 때마다 라오스 아이들의 그 맑은 영혼을 생각하며 감사가 회복되게 해 달라고 기도합니다. 결단을 내리고 가게 된 교구 선교를 통해 신앙이 성장할 수 있었습니다. 저에게 이런 기회를 허락하신 하나님과 교회에 감사드립니다.

한지현 성도, "라오스 단기선교", 〈신촌라이프〉 (2018년 여름호)

땅끝을 향하는 교회

저희 부부는 2011년 새성전(성봉채플)에서 1호로 결혼예식을 올린 뒤 신혼여행에서 선교에 대한 비전을 받게 되어 미얀마를 품고 기도하며 선교를 준비했습니다. 미얀마에서 불교는 단순한 종교를 넘어 사상이며, 과거 영국 식민지 때부터 기독교에 대한 뿌리 깊은 반감을 가지고 있습니다. 이처럼 복음이 척박한 땅에서 저희 부부가 경험한 제자의 삶과 주신 은사를 통해 어린이 청소년 대학생들을 전도하고 양육하고 있습니다. 미얀마는 군부 쿠데타 이후 정치적 상황이 많이 혼란한 상태입니다. 선교사로서 어떻게 미얀마인들을 도울 수 있을지 기도하며 지혜를 얻도록 기도 부탁드립니다. 늘 저희 사역을 위해 응원과 후원으로 돕는 신촌성결교회 중보자에게 감사의 인사를 전합니다.

이삼열 선교사(미얀마) 선교편지 중

코로나19로 인해 어려운 가운데서도 해외 선교는 계속되었다. 2020년 1월, 태국과 베트남, 미얀마로 세 명의 선교사를 파송한 뒤 선교 활동을 후원하고, 교구별로 선교사와 교류함으로써 선교의 여정이 이어지도록 했다.

의료선교는 방향성을 조금 달리했다. 2018년 이후부터는 이전까지 함께하던 글로벌비전과의 협력관계를 마무리하고 내부적인 필요와 지향하는 바를 반영하여 교회 차원에서 의료선교를 기획했다. 매년 선교지를 바꾸는 것보다 집중적인 선교가 필요하다는 점에 공감하고 방향을 세웠다. 이는 교회가 지향하는 거점 선교, 집중 선교의 방향성과도 같았다.

2019년엔 태국을 중점 선교지로 정하고 선교를 시작했으나 안타깝게도 코로나라는 복병으로 3년간 선교가 이어지지 못했다. 그러나 기다

림의 시간이 오히려 의료진의 네트워크를 다지는 시간이 되었고, 2023년 교회가 거점으로 선택한 베트남으로 의료선교가 동참함으로써 교회가 추진하는 거점 선교에 동역하게 되었다.

베트남 선교에 집중하게 된 것은 전적인 하나님의 계획이었다. 이전 부터 선교지에 대한 이해가 있었고 2020년 교단 선교사를 베트남으로 파송하여 후원하게 되면서 베트남 선교를 좀 더 깊이 이해하게 되었다. 그러던 차에 본 교회 장로가 호치민으로 파견 근무를 가게 되면서 지교회 개척이 논의되었다. 이미 파송받아 선교 활동을 하고 있던 윤상철 목사와 현지에서 사업을 하고 있던 본 교회의 문대기 장로, 의료선교 및 청년 사역으로 오랫동안 헌신한 이민걸 장로의 합류로 지교회 개척은 급물살을 타게되었다. 2022년 1월, 마침내 호치민 신촌교회가 시작되었다. 이를 위해 교회에서는 리노베이션을 위한 헌금 등 재정의 도움뿐 아니라 의료선교팀과 연계해 베트남 의료선교를 진행하는 등 현지와 긴밀하게 교류했다.

호치민 신촌교회의 미션은 '예수님을 따르면서 복음을 전하고 삶으로 예배를 드리겠습니다'(FOLLOW)로 교회 헌금의 30%를 선교비로 사용하고 있다. 현지에 있는 한국인뿐 아니라 현지인들에게 은혜로운 교회가되고 있다.

첫 예배 당시 15명으로 출발했지만 창립 2년 만에 30명의 성도로 늘어나는 배가의 축복을 받았으며 한국 교민뿐만 아니라 비신자, 이미 신자인 사람들을 교회 안으로 인도하는 선교에 적극적으로 나서고 있다.

호치민 신촌교회가 부흥과 성장을 위해 주안점을 두고 있는 것이 다음 세대 사역이다. 베트남에 있는 한인교회 부흥의 열쇠는 교육부서라는 생각으로 유치부 예배를 비롯한 초등부, 평일 아기학교 운영, 학생부와 청년부의 셀 모임을 활발하게 운영하고 있다. 특히 현지인들에게 호응을 받고 있는 의료선교를 활성화하여 베트남의 한인교회를 대표하는 교회, 지역에 꼭 필요한 교회가 되기 위해 날마다 기도의 자리로 나아가고 있다.

호치민 신촌교회는 2023년, 한국인이 많이 사는 새로운 건물로 이전하여 해외 지교회 1호 교회로서 아름다운 사명을 감당하고 있다.

해외 거점 선교를 통해 보다 전략적으로 선교에 집중하고 있는 신촌성결교회는 창립 70주년을 맞아 또 한 번 선교의 도약을 꿈꾼다. 복음이 전해지지 않은 곳을 향해 시선을 돌리고 발걸음을 옮겨 주님 오시는 날을 준비하는 교회가 되길 꿈꾸며 부흥의 파도를 타고 나아간다.

우리 교회는 해외 선교에 적극적으로 임해 왔고 지금도 열심히 하고 있습니다. 특히 교단 차원에서의 해외 선교를 이끌어왔고 현재까지 많은 나라에 해외 선교사를 파송하고 있습니다. 이제는 파송하는 것과 함께 거점에 집중하는 것도 중요하다고 봅니다. 현재 저희 교회가 집중하는 베트남 선교의 경우, 이곳을 거점으로 인도차이나 선교로 확장해 나갈 수 있다는 가능성을 보고 교회를 세우고 선교 사역을 해 나가고 있습니다. 선교는 한국교회에 부여된 사명인 만큼 계속되어야 하기에 앞으로도 거점에 집중하는 선교를 중심으로 해외 선교를 이어 갈 것입니다.

박노훈 목사 인터뷰

2024년 신촌성결교회 해외 선교 현황

1 튀니지 | 전하라·이원규 선교사

2 카메룬 | 현성근·송은천 선교사

3 우간다 | 김은희 선교사

4 남아프리카공화국 | 한인섭·이주희 선교사

5 인도 | 홍순혁 선교사

6 타지키스탄 | 박홍서 선교사

7 미전도 종족 | 진대인 선교사

8 몽골 | 최대니 선교사

5장

스프링(SPRING)
청년의 도약

주의 권능의 날에 주의 백성이 거룩한 옷을
입고 즐거이 헌신하니 새벽 이슬 같은 주의
청년들이 주께 나오는도다

시 110:3

청년이여 네 어린 때를 즐거워하며 네 청년
의 날들을 마음에 기뻐하여 마음에 원하는
길들과 네 눈이 보는 대로 행하라 그러나 하
나님이 이 모든 일로 말미암아 너를 심판하
실 줄 알라

전 11:9

청년과 함께 성장한 교회

영단주택에서 시작한 교회에 막 스무 살이 된 청년이 찾아왔다. 연세대학교에 입학한 시골 청년으로, 아버지의 권유를 받아 신앙생활을 위해 찾아온 것이다. 아이들 몇과 어른 성도 몇이 모인 작은 교회에 청년이 오면서 활기가 더해졌다. 주일학교 교사로 섬기며 아이들의 친근한 오빠, 형이 되어 주었고, 일손이 부족한 교회에 훌륭한 일꾼이 되었다. 뿐만 아니라 캠퍼스 청년들을 전도하여 교회의 일꾼으로 세웠고, 그렇게 모인 청년들의 헌신은 초기 부흥을 견인하는 역할을 했다. 그 청년 성도는 김동수 장로로 교회의 역사와 함께하며 신앙의 본을 보이고 있다.

신촌성결교회 청년부의 시작은 미약했다. 처음에는 이성봉 목사의 두 딸(이원숙, 이의숙)이 청년 성도로 교회를 도울 뿐이었다. 그러나 하나님은 사람을 통해 약함을 채워 가셨다. 부흥사로 명망이 높던 이성봉 목사는 전국 방방곡곡 집회를 갈 때마다 서울 신촌에 교회를 개척했다는 소식을 전하며 서울에 올라오면 꼭 교회를 찾아오라고 권유했다. 앞서 언급한 김동수 장로 역시 부흥집회에 참석해 교회 소식을 듣게 된 아버지의 권유를 받고 성도가 되었다. 그 외에도 신학생은 물론이고 대학 진학을 위해 서울로 상경한 이들이 교회를 찾게 되면서 청년부의 기틀이 잡히게 되었다.

그들은 교회에서 큰 역할을 했다. 1955년 10월, 연세대학교 뒷동산에서 드린 주일학교 야외 예배 사진을 보면 많은 어린이들과 함께 청년들의 모습이 보인다. 대부분 주일학교 교사로서 아이들의 신앙을 지도하고 헌신했음을 볼 수 있다.

주일학교 야외예배 (1955년)

　창립 1년이 지난 1956년엔 청년부가 최초로 조직되어 자치기관으로서 활동을 시작했다. 당시 청년 회원이 24명으로 보고될 정도로 청년부가 부흥했는데 정운상 목사의 부임과 함께 청년회 활동이 조금 더 다양해졌다.

　대학생과 청년이 함께한 청년부는 성가대도 운영하며 복음을 전하는 일에도 열심이었다. 주일 새벽기도를 마친 뒤엔 세브란스 병원 병실을 돌며 찬송을 부르고 그리스도의 사랑을 전했다. 추수감사절이나 성탄절이면 성도들의 가정을 다니며 성미를 받아 떡을 만들고 굶주린 자들을 찾아가 나누었다. 청년들의 방문에 감동받아 쌀독을 박박 긁어 쌀을 나누던 성도들의 섬김과 열악한 환경에도 수고를 마다 않던 청년들의 사랑 나눔은 빛을 발했다.

　교사로서 청년들의 활동도 빛났다. 주택가인 신촌으로 인구가 유입됨에 따라 주일학교 학생은 200여 명에 이르렀다. 교회 내 지도자가 부족하니 청년들이 그 자리를 채웠다. 주일학교 분반공부를 돕고 각종 행사에서 돕는 손이 되었다. 성탄절이면 새벽송을 인도하고, 학생회 활동인 빈민 위문 등 여러 행사에 청년들이 학생들의 지도자가 되어 헌신했다. 뿐만 아니라 직접 교회를 짓고 사택을 건축하는 일에도 수고했다. 청년 한 사람이 몇 가지 역할을 감당한 것이다. 그들의 순종은 교회를 세우는 힘이었다.

시작이 미약했던 교회, 그러나 하나님은 미약함을 사람을 통해 채우셨다. 그 속에 아름다운 신촌의 청년들이 있다.

캠퍼스 사역과 대학부의 태동

1960년대를 지나면서 청년부는 새로운 동력이 필요했다. 초기의 뜨 겁던 활동이 사그라들기 시작했고, 교회가 새롭게 이전한 곳이 캠퍼스와 인접한 때문인지 청년부의 상당수가 대학생으로 채워짐에 따라 문화의 차이도 생겼다.

이에 교회는 청년부와 대학부를 분리했다. 1970년 2월 7일 새롭게 창 립된 대학부는 대학생의 모임이라는 특수성을 최대한 발휘하며 자리 잡 아 갔다. 신앙 교육의 전문화라는 요구에 따라 왕영천 전도사가 대학부 지 도자로 세워지면서 구심점도 생겼다.

대학부의 창립은 교회가 캠퍼스에 인접한 만큼 청년들을 결집하는 역할도 했지만, 대학생 그룹에 속하지 않은 이들이 상대적으로 소외받는 현상을 낳기도 했다. 이에 지도 전도사를 비롯한 몇몇 청년들은 적극적인 신앙에서 멀어진 청년들을 향한 안타까운 마음을 안고 '신우회'를 결성하 여 교회 내부에서 봉사를 펼치는 등 청년부를 재건하는 일에 앞장섰다.

1973년 9월 23일 주일부터는 장년과 학생 예배가 분리됨에 따라 대 학부를 비롯한 청년부는 성경공부와 자치활동을 했다. 주일에 드리는 정 기예배 외에 신앙의 성장을 위해 목요일, 토요일 집회를 갖고 그 외 성경 공부와 화요일 기도회 등을 가졌다.

캠퍼스 전도가 활발해지면서 인근 대학의 학생들이 교회로 모였다, 자연스럽게 대학부는 지식인의 모임이 되었고 그들의 높은 지적 욕구로 인해 신앙의 질적인 성장이 이루어졌다.

대학부가 교육의 목표로 삼은 것은 세 가지다. 성서 연구를 통한 신앙 인격의 성장, 선교로 나타나는 신앙 인격의 성장, 친교와 봉사로 나타나는 신앙 인격의 성장이다. 이를 실현하기 위해 그룹별 성경공부를 활성화하고 각 부 활동을 강화했다. 신입 회원의 유입도 많았기에 신입반 교육에도 힘을 기울였다.

대학부는 주일엔 베다니 성가대원으로서 찬양으로 하나님을 예배했고, 토요일엔 토요집회로 모였다. 토요집회 1부는 경건회라 불리는 예배를 드렸고, 2부에선 그룹별 성경공부를 진행했다. 이를 통해 성경을 중심으로 하나님의 구속사를 살펴보며 건전한 신앙으로 성장해 갔다. 수준 높은 그룹별 성경공부를 위해 섬긴 대학부 지도 목회자들의 수고와 헌신으로 대학부원들의 영적 깊이는 더해 갔다.

그 외 매년 하기와 동기에 수련회를 가지는가 하면, 사귐 세미나, 청년 강좌, 전도훈련, 밀알선교, 체육대회, 가스펠송 경창대회 등 대학부만이 할 수 있는 자율적인 자치활동을 개발하여 활력을 더했다.

특히 캠퍼스 전도 사역은 대학부의 중요한 활동이었다. 그들은 신앙의 깊이 있는 탐구와 함께 신촌 지구 종합대학을 중심으로 전도하겠다는 목표를 세웠다. 이를 위해 지도 목사와 함께 바이블 스터디를 하고, 철야기도회 후 주변의 캠퍼스를 돌며 복음을 전했다.

월간지 〈사귐〉을 발간한 것도 대학부였다. 〈사귐〉은 교회에서 처음으로 발간한 신문이란 점에서 의미가 컸는데, 이 지면을 통해 심도 깊게 신앙을 탐구하려고 노력했으며 1970-1980년대를 바라보는 청년들의 생각을 가감 없이 표현했다. 이는 훗날 〈신촌교회보〉 발간의 토대가 되었으며, 오늘날 〈신촌라이프〉로 연결되어 교회의 주요 소식지가 되고 있다.

하나된 청년지기(靑年之氣)

청년부는 대학부와 공존하며 활동했다. 깨어 있는 지성, 행동하는 신앙인을 꿈꾸며 움직인 대학부와는 달리 청년부의 활동은 그리 적극적이지 못했다. 청년부에 소속된 청년들의 대부분이 직장인이고 연령의 폭도 컸기에 일체감을 유지하기엔 어려움이 있었다.

비록 적은 인원이었지만 각 회원들의 달란트에 따라 각급 교육기관이나 성가대에서 봉사하면서 자치적으로 청년회를 운영했다. 주로 목요모임을 통해 경건회와 성경공부 시간을 갖고 기도하며 친교를 나누었다.

그와 함께 부활주일 총동원 전도대회, 체육대회, 선교대회 등 다양한 행사를 주관하고 〈청년월보〉, 〈청년회 지침서〉를 발간하는 등 내적인 성장을 위해 노력을 기울였다.

청년부가 자율기관으로서 자치적인 활동을 하면서 중점을 둔 부분은 나눔이었다. 하나님께로부터 받은 재정과 사랑을 필요한 곳으로 사랑을 흘려보내는 것이 청년 정신을 실천하는 것이라 생각했다. 이에 따라 주일이면 성도들에게 식권을 판매하고 커피와 음료를 제공하면서 얻은 수익금 전액을 중고등부 학생의 장학금으로 지급했다. 또한 자체 예산의 40%라는 상당 부분을 미자립교회 지원과 태국 선교비로 할당했다. 자체 예산으로 운영하는 터라 나눔이 쉽지 않았음에도 예수의 사랑을 흘려보내야 한다는 신앙의 결단은 '청년지기'를 보여 주는 것이었다.

하지만 안타깝게도 청년 모임은 점차 약화되었다. 개인주의적 성향이 강해지면서 사회문제의 주체인 청년들이 잘 모이려 들지 않았고, 그렇다 보니 교회의 여러 사안에서 한 발 떨어져 있는 자치기관이 되었다.

이정익 목사가 부임한 뒤 주목한 것은 청년부의 부활이었다. 교회 성장이라는 큰 틀 속에서 청년부 활성화가 매우 중요했기에 지속적인 논의 끝에 청년부 통합이라는 결단을 내렸다. 근 20년 넘게 대학부와 청년부가 다른 기관으로 공존하면서 얻은 것도 있지만 불필요한 부분이 더 많다고 판단했기에 내린 결론이었다.

1993년 신촌성결교회는 대학부와 청년부를 통합하여 청년부로 통칭하되 세대별로 3개 청으로 구분했다. 1청(28세-결혼), 2청(24-27세), 3청(18-23세)으로 나눈 뒤 관리 및 전담하는 부목사를 배치했다. 그리고 각 청을 맡아 관리할 직분자를 임명하여 부장단으로 활동하도록 했다.

예배도 신설되었다. 청년부 예배가 공식 예배로 들어오고 장년 세대가 관리자로 함께하면서 청년부의 조직력은 강화되었다. 이러한 조직의 재편과 함께 청년예배를 살리기 위한 중요한 결단을 내렸다. 그것은 교회의 문을 여는 것이었다.

오픈 처치(Open Church)

아천홀 로비, 평일 저녁 시간인데도 청년들로 빼곡했다. 예배를 사모하여 자발적으로 옮긴 발걸음, 기대에 찬 표정으로 예배당에 자리한 청년들은 찬양이 시작되자 일제히 일어섰다. 한 곡 한 곡을 올려 드릴 때마다 기쁨과 은혜가 충만했고 때론 춤을 추고 뛰면서 온몸으로 예배했다. 청년들의 뜨거운 기도와 함성, 찬양으로 예배는 축제가 되었고 성령의 충만함이 임했다.

신촌성결교회는 예수전도단 화요모임을 위해 교회의 문을 열었다. 보수적이고 정통적인 예배를 고수해 오던 교회로선 파격적인 결단이었다. 하지만 청년이 부활해야 한다는 생각에 교회의 문을 열고 새로운 예배 문화를 받아들이자 놀라운 변화가 생겼다. 아천홀에서 드려지는 예전단(예수전도단) 화요모임을 통해 많은 청년들이 교회로 모였고, 기존의 청년부원들도 자유로운 예배를 통해 새로운 세계를 경험하게 되었다.

이러한 변화와 함께 예전단의 리더로 섬기고 있던 한정우 전도사를 청년부 찬양사역자로 영입하여 청년부 활성화에 적극 나섰다.

청년부 사역 전담자로 오게 된 한정우 목사(당시 전도사)와 청년부 담당자들은 청년부의 부흥을 위해 뜨겁게 기도하며 예배를 준비했다. 1998년부터 2년간 준비한 끝에 2000년 1월부터 전문 세션을 둔 5부 청년예배로 특성화시켰다.

그때부터 청년부 예배는 형식을 넘어선 은혜의 감동이 있는 예배, 뜨거운 결단과 헌신이 있는 예배, 신앙을 자유롭게 표현할 수 있는 예배로 바뀌었다.

그와 함께 예배의 본질을 일깨우는 일에도 집중했다. 예배가 무엇인지, 기도가 무엇인지, 하나님께 어떻게 헌신해야 하는지 등 신앙생활의 가장 기본이 되는 예배를 예배되게 하는 일에 집중한 결과 청년들이 변화되기 시작했다. 교회 내 청년들의 결속과 부흥은 물론 교회 주변의 5개 대학 캠퍼스에서 많은 청년들이 교회로 인도되었다.

열린 예배는 교회로선 파격적인 결단이었지만 이정익 목사를 비롯한 성도들은 청년이 부흥해야 한다는 데 마음을 모았고 적극 지지했다. 이는 신촌성결교회가 지닌 매우 큰 장점이기도 하다.

> 당시로서는 파격적인 예배였던 것 같습니다. 이전까지 전통 예배, 보수적인 예배 형식에 익숙해져 있던 청년들에게 예수전도단의 열린 예배가 청년부 예배에 도입되면서 분위기가 달라졌습니다. 피아노와 오르간 반주로만 찬양을 드리다가, 다양한 악기 연주로 일어나 찬양하고 기도하는 자유로운 예배를 통해 청년부원들은 뜨거워졌고 변화되는 은혜를 누렸습니다. 특히 예배 중에 전달되는 메시지를 통해 청년들은 진정한 예배가 무엇이고 어떤 예배자로 서야 하는지 확실히 깨달았던 것 같습니다. 기존에 알고 있던 예배와는 다른 예배와 메시지가 청년들에게 성령의 은혜로 부어졌던 것 같고 그것이 자연스럽게 부흥으로 이어졌다고 생각합니다.
>
> 박혜영 간사(현재 청년부 담당 간사, 1999년 당시 청년부원) 인터뷰

청년부는 예배의 변화와 함께 말씀을 통한 훈련에도 집중했다. 1990년대 후반부터 시작된 말씀 양육은 주로 교회와 캠퍼스 곳곳을 누비며 복음의 비전을 나누던 한국신학생선교회(KISA)[35]를 통해 진행되었다.

---

35 목회자들의 영적 갱신을 통한 한국교회의 부흥을 목표로 세워진 선교회로 서울신대 신학생인 김인호 목사에 의해 시작됨

이와 함께 새가족 양육 프로그램이 도입되고 청년부 내에 새벽 묵상 모임 등 훈련 프로그램이 더해지며 정체되어 있던 청년부의 분위기가 바뀌었다.

구조적인 변화도 꾀했다. 전통적인 틀을 벗어 소그룹 모임인 다락방 체제로 방향을 전환한 것인데, 이는 하나님의 부흥을 예비하는 추수적인 구조였다. 다락방은 오늘날 셀의 전신이고 장년 세대의 구역과 같은 의미를 가지는 것으로, 또래가 모여 서로 사랑하고 사역하고 섬기는 기초 공동체로서 의미를 갖는다.

다락방 모임은 새신자를 환영하는 얼음장 깨는 시간(Welcome)과 찬양과 경배, 주의 임재 안에 기뻐하며 관계를 결속하는 단계(Worship), 말씀으로 서로 세워 주며 양육하는 단계(Word), 마지막으로 전도와 비전, 중보기도 등을 통해 하나님의 사역을 위해 새로운 결신의 마음을 품는 단계(Works)로 진행되었다.

적은 인원이 모여 관계를 맺고 비전을 나누며 중보하는 과정에서 청년들은 더욱 결속되었다. 2000년대 들어서는 취업난이 그리 심하지 않은 때라 평일에도 모이기 쉬웠고, 특히 지방에서 올라온 청년들에게 다락방은 가족과 같은 의미였기에 모임을 통해 더욱 가깝게 신앙을 나눌 수 있었다.

다락방에 대한 좋은 인식과 함께 청년부에서는 다락방을 이끌 리더 교육에 더욱 집중했다. 새생명 수양회, 새가족 수양회, 영적승리 수양회 및 전도 수양회 그리고 마지막으로 셀 리더십 수양회를 통해 교회 사역 전반에 대해 충분히 경험하도록 하고, 하나님 안에서 새로운 가족을 이루는 훈련의 시간을 가졌다.

헌신자 훈련학교(4개월 과정)도 두었다. 헌신된 그리스도인으로서 알아야 할 기본적인 내용들을 강의하고 소그룹, 전도여행 등을 통해 배우며, 예배학교를 통해 예배자의 삶과 찬양, 경배를 훈련했다.

훈련을 통해 리더가 세워지면서 다락방은 단단해졌고 이러한 결속력은 전도로 이어졌다. 이화여대, 서울대, 연세대, 홍익대의 캠퍼스에 간사 한 명씩 파송하여 캠퍼스 전도 사역을 강화했다. 이렇듯 청년부는 21세기를 맞아 예배의 변화, 소그룹의 변화와 훈련을 통해 살아나기 시작했다.

부흥의파도를타고

2004년 비전홀(현 성봉채플)이 지어짐에 따라 청년들을 위한 예배와 모임의 공간이 생겼다. 인근 대학생과 청년들이 교회로 모여들면서 청년부가 점점 부흥하고 있었기에 그에 따른 교회의 배려였다. 비전홀로 옮겨 온 청년예배는 더욱 뜨거워졌다. 청년부 사역 목회자가 된 한정우 목사는 세 개의 청년부를 열정적으로 지도·관리하며 청년들과 함께했다.

> 청년 사역을 위해서는 하나님, 예배, 영혼에 대한 열정이 가장 중요한 요소입니다. 청년 사역은 철저히 말씀 무장과 지구력이 어느 사역보다 더 요구됩니다. 특히 청년예배를 위해 문화 트렌드를 이해해야 하는데, 문화는 복음을 담는 그릇이며 교회가 문화를 적극 리드하며 청년들을 담아내야 합니다. 그런 면에서 전통적 예배의 틀을 과감히 전환할 필요가 있으며 신촌성결교회 청년부가 그런 시도를 거쳐 부흥하고 있습니다. 예배뿐만 아니라 청년들을 제자로 세우기 위한 여러 프로그램을 도입하여 훈련하고 있습니다.
>
> 이화영 기자, "청년 목회 이야기, 신촌성결교회 대학부 한정우 목사",
> 〈크리스천투데이〉(2006년 4월 17일)

청년예배가 살아나고 프로그램이 정착되면서 1990년대 후반까지만 해도 100여 명이 모이던 청년부는 2000년대 들어서면서 세 배, 네 배로 성장해 갔다. 그와 함께 성도가 되는 순간부터 제자로 세워지기까지 훈련을 위한 전방위적인 프로그램이 구성되었다. '알파코스'(Alpha Course)는 새신자의 정착을 위한 프로그램으로, 부흥하는 청년부에는 절대적으로 필요한 교육이었다. 신촌 지역은 지방에서 올라온 대학생들로 인해 유동 인구가 많은 곳이다. 그런 청년들이 교회에 인도되어 오는 것보다 정착하기가 더 어려웠다. 소위 거쳐 간 청년이 많은 교회가 되었다. 따라서 교회 정착을 위한 결속력 있는 프로그램이 필요했다. 알파코스가 그런 프로그램이었다. 이와 함께 다락방의 다른 이름인 'G12'라는 셀(Cell) 조직 프로그램을 도입해 기존 회원들의 영적인 성장과 결속을 다졌다.

셀 양육 과정과 시스템이 잡혀 가면서 청년부는 세포가 분열하듯 부흥했다. 양육과 훈련 과정이 짧은 반면, 강력한 공동체 경험을 통해 삶을 공유하며 결속력을 다질 수 있었고, 전도와 재생산을 지속적으로 강조하여 전도와 선교에 대한 비전을 가질 수 있었다.

이와 함께 다양한 영적 훈련을 병행했다. 매달 자발적으로 신촌 지역을 위해 기도하는 모임인 '신촌 부흥을 위한 기도모임'을 갖고 엔카운터 수양회, 특별새벽기도회 등 말씀과 기도로 무장하는 청년들로 세워져 갔다. 이는 청년부 자체의 노력과 헌신이 컸지만, 청년 목회 활성화를 위해 기도하고 준비한 교회와 담임목사의 숨은 공헌도 무시할 수 없다.

이정익 목사는 청년 부흥을 위해 부임 때부터 기도하며 전폭적인 지지를 아끼지 않았다. 특히 청년 목회 전담자가 마음껏 목회할 수 있도록 지원과 지지를 아끼지 않았다. 예산 차원에서도 각별한 배려가 있었다. 당시 적지 않은 금액을 예산으로 책정하여 자유롭게 도전하고 거룩하게 변화할 수 있도록 해 주었다. 건강한 교회 공동체 회복이라는 교회의 지향점에 맞춰 청년부를 지원한 것이다. 기도와 헌신이 더해지면서 청년부는 2000년대 초반 100여 명에 불과하던 것이 5년 후 재적 인원 1천여 명(평균 출석 400여 명)으로 크게 부흥했다. 이는 장년 성도 대비 20%에 이르는 수치였다.

제가 가겠습니다!

스물세 살의 데이비드 리빙스턴[36]에게는 한 영혼에 대한 구원의 소망이 있었다. 자신이 먼저 복음의 길을 걷겠다는 믿음과 그 뒤를 따를 이들을 위해 길을 만들겠다는 거룩한 결단은 평생 아프리카를 종단하고 횡단하며 아프리카 대륙을 복음으로 변화시켰다. 아프리카 선교의 아버지로서의 첫걸음은 청년 시절의 헌신에서 비롯되었다.

2000년, 교회에서 해외 의료선교를 시작한다는 소식이 들렸다. 처음으로 의료선교팀이 구성되어 떠나는 선교였기에 의료진뿐만 아니라 도울 손들이 필요했다. 이때 손을 든 이들이 청년이다.

"누가 함께 가겠습니까?"

"제가 가겠습니다."

청년들은 중국으로 향하는 의료선교팀에 합류했다. 이를 통해 청장년이 하나 되어 그리스도의 사랑을 전할 수 있었고, 교회로서도 선교를 통해 세대 간의 연합이 이루어지는 귀한 경험을 할 수 있었다.

청년부는 부흥을 통해 더욱 변화했다. 하나님의 영광을 위해 헌신하겠다고 결단했고 행동으로 옮겼다. 2000년 장년부 의료선교팀에 합류하여 중국과 베트남, 캄보디아에서 해외 선교 활동을 경험한 뒤 2003년부터는 단독으로 선교 활동을 시작했다. 현지 선교사의 협력하에 인도와 중국, 태국, 캄보디아, 국내(고군산열도)등 다양한 사역지를 다니며 가장 아름다운 청년의 시간을 보냈다.

청년들은 "제가 가겠습니다"라고 헌신한 순간부터 은혜를 경험했다. 선교 비용 마련을 위해 간절히 기도했고 극적으로 재정이 채워졌다. 떠나

---

36 리빙스턴(David Livingstone, 1813-1873), 스코틀랜드 선교사로 평생 아프리카 대륙 선교에 헌신함

기 전날까지 상황이 여의치 않아 울며 기도하자 길이 열렸다. 이러한 고백은 선교팀에서 흔하게 들을 수 있는 간증이 되었다.

청년들에게 부어 주시는 은혜는 옮기는 발걸음마다 임했다. 빈민가 지역 주민들의 아픔을 들어주고 손을 잡아 준 일, 빈민가 어린이들과 함께 놀며 시간을 보낸 일, 비가 새는 지붕을 고쳐 준 일, 배고픈 자들에게 빵 한 조각을 나눠 준 일, 매 순간 하나님은 그들과 함께하셨다.

그들이 베푼 선행에 현지인들이 마음을 열고 그들과 이야기를 나누고 싶어 했다. 이유 없이 베푸는 사랑의 근원을 궁금해했다. 돌아갈 날짜가 다가오자 아쉬움의 눈물을 흘리며 꼭 다시 오라는 이야기를 수줍게 건네기도 했다. 청년들은 깨달았다. 그저 조건 없이 사랑하는 것이 복음이라는 것을, 사랑으로 변화되는 것이 복음의 힘이라는 것을.

그와 함께 청년부 의료선교도 시작했다. 이미 장년부 의료선교에 동행한 경험이 있고 의료선교에 헌신하겠다는 전공의들이 청년부에 있었으므로 청년부 의료선교는 비교적 수월하게 시작할 수 있었다.

선교팀엔 전공의와 의과대학생을 비롯한 간호사, 물리치료사 등이 함께했는데, 이들 중에는 훗날 전문의가 된 뒤에도 의료선교에 힘을 기울였다. 청년들 모두가 선교에 진심이었다.

청년 의료선교는 두 가지 원칙하에 진행했다. 우선 현지 선교사에게 도움이 되는 방향으로 선교하는 것이다. 무엇보다 현지 선교사가 방문을 원하는 지역에 갔다. 두 번째는 팀의 안전을 우선했다. 간혹 팀원들 중에 무리하여 쓰러지는 경우가 있는데, 교회와 선교팀은 이것까지 고려하여 진료 준비를 철저히 해 청년들의 헌신이 최대한 빛을 발하도록 했다.

예비된 선교지는 인도였다. 청년 의료선교팀은 선택과 집중을 통한 선교가 효율적이라는 판단하에 인도 의료선교를 11년간 했다. 어떤 청년은 10년 내내 인도 의료선교에 헌신하기도 했다. 전공의에서 전문의로 가는 숨 막히게 바쁜 일정 중에도 의료선교에 진심이었고 사명을 따라 예수의 사랑을 실천했다.

청년부를 담당하던 홍순혁 전도사가 인도 선교사로 파송되면서 청년 선교는 더욱 빛을 발했다. 특히 의료팀을 활용해 선교의 효율성을 최대화한 전략은 주효했다. 선교할 지역을 먼저 알아보고 의료팀을 보내 마음이 열리도록 한 다음 복음을 전하러 들어가 교회를 세웠다. 이 같은 전략적 선교로 풍성한 열매를 맺을 수 있었다.

> 청년부 부장을 맡아 청년들과 해외 선교를 다니면서 참 많이 배웠습니다. 11년간 계속해 온 청년 의료선교팀의 선교 현장에서 역사하시는 은혜를 체험했습니다. 홍순혁 선교사님이 청년부 의료팀에게 항상 하시는 말씀이 있습니다. "찾아오는 환자들에게 친절하게 진료만 해 주십시오. 전도는 우리가 하겠습니다." 그리고 우리 팀이 귀국하면 진료 나갔던 지역에 교회를 세웠다는 보고를 하셨습니다. 의료팀뿐만 아니라 다른 선교팀에서도 기분 좋은 변화의 소식이 계속 들려왔고 그러한 열매 앞에 청년들은 신앙의 각오와 태도가 달라질 수밖에 없었습니다. 선교지에서 얻은 힘으로 1년을 버틴다는 고백은 우리 청년부가 얼마나 큰 은혜 가운데 세워져 갔는지 보여 주는 고백이라고 할 수 있습니다.
>
> 이민걸 장로(2000-2017년 청년부 담당 부장) 서면 인터뷰

청년부 단기선교 사역지 및 횟수

시 기	청년부 단기선교 사역지 및 횟수	참여 인원
2003년	인도·중국·태국·캄보디아·국내(고군산열도)	-
2004년	카자흐스탄(2회)	-
2005년	인도네시아·카자흐스탄·인도·국내(부산)	70명
2006년	인도·인도네시아·중국·국내(충주)	-
2007년	인도 2팀·국내(충주)	43명
2008년	인도 2팀·국내(충주)	116명
2009년	인도 2팀·국내(충주)	108명
2010년	인도 2팀·미얀마·국내(충주)	137명
2011년	인도 2팀·미얀마·국내(충주)	127명
2012년	인도 2팀·미얀마·방글라데시·국내(서산·증도·충주)	211명
2013년	인도 2팀·미얀마·국내(충주)	198명
2014년	인도 2팀·미얀마·베트남·국내(충주)	159명
2015년	인도 2팀·미얀마·태국·국내(충주)	158명
2016년	인도·미얀마·태국·일본·국내(충주)	151명
2017년	인도·미얀마·태국·일본·국내(충주·양구 장년선교)	202명
2018년	인도·미얀마·태국·일본·국내(충주·양구 장년선교)	230명
2019년	인도·미얀마·태국·일본·탄자니아·국내(충주·양구 장년선교)	193명
2020년	인도·미얀마·태국·일본·탄자니아·국내(충주)	72명(온라인 선교)
2021년	인도·미얀마·일본·탄자니아·국내(충주 미자립교회)	69명(온라인 선교)
2022년	인도·베트남·국내(충주·제주·이천·상주), 중보기도	202명
2023년	인도·베트남·탄자니아·일본·국내(충주·이천), 중보기도	203명

'주님이 나를 왜 태국에 보내셨지?'라는 의문과 함께 정리되지 않은 마음으로 태국 선교를 시작하게 되었습니다. 선교 일정을 보내던 중 선교사님과 식사 교제를 하는데 '네가 내게 기도할 땅과 사람들을 달라고 기도하지 않았니?'라는 마음을 하나님께서 주셨습니다.

그러자 1년 전 '저한테 기도할 땅과 사람들을 주세요'라고 기도했던 것이 기억났고 이번 단기선교를 통해 태국 땅과 태국 사람들을 저에게 주셨다는 것을 알게 되었습니다.

그때부터 저는 선교사님들을 통해 그리고 팀원들을 통해 아버지 하나님의 마음으로 태국 땅과 태국 사람들을 바라보게 되었습니다. 하나님께서 그 땅과 그 영혼들을 얼마나 사랑하고 계시는지, 그들을 위해 얼마나 지금도 쉼 없이 일하고 계시며 승리하고 계시는지 볼 수 있게 되었습니다. 그리고 하나님의 역사에 동참하고 있는 태국팀을 따스한 눈빛과 사랑으로 바라보고 계시는 것을 깨달았습니다.

이렇게 태국으로 보내 주신 하나님의 계획을 깨닫고, 그분의 마음을 알게 된 이후부터는 스킷 드라마를 통해 예수님을 믿는다는 것과 그분을 찬양할 수 있다는 게 기쁘고 감사한 일로 다가왔고 내 평생에 하나님을 찬양하겠다는 마음이 변하지 않을 것이라는 확신이 들었습니다.

이번 선교는 어느 것 하나 내 힘으로 한 것이 없습니다. 선교사님께서 하신 말씀처럼 모두 주님이 하셨습니다. 모든 영광을 주님께 올려드립니다.

이주현(청년2교구 91또래), 해외 단기선교 글, 〈신촌라이프〉(2018년 여름호)

청년부 해외 단기선교

신촌의 청년, 스프링처럼 튀어오르다

2000년대 중반에 들어서면서 청년부 사역은 시대적 흐름과 세대를 이해하며 더 깊은 영성을 추구하는 방향으로 향했다. 예배와 소그룹, 새가족이 주축이 되는 시스템을 구축하되 점점 평일 모임이 어려워지는 상황이었기에 주일예배를 통해 메시지를 전하는 데 집중했다. 소그룹 리더들은 주일예배 말씀이 구성원들에게 잘 적용되도록 신앙생활을 도왔다.

2007년, 청년부 사역자로 섬기던 신건 목사가 청년부 전체를 담당하는 목회자로 임명되면서 새로운 비전을 선포했다.

'건강한 교회 공동체, 자랑할 만한 교회 공동체를 만들자.'

건강한 교회 공동체에 대한 비전을 선포하면서 청년부만의 정체성과 색깔을 찾는 고민이 이어졌다. 이미 청년부 내에 제자훈련 알파코스 등이 자리 잡고 있었지만 대형 교회에서 성공한 프로그램과 시스템을 좇아가는 식이 아닌 교회 실정에 맞는 시스템, 신촌성결교회 청년부만의 정체성을 담고 있는 시스템으로 재정비할 필요가 있었던 것이다.

이에 신건 목사를 비롯한 청년부 사역자들의 노력이 이어졌다. 이정익 담임목사가 신건 목사에게 청년교회를 위임했듯 신건 목사 역시 부교역자들에게 각 조직을 위임하고 인재를 적재적소에 배치하며 청년부 색깔 찾기에 나섰다.

숱한 시행착오 끝에 마침내 열매를 맺었다. '이해'가 되어야 움직이는 청년들이기에 그들이 이해할 수 있는 비전과 사명을 재정립하고, 새가족에게 뚜렷한 교회의 방향성을 제시할 수 있는 사역을 완성한 것이다.

동호회식 모임보다는 가치에 부합하는 나눔과 실천을 함께해 나가는 것이 필요했습니다. 수년간 많은 곳을 다니며 배웠고 적용하고 또 실패하면서 시행착오 끝에 청년부의 비전을 세울 수 있었습니다. 그것이 바로 성경의 6가지 핵심 가치를 의미하는 스프링(SPRING) 사역입니다. 이 사역을 통해, 몸은 컸지만 내면의 필요를 채우지 못한 청년들에게 영혼의 갈급함이 채워지면서 부흥은 자연스럽게 따라올 수 있었습니다.

신건 협동목사(2007-2022년 청년부 담당) 인터뷰

청년부 사역 'SPRING Ministry'의 개요는 다음과 같다.

Sharing 이웃의 삶의 필요를 채워 주는 나눔의 삶
Purpose 하나님이 지으신 목적을 추구하는 삶
Relationship 하나님과의 친밀한 관계 (예배·말씀·기도)
Integrity 하나님의 뜻대로 살아가는 구별된 삶 (거룩)
Neighbor 이웃의 영적 필요를 채워 주는 삶 (전도·선교)
Gift 주신 재능과 은사로 삶에서 영광 돌리는 삶

스프링 사역이 추구하는 것은 '예수님이 중심 되는 건강한 교회 공동체 만들기'다. 예수님의 핵심적인 가르침(마 22:37-40)과 예수님의 사명(요 10:10)에 기반하고 있다.

스프링 사역은 하나님을 사랑하고(Relationship, Integrity) 이웃을 사랑하는(Sharing, Neighbor) 성숙하고 영향력 있는 삶(Purpose, Gift)을 추구한다. 이는 생명을 얻게 해 주는 시스템(주일예배 새가족 교육), 생명을 더 풍성히 누리게 해 주는 시스템(소그룹 교육 훈련), 다른 사람도 생명을 누리도록 돕는 시스템

(봉사·전도·선교)으로 실천된다.

오랜 시간 공들여 완성한 스프링 사역이 적용되자 변화가 시작되었다. 청년들은 소그룹 모임을 통해 신앙과 스토리를 나눔으로 확실한 소속감을 갖게 되었고, 새가족은 교육을 통해 신앙과 교회에 대해 확신을 가질 수 있었다.

스프링 사역에서 중점을 둔 것은 기도다. 기도가 사역을 앞서야 한다는 생각으로 교역자들은 일주일에 네 번씩 모여 기도로 중보했고, 청년들역시 다양한 기도 모임을 통해 영적인 성장을 이루었다. 이는 해마다 두차례 특별새벽기도회로 이어졌고 청년부는 말씀과 훈련, 기도와 교제로건강한 공동체로 성장해 갔다.

청년 공동체는 스프링 사역을 통해 튀어 올랐다. 2000년대 중반까지평균 300명 안팎이던 출석 인원이 2012년엔 600여 명으로 두 배 성장했고, 2019년엔 900여 명으로 부흥했다. 청년예배도 아천홀에서 성봉채플로 옮겨서 드리게 됐다. 과연 예배 중심의 공동체로 거듭난 청년 공동체가보여 준 영적 저력은 놀라웠다.

변화하는 세대 가운데서도 스프링 사역은 견고히 세워져 갔다. 훈련은세분화하여 특화시켰고, 셀은 깊이 있는 공동체를 지향하며 결속감을 더했다. 대학생의 진로와 인생 고민을 위한 비전스쿨, 연애와 결혼을 위한 커플 코칭, 직장생활을 위한 FWIA(Faith & Work Institute Asia, 일과 신앙)는 특화된청년 프로그램이다.

이제는 MZ세대라 불리는 이들이 청년부를 이끌어 가고 있다. 이들은이전보다 더 자기주도적이고 창의적이며 자신의 관심사를 바탕으로 새로운 것을 시도하려고 한다. SNS 미디어와 매우 친근하며 비대면 사역에도 익숙한 세대다. 이에 따라 청년부는 SNS 미디어 사역의 강점을 최대한 살려 사역을 확장하되 수평적인 리더십을 발휘하도록 하고 있다.

청년 부흥의 DNA인 셀이 지속적으로 성장할 수 있도록 리더와 헬퍼를 세우고 훈련을 통해 분리하는 등 청년 사역의 본질을 잊지 않으며 건강한 공동체로 세워지고 있다.

청년부 주일 예배

새벽이슬같은 청년들

젊은이들로 넘쳐 나는 거리, 온갖 놀거리 볼거리로 시선을 사로잡는 거리에 교회의 청년들이 모였다. 소박한 무대에 불이 켜지고 'LAMP NIGHT'가 시작되었다. 시끄러운 소음을 뚫고 나오는 청년들의 찬양은 희망의 소리였다. 빛으로 오신 예수를 전하는 아름다운 외침이었다. 내 주되신 예수를 늘 찬양하겠다는 고백은 지나가는 청년들의 발걸음을 붙들었다.

찬양 버스킹을 하는 동안 다른 청년들은 전도지와 작은 선물을 나누어 주었다. 지나가던 외국인에게 전도지와 선물을 건네자 물건을 팔려는 줄 알고 사지 않겠다고 손사래 쳤다.

"This is a gift for you, just gift."

외국인은 기쁘게 받아 갔다. 직접적인 복음을 전하지 못하는 상황인 탓에 청년들은 돌아서서 기도했다.

'주님, 저 분이 지금 나누어 드린 이 작은 선물과는 비교도 할 수 없는 축복을 가지고 하나님이 기다리고 있다는 것을 알게 해 주세요'

이날 모두가 승리자였다. 보이지 않는 곳에서 스태프로 섬기는 이들과 앞에서 찬양하는 이들, 전도지와 선물을 나눠 주는 이들, 모두 예수를 전하겠다는 사명으로 기꺼이 거리로 나가 행동하는 신앙을 보여 주었기 때문이다.

찬양 버스킹은 교회 전도축제를 홍보하기 위해 시작되었다. 그리스도의 복음과 사랑을 찬양으로 전한 버스킹은 잔잔한 호응을 이끌었다. 세상의 노래와는 다른, 찬양이 주는 영적인 힘이 있었기 때문이다. 이 찬양 버스킹은 청년부다운 전도 활동의 좋은 예가 되어 해마다 계속되었다.

청년부 신촌 찬양 버스킹

전도에 대한 청년들의 열정은 찬양 버스킹과 함께 셀의 노방전도로
이어졌다. 공동체 활동을 통해 전도와 선교에 대한 비전을 공유한 셀은 자
연스럽게 거리로 나가 복음을 전했다. 거절에 대한 두려움, 불편한 시선에
대한 걱정이 앞서기도 했지만 믿음을 붙잡아 용기를 냈다.

　근처 신촌성결교회에서 나왔다는 말에 부담 없이 다가와 전도지를
받는 이들부터 선물만 받는 사람, 교회가 어디 있냐며 적극적으로 반응하
는 사람, 차갑게 거절하는 사람까지 다양한 모습을 접하며 청년들은 복음
앞에 더 순종할 것을 다짐했다.

　전도와 함께 열방을 향한 선교의 열정도 뜨거워졌다. 2003년부터 시
작한 해외 단기선교 활동은 해를 거듭할수록 팀을 늘리며 국내외 선교 사

역을 도왔다. 그들의 헌신은 많은 열매를 맺었고 무엇보다 청년들에게 뜨거운 심장을 선물했다. 한 번도 선교에 참여하지 못한 이들은 있어도 한 번만 참여한 청년이 없을 정도로 선교 활동은 청년들에게 은혜와 도전을 주었다.

국내 선교도 인도 의료선교처럼 한 군데를 정해 장기로 활동했다. 2006년부터 시작한 충주 단기선교는 지금까지 이어지는 장기선교의 대표적인 예다. 충북 충주시 동량면 마을의 전원성결교회와 협력하여 해마다 마을을 섬기며 자연스럽게 복음을 전하고 있다.

찌는 듯한 무더위 속에서 농사일을 돕고 동네 청소년들과 함께 여름 성경학교를 진행했다. 마을 담벼락에 성경 구절을 담은 벽화를 그리며 마을 환경 개선에 나서기도 했다. 처음에는 데면데면하던 동네 주민들도 해마다 서울에서 청년들이 내려와 마을을 섬기니 아들딸이 온 듯이 반겼다. 함께 시간을 보내면서 저절로 그리스도의 사랑이 전해졌고 마을과 교회의 간격은 가까워졌다. 복음이 주는 위력이었다.

신촌성결교회 청년 공동체의 복음의 열정은 계속되고 있다. 직접적으로 복음을 전하지 못하는 곳에서는 행동으로 사랑을 보여 주었고, 복음을 전할 수 있는 곳에서는 적극적으로 복음의 증인으로 나서고 있다.

청년들은 어려운 이웃에도 시선을 돌렸다. 교회에서 반찬 나눔 활동을 한다는 공지가 올라오면 셀원들이 의견을 모아 반찬 나눔 봉사활동을 했다. 주일예배 후 셀원들이 함께 반찬과 주소를 들고 어르신을 찾아가 가져간 도시락으로 함께 식사하며 이야기를 나누었다. 마음을 다해 어르신과 시간을 보낸 뒤 어떤 청년은 용기 있게 전도지를 건네기도 했다. 주기도문을 크게 써 달라는 부탁을 받아 한 자 한 자 큼지막하게 주기도문을 써서 벽에 붙이고 오기도 했다.

반찬 봉사와 함께 지역 어르신 섬김 활동도 하고 있다. 구청을 통해 혼자 살고 있는 어르신들과 연결해 몇 팀으로 나누어 각 가정을 방문했다. 어르신을 섬기는 일은 그저 이야기를 나누고 함께 시간을 보내는 것이었다. 이러한 활동을 통해 굳이 복음을 전하지 않더라도 최선을 다해 섬길 때 선한 영향력을 끼칠 수 있음을 알게 되었다는 청년들의 고백은 참 귀하다. 어르신을 섬기는 일 외에도 아동보호 치료 시설 방문, 교도소 봉사, 노숙자 봉사 등 청년들은 낮은 곳으로 향한 예수 그리스도의 흔적을 좇아 섬김의 자리로 나아가고 있다.

"오늘의 친절한 나를 완성하기 위해 지키지 못할 약속을 웃음에 섞어 내뱉기보다 일상에서 섬김의 호흡으로 매일을 살아갈 수 있었으면 합니다. 지역 봉사를 통해 섬김의 호흡으로 살아갈 수 있도록 기도하게 된 것을 감사하게 생각합니다."

어느 청년의 아름다운 고백처럼 신촌성결교회 청년 공동체는 행함이 있는 믿음을 가지고 사랑이 필요한 곳으로, 섬김이 필요한 곳으로 나아가고 있다.

비긴 어게인(Begin Again)

주일 오후 3시가 가까웠지만 청년들은 교회로 발걸음을 옮길 수 없었다. 예배 참석 인원이 제한되어 있기에 어쩔 수 없이 온라인으로 예배를 드려야 하는 상황에 가슴이 답답했다. 해마다 선교지 현장에서 만나던 아이들의 모습이 아른거렸지만 갈 수 없는 상황도 안타까웠다.

그러던 차에 '비긴 어게인 프로젝트'는 하나의 단비였다. 짧은 광고 영상으로 전해진 비긴 어게인 프로젝트는 비대면 시대에 선교를 위한 선포였다. 광고를 접한 교회의 청년들은 다시 힘을 냈다. 상황에 더 이상 움츠러들지 않고 할 수 있는 최선의 방법을 찾아 사역의 불씨를 다시 살렸다.

2020년, 당연한 일상이 당연하지 않게 되는 시간이 이어졌다. 코로나19라는 복병이 전 세계를 휩쓸면서 모임이 제한되었다. 대면이 비대면으로 바뀌면서 교회는 큰 타격을 입었다. 하지만 이에 주저앉는 것이 아니라 하나님의 또 다른 사인으로 도전받고 교회는 다시 일어섰다.

신촌성결교회는 비대면 시대를 맞아 비교적 발 빠르게 온라인 목회 체제를 잡아 갔고 청년부도 신속히 반응했다. 그중에서도 멈춤의 시대에 '우리가 무엇을 할 수 있을까' 기도하며 온라인 해외 선교 사역을 준비한 것이 비긴 어게인 프로젝트다.

2020년 7월, 랜선 선교 활동으로 기획된 청년부의 여름 단기선교는 랜선 기도 모임과 후원, 온라인 사진전, 굿즈 판매와 모금 활동 등으로 진행되며 도전을 주었다.

온라인으로 전환해 진행하면서 아쉬운 면도 있었지만 청년들은 온라인 사진전을 통해 선교 활동 당시의 기억과 은혜를 떠올리며 감사의 고백을 했다. 무엇보다 어떤 상황 속에서도 하나님은 사람을 통해 일하시고 일하기 원하신다는 것, 선교는 멈춰서는 안 된다는 것을 깨달았다.

2021년에도 제한적 상황은 계속되었다. 위기를 기회로 삼아 청년들은 SNS 유튜브를 통해 사역을 기획하고 홍보하는 등 온라인 활동에 적극 나섰다. 그러자 온라인 해외 선교도 더욱 풍성해졌다. 온라인 해외 선교 2년 차를 맞아 미얀마, 인도, 일본, 탄자니아 등 4개 나라를 대상으로 7월 한 달간 나라별로 온라인 사역을 진행했다.

청년들은 온라인으로 신청한 선교지의 선교사와 줌(ZOOM)으로 만나 교제를 나누고 함께 기도했다. 그들을 위해 찬양 영상을 제작하고 사역을 격려하는 영상을 보내는 등 최선을 다해 선교 활동을 이어 갔다. 현지에 필요한 물품과 재정을 후원하는 데 사용하도록 참가비를 보내며, 보내는 선교사로서의 역할에도 충실했다.

2022년을 지나면서 청년부 사역은 조금씩 회복되었다. 위드 코로나 시대를 맞아 '하루선교' 등 청년들의 여름 단기선교를 차차 회복시켜 나갔고 2023년에 접어들면서 거의 모든 활동이 정상화되었다. 코로나가 미친 영향은 컸다. 이전까지 점진적으로 부흥을 거듭하며 1천여 명에 이르던 청년부 인원이 50%나 감소했다. 그러나 부흥의 불씨를 이어 가려는 이들의 눈물 어린 기도와 하나님의 일하심으로 점점 회복되고 있다.

2023년, 새롭게 청년부 담당 목회자로 세워진 홍석원 목사와 함께 청년 공동체는 다시 시작점에 섰다. 3년 가까이 팬데믹으로 어려운 상황을 겪었지만 '온라인 사역의 활성화'라는 선물을 최대한 살려 사역을 이어 갔고 은혜가 회복되었다.

다시 시작된 여름 단기선교에서 어떤 청년은 갈등을 겪던 팀원들과 하나 되는 은혜를 체험했고, 또 어떤 청년은 덥고 습한 인도의 지하교회에서 슬럼가 학생들과 여름성경학교를 하면서 천국을 느꼈다. 지역 아동을 섬기고 농촌 사역에 동참한 청년은 팀원을 섬기는 하스피(손님 대접의 은사를 행하는 직분)의 자리에서 자신이 주님을 정말 사랑하고 있음을 느꼈다고 고백했다. 은혜가 회복됨에 따라 세상으로 향하던 청년들의 발걸음이 교회로 돌아왔고 게을러진 발걸음이 빨라졌다. 또한 곳곳에서 전도의 열매가 맺어지고 있다.

2024년 청년부 전도축제 'ON다 - 복음의 기쁜 소식'을 준비하며 영혼 구원의 도전을 받은 한 청년은 사랑하는 오빠의 구원을 위해 특별새벽기도에 나와 기도했다. 새벽마다 교회를 왜 가냐고 묻는 오빠에게 차마 교회 가자는 말은 못하고 오빠가 기도 제목이라고 말한 게 전부였는데 얼마 뒤 오빠가 스스로 교회를 찾아왔다. 이를 통해 청년은 하나님이 얼마나 영혼을 사랑하고 한 사람 한 사람을 애타게 찾으시는지 알게 되었다면서 사랑하는 이들에게 하나님을 전하는 사명을 감당하겠다고 다짐했다. 곳곳에서 은혜가 회복되며 청년 공동체는 다시 비상하고 있다.

신촌성결교회 청년 공동체는 교회 성장에 중요한 역할을 해 왔고, 하고 있습니다. 2000년대 우리 교회의 부흥 시대를 견인한 이들이 청년부였고 그들이 현재 장년교구를 이끌어가는 리더로서 건강한 교회 공동체를 이끌고 있기에 교회가 지속적으로 발전해 나갈 수 있다고 봅니다. 철저한 예배 중심과 신앙훈련을 통해 제자가 된 청년들은 교회 내 봉사는 물론이고 선교, 대외 봉사활동에도 적극적으로 참여하며 교회에 정말 필요한 일꾼들로 거듭나고 있고, 교회를 떠나게 될 때는 이곳에서 훈련받은 것을 바탕으로 지역 교회에 중요한 역할을 감당하고 있습니다. 무엇보다 가장 의미 있는 것은 철저한 영성과 분별력 있는 지성으로 거듭난 청년부이기에 신촌성결교회를 젊은 교회, 청년 사역을 가장 잘하는 교회라는 교회 브랜드를 형성하는 데 큰 역할을 했고, 하고 있다는 것입니다.

홍영준 장로(현 청년부 담당 부장) 인터뷰

현재 청년부는 120개의 셀로 움직이고 있다. 청년부의 부흥을 주도한 셀이 청년 공동체의 정체성이기도 하기에 철저히 셀 위주의 사역으로 깊은 영성을 나누고 있다. 셀은 청년의 피난처도 되고 우산도 되며 기독교인으로서 정체성을 깨닫고 느끼게 해 주는 통로이기도 하다. 따라서 청년부는 앞으로도 셀 사역의 본질에 충실하는 동시에 지경을 더 넓혀 청년들의 삶에 다가서려 한다.

더불어 지성인이 모이는 교회답게 분야별·세대별·직분별로 다양한 신앙훈련을 운영하고 있다. 그 목적은 모두가 제자로 훈련되는 것이다. 한 예로 2024년에 시작한 '신촌멘토링스쿨'은 사회 각 분야에서 성공한 경험과 전문 지식을 겸비한 교회 내외의 지도층 인사를 멘토로 세워 교회 청년들에게 지식과 노하우를 전수하고 있다. 한국교회와 사회를 이끌 청년 리더를 육성하고자 시작한 신촌멘토링스쿨에 참여한 청년들은 "교회가 청년의 고민을 이해하고 이런 프로그램을 마련한 것에 감사하다"고 말했다.

이처럼 교회는 청년들의 고민에 귀 기울일 뿐 아니라 특화된 신앙훈련[37]으로 그들을 세상에 매몰되지 않고 세상을 이기는 그리스도인으로 세워 가고 있다.

지금도 여전히 신촌성결교회 청년 공동체에는 허다한 증인들이 아름다운 복음 스토리를 채워 가고 있다. 세상을 품은 청년들의 비전과 믿음이

---

37 새가족 교육, 제자훈련, 비전스쿨, 7habits, 성경통독 과정, 예수님의 사람, 리더십 스쿨, 매주 셀 리더 훈련, 엔카운터 수양회, 묵상 세미나 등

교회를 건강하게 만들고 지역을 살리며 세계를 선하게 바꾸어 가는 동력이 될 것을 믿으며 그들의 무한한 도약을 응원한다.

청년부를 통해 처음으로 하나님 얼굴 앞에 서는 경험을 했습니다. 그리고 그 순간 저의 모든 세계는 뒤집혔습니다.

송영일 집사(9교구)

저는 청년부를 통해서 나에게 주신 열정과 은사를 어떻게 사용하며 어떻게 인생을 살아야 하는지 발견하게 되었습니다. 또 하나님과 동행하는 삶이 어떤 삶인지를 계속 고민하며 주어진 은혜들에 감사하며 살게 되었습니다.

한지현 집사(8교구)

청년부에서 신앙생활을 하면서 20년간 그저 모래신앙인으로만 살아왔다는 걸 알았습니다. 신촌 청년부의 신앙훈련으로 처음 예수님을 만났고 제자의 길을 어떻게 가는지 알게 되었습니다. 청년부에서 훈련받은 7년의 시간이 제 인생에서 가장 중요하고 귀한 시간이 되었습니다.

조아라 청년

6장

담장을 넘는 교회

내 형제들아 만일 사람이 믿음이 있노라 하
고 행함이 없으면 무슨 유익이 있으리요 그
믿음이 능히 자기를 구원하겠느냐

만일 형제나 자매가 헐벗고 일용할 양식이
없는데 너희 중에 누구든지 그에게 이르되
평안히 가라, 덥게 하라, 배부르게 하라 하며
그 몸에 쓸 것을 주지 아니하면 무슨 유익이
있으리요

이와 같이 행함이 없는 믿음은
그 자체가 죽은 것이라

약 2:14-17

한 알의 밀알이 땅에 떨어져

새로 지은 노고산동 교회 본당에 사람들이 속속 모여들었다. 환경미화 작업을 마치고 부랴부랴 도착한 이들의 이마엔 땀방울이 송글송글 맺혀 있었다. 하지만 그 얼굴은 하나같이 설레고 기대에 차 있었다. 봉사자로 참석한 성도들이 한 사람 한 사람 친절히 응대하며 자리로 안내하자 정진경 목사의 푸근한 인사말이 이어졌다.

"이 자리는 마포구를 위해 일하고 계시는 여러분께 감사의 마음을 전하고자 마련한 자리입니다. 마음껏 드시고 즐기시기 바랍니다. 여러분의 노고에 감사합니다."

이날의 잔치는 모두에게 깊은 인상을 남겼다. 마포구청 소속 환경미화원 500여 명은 보이지 않는 곳에서 일하는 이들을 섬기는 교회의 헌신에 감동했고, 성도들은 약한 자들 편에 서서 사랑을 전한 예수님의 마음을 실천할 수 있음에 감사했다.

이는 교회가 처음으로 지역사회를 위해 문을 열고 그리스도의 사랑을 실천한 사역이다. 성결교가 추구하는 성결 정신은 사회운동과 연관이 깊다.[38] 직접 전도 활동이 성결교단의 주요한 방향이라는 점이 강조되다 보니 사회 참여가 부족했다는 지적도 있지만 실상은 그렇지 않다.

웨슬리언 성결교회는 사회참여의 전통을 가지고 있다. 개인의 성결은 사회적 성결로 나가야 한다고 믿었기에 19세기 노예해방, 여성해방, 도시빈민운동 등 많은 사회운동에 참여했다. 또한 기존의 교회들과 달리 도시 빈민들을 상대로 낮은 곳으로 향하는 전도운동을 했다.

---

38 방성규 교수, "성결교회 특성의 회복"(성목 정기 세미나) ; 박명수 교수, "근대 교회의 변화와 성결교회의 방향: 성결교회의 미래 그 청사진을 찾아서"(성목 제23차 정기 세미나) 참고

1907년 대부흥운동 시기에 이 땅에 들어온 성결교회도 사회참여 정신을 발휘했다. 다만 한국에 나타나던 성령운동이 마음을 새롭게 만들어 사회에 공헌할 것이라는 기대를 했기에 사회참여보다 도덕의식을 높이는 쪽으로 향했다.

해방 후 장로교와 감리교가 정치 활동에 참여한 것에 반해 성결교회는 종교의 본래적인 사명을 감당하여 도덕성을 회복시키는 일에 집중했다. 6·25 전란 중에도 기관별로 꾸준히 구호활동을 전개했다. 학교를 세워 선교의 전진기지로 사용했고 사회사업과 기독교 연합운동에도 적극 참여하는 등 성결교단의 사회참여 활동은 교회의 역사와 함께했다.

신촌성결교회는 이러한 성결교단의 배경 아래 선한 일을 위해 지으심을 받은 교회로서 그 정체성을 늘 상기했다. 도움을 받는 교회로 시작했지만 나누고 베푸는 교회를 기도하며 꿈꾸었다. 이성봉 목사를 비롯해 최학철 목사 정진경 목사 모두 신촌성결교회다움은 사랑과 나눔이라고 강조했다. 따라서 이웃과 지역을 향한 나눔과 사랑 실천은 당연한 교회의 사명이었다.

재정적으로 열악하던 초기에도 성도들은 자발적인 헌신으로 교회를 섬겼고 기꺼이 자신의 것을 이웃에게 내어주며 나눔의 본을 보였다. 이는 교회를 세우는 일로 이어졌다.

간신히 판자교회를 짓고 성도들이 모이기 시작할 즈음이었다. 신촌 인근의 연희동 지역에서 온 성도들에게서 난민촌 이야기를 들었다. 모두가 어렵지만 더 어렵게 사는 난민촌 사람들을 어떻게 도울 수 있을지 생각했고 복음이 들어가야 한다는 결론에 이르렀다. 이에 교회 설립을 추진했다.

복음을 향한 열정으로 기도하며 열악한 재정을 쪼개 연희동 쌍굴 위에 교회를 지었다. 허가도 받지 못한 무허가 땅 위에 흙벽돌로 지은 창연교회가 철길 터널 위에 세워졌다. 무허가 교회였지만 성도들의 도움으로 난민촌 주민들에게 복음이 전해지고 예수 그리스도의 사랑이 전해졌다.

안타깝게도 창연교회는 당시 서울시의 개발 계획과 내부 사정으로 해산되었지만 나누는 교회로서 뗀 첫걸음이었기에 의미가 깊다.

정진경 목사가 담임목사로 부임하면서 실제적인 나눔을 실천하는 사역을 시작했다. 교회 유지나 교회 자체의 번영에 급급할 것이 아니라 세상 밖으로 향하는 교회가 되도록 목회 방향을 제시했고 실질적인 실천에 옮겼다. 1975년 창립 20주년을 맞아 제일 먼저 한 일은 지교회 설립이었다. 20주년을 이끌어 온 하나님 은혜에 대한 감사로 교회를 세워 영광을 돌리기 위함이었다.

당회의 의결을 거쳐 교회에서 예산을 지원하여 대지를 구입한 뒤 마포구 성산동에 성산교회를 지교회로 세웠다. 신촌성결교회를 섬기던 이석종 목사가 주임 목사로 취임했다. 본교에서는 대지 구입 외에 매월 일정 금액을 지원해 교회가 자립할 수 있도록 도왔다.

성산교회 설립에 이어 평택신촌교회, 광명중앙교회 등 지교회를 설립해 나누는 교회의 사명을 감당했다.

개척을 통해 복음이 확장되는 것과 함께 성도의 사회적 책임도 강조했다. 사회적 책임이란 성결 정신과도 연결되는 것으로, 그리스도인으로서 사회적 책임을 갖고 나누고 베푸는 자리로 나아가야 한다는 것을 의미했다.

마포구청 소속 환경미화원 500명을 초청하여 위로의 잔치를 배설한 것을 시작으로, 성도들이 걷은 성미를 지역사회 구제를 위해 사용하는 등 지역 내 필요한 곳에 나눔을 실천했다.

　　예수님의 지상명령은 땅끝까지 이르러 복음의 증인이 되라는 것이다. 복음의 증인은 담장 안에 안전하게 갇혀 있어선 안 된다. 담장을 넘어가는 역동성을 가져야 한다. 신촌성결교회의 역동성은 구체적인 나눔으로 실현됐다.

서강유아원 개원

1982년 마포구청으로부터 공문이 왔다. 대지 239평, 건물 93평으로 신축된 새마을 유아원 위탁 운영에 대한 공문이었다. 당시 정부는 유아교육에 관심을 갖고 곳곳에 새마을 유아원을 세워 유아교육을 실시했다. 마포구에도 '서강유아원'이 개원했고, 이를 위탁 운영할 기관이 필요했다.

교회로선 기회였다. 이전부터 보육기관에 대한 이야기가 계속 있었다. 영유아기는 환경에 매우 민감하여 세심한 보호와 사랑이 요구되기에 교회가 보육기관을 마련해 그 일을 해 주길 바랐던 것이다. 그러나 실행에 옮기지는 못했다. 혹여 영세한 주변 사설 기관 운영에 피해를 줄 수도 있었기 때문이다.

그러던 차에 서강유아원 위탁 운영 공문은 반가운 소식이었다. 당회를 통해 논의가 되고 마침내 '지역사회 봉사를 위해 기독교 교육을 하는 것을 전제'로 유아원을 위탁 운영하기로 결의했다.

교회가 처음으로 지역 기관으로서 위탁 운영을 하는 것이기에, 지역사회부가 미비한 제반 시설을 정비하고 교사와 원장을 선정하는 등 유아원 관리를 전담했다. 세상에 태어나 가장 먼저 경험하게 되는 사회인 유아원에서 예수님의 사역인 '가르침'을 실천할 수 있기를 기도하며 1982년 9월 서강유아원이 개원했다.

와우산 중턱 높은 곳에 위치한 서강유아원에 유아들이 왔다. 기도와 예배로 준비한 교사들이 유아교육을 통해 예수 그리스도의 사랑을 전달했다. 마침 교육관이 봉헌되어 교회 교육이 본격화되는 때여서 교육에 대한 정보와 지식이 유아교육에 좋은 영향과 도움을 주었다.

유아원 운영을 통해 궁극적으로 지향한 것은 신앙 교육이다. 거기에 올바른 가치관을 심어 주고 예절 교육을 함으로써 아이들이 올바르게 자라도록 집중했다. 당시 유아원 밑에는 서강경로원이 있었기에 아이들은 자연스럽게 어르신을 공경하는 자세를 배울 수 있었다.

맞벌이 부부의 자녀로 양육의 어려움을 겪고 있던 취학 전 아이들은 유아원을 통해 신앙으로 교육받고 하나님을 아는 아이들로 자라났다. 어린이날, 소풍, 유아원 체육대회, 경로잔치, 미술공모전, 학습발표회, 추수감사 예배 등 다양한 행사를 체험했다. 무엇보다 가장 사랑받아야 하고 관심을 받아야 하는 시기에 예수 그리스도의 사랑으로 무장한 교사들의 사랑으로 보살핌을 받았다.

서강유아원은 건강한 운영으로도 좋은 본보기가 되었다. 교회와 마포구청으로부터 운영비를 보조받았지만 본 교회 권사이자 초기 유아원 원장을 맡은 이의숙 권사의 헌신과 봉사로 재정적으로도 안정된 위치에 오를 수 있었다. 넉넉지 않은 예산임에도 어려운 학생들을 위해 장학금을 내놓는 등 지역 나눔 사역의 좋은 본을 보이면서 서울 시내에서 손꼽히는 유아원으로 성장했다.

또한 하나의 선교 사업체로서 역할을 해냈다. 교육과 보살핌 속에 그리스도의 정신을 담은 유아원을 통해 원생과 그의 가족, 나아가 지역과 교회가 연합함으로써 자연스럽게 복음이 흘러갔다. 특히 자모회를 활발히 운영해 교육에 대한 의견을 나누고 관계를 돈독히 함으로써 지역 선교 역할을 하게 되었다.

유아교육 기관으로서 좋은 본을 보인 서강유아원은 정부 정책에 따라 서강어린이집으로 바뀌었고 현재는 키움어린이집으로 바뀌어 운영되고 있다.

신촌성결교회는 서강유아원 위탁 운영을 통해 한 아이를 키우려면 온 마을이 필요하다는 말을 체감했고, 교회가 지역 아이들을 돌볼 때 지역과 함께하는 교회가 될 수 있다는 걸 알았다. 이에 유아원을 비롯해 어린이 복지사업에 예산을 지원했다. 교회의 문을 열어 집에서 양육이 어려워진 아이들에게 공간과 교육을 제공하며 나누는 교회가 된 것이다.

아픔을 나누다

창립 30주년을 앞두고 엘머 길보른 목사가 교회를 찾았다. 오랜 시간 동안 교류하며 성결교단에서 중요한 역할을 맡고 있던 엘머 길보른 목사는 지난 30년간 신촌성결교회의 영적·양적 성장을 치하하는 한편, 지역 사회에 대한 교회의 사명에 대해 중요한 이야기를 했다.

> 교회는 먼저 그 지역에 있어서의 존재가치 내지는 존재 이유를 분명히 해야 합니다. 지역 주민들은 교회가 왜 그곳에 위치해 있어야 하는가 존재 이유를 묻게 되는데 교회는 거기에 대한 분명한 답과 자세를 보여 주어야만 합니다. 두 번째로 교회는 지역 주민들의 절실한 인간 욕구를 알아야 합니다. 그 지역 주민들이 가장 필요로 하는 것이 무엇인지 파악하여 거기에 대한 대비책을 강구해야 합니다. 특히 그 지역 주민들의 어려운 점, 과부나 고아 또는 물질적으로 어려움에 봉착해 있는 자들을 찾아내 돌봐주어야 합니다. 마지막으로 더욱 절실한 것은 물질 도움을 넘어 영적 차원의 도움입니다. 신촌교회는 훌륭한 교육관을 지니고 있는데 이를 통해 방황하는 이들을 위한 영적 교육 장소로 활용할 수 있을 것입니다. 청소년뿐 아니라 노인과 외로운 자 등 교회의 도움을 필요로 하는 자들에게 영적인 갈급을 채워 줄 수 있는 역할을 해야 할 것입니다.
>
> "엘머 길보른 목사와의 대담", 〈신촌교회보〉(1984년 4월 1일 13호)

창립 30년을 앞둔 시점에서 엘머 길보른 목사는 교회가 지역 내에 존립해야 하는 목적과 이유를 물었다. 어떻게 하면 교회가 지역사회의 문제를 책임질 수 있을까? 이러한 고민 가운데 시작된 것이 장학재단이다.

1984년 교회는 형편이 어려운 이들에게 배울 권리를 주는 장학재단을 설립해 사회와 지역을 책임지기 위해 분투했다. 장학위원회를 구성하고 성도들로 하여금 자발적으로 참여하도록 한 결과, 첫해에 거둔 열매가 상당했다. 441명 성도들의 자발적 참여에 의해 모인 장학금으로 1학기에 중고등·대학생을 포함한 24명에게 학비를 보조했고, 2학기엔 33명에게 혜택이 돌아갔다. 이들은 교회 내 어려운 성도를 포함해 마포구 관내 형편이 어려운 이들이었다. 지역을 향하는 교회의 선행에 주민들도 교회를 긍정적으로 바라보았고 신앙의 유무를 떠나 선발된 장학생들은 받은 사랑을 나누겠다고 다짐했다.

"교회에서 장학금을 준다는 소식에 참으로 반가웠고 쑥스럽기도 했습니다. 하지만 이 일을 계기로 사회와 주변으로부터 받은 사랑을 밑거름 삼아 더욱 큰 사랑을 만들어내는 사람이 되어야 한다는 생각이 들었습니다. 제가 받은 사랑 하나를 둘로 키워 나누어 주고 누군가 받아 넷으로 키워 나눠 준다면 우리 사회는 사랑 가득한 사회가 될 것이라 믿습니다. 아름다운 세상을 위한 씨앗을 뿌리고 있는 신촌성결교회에 존경을 보내며 감사드립니다."

1984년에 시작한 장학사업은 성도들의 헌신과 참여로 해를 거듭할수록 규모가 확장되며 40여 년을 이어 가고 있다. 구청을 통해 선발된 지역사회의 수혜 대상자와 교회 자녀 중심으로 장학금이 지급되고 있는데, 지금까지 6,633명에게 장학금 약 37억 원을 지원했다. 아무리 어려운 상황에서도 어려운 이들의 학업을 돕는 일에 성도들이 헌신적으로 나선 덕분에 교회는 지역사회 사안에 한 걸음 더 깊숙이 들어갈 수 있었다.

경제와 사회가 발전함에 따라 사회의 어두운 면은 더욱 깊어진다. 겉으로 드러난 화려함과 달리 신촌에는 부모 없이 살아가는 청소년들이 많왔다. 장학사업을 통해 배움의 기회를 주는 것도 필요하지만 기본적인 생존조차 위협받는 이들을 위한 교회의 노력도 필요했다.

이를 위해 1989년 5월 가정의 달을 맞아 마포구 관내 소년소녀가장을 초청했다. 가족이라는 울타리가 없는 그들을 위해 교회가 한 일은 가족이 되어 주는 것이었다. 누군가의 작은 아버지, 누군가의 삼촌, 엄마가 되어 가족 결연식을 맺었고 그들을 후원하기 시작했다. 소년소녀가장 후원 사업은 2003년까지 지속되다가 소년소녀가장이 극감하면서 1-2명의 어린이를 지원하는 것으로 변화했다.

사회가 발전함에 따라 그에 따른 부작용도 나타난다. 물질의 풍요함 속에 정서적인 문제가 나타나고 그것은 사회적 병폐로 이어진다. 아픈 자와 함께 울고 외로운 자와 함께 이야기를 나눌 수 있기를 기도하며 시작한 것이 신촌가정상담소다.

1996년 개원한 신촌가정상담소는 청소년 일탈 문제와 알코올중독 문제, 가정과 개인 문제로 어려움을 겪는 이들의 회복을 위해 상담 치료를 시작했다. 전화상담과 직접 대면 상담, 심리상담 등 다양한 채널을 통해 찾아오는 이들의 이야기를 들어주고 함께 해결책을 찾아갔다. 해를 거듭할수록 상담소를 찾는 이들이 많아지면서 교회는 지역 주민의 이야기 창구로서 역할하고 있다.

실제적인 구제 사역도 활발해졌다. 초대 예루살렘교회가 보여 준 구제와 봉사가 좁게는 신촌 지역에, 넓게는 한국 사회에 재현되어야 한다는 사명감으로 성도들은 저마다 구제 활동에 나섰다. 유치부로부터 교회학교, 남녀 전도회 등 장년에 이르기까지 교회 전체가 불우한 이웃을 위해 사랑 실천 운동을 했다. 해마다 불우이웃돕기 운동을 전개하는 것과 별개로 은평천사원을 비롯한 고아원을 방문하는가 하면 서대문구에 있는 결핵 환자촌을 찾아가 위문했다. 양로원과 지체부자유자 기관을 찾아 말씀을 통해 위로하고, 물질과 음식을 나누며 사랑을 전했다.

2002년부터는 매년 2회에 걸쳐 신촌호스피스 활동으로 암환자를 돕고 있다. 세브란스 병원에서 호스피스 위탁 교육을 받은 교회 봉사자들이 말기암 환자를 간호하고, 독거노인 빈곤 가정에 도시락과 반찬을 만들어 제공하는 등 아낌없이 사랑을 나누고 있다.

"지극히 작은 자 하나에게 한 것이 곧 내게 한 것이니라"(마 25:40) 하신 예수님의 말씀을 따라 교회의 나눔과 헌신은 요란하지 않게 이어지고 있다. 성도라면 세대와 직분을 떠나 당연히 서 있는 곳에서 사랑을 흘려보내야 한다는 마음으로 동참하는데 그것은 잔잔한 감동을 자아내고 있다.

'에덴의 집'은 노인복지를 위한 교회 사업이다. 교회 내 무의탁 노인 성도들을 부양할 목적으로 경기도 광주에 생활보호시설인 에덴의 집을 지어 개원한 것이 2004년의 일이다. 에덴의 집에 거주할 수 있는 대상자는 교회를 출석하는 세례 교인으로서 65세 이상의 여성이다. 이들은 교회가 정한 기준에 따라 입주자는 가족적인 생활과 복지, 신앙생활을 누릴 수 있다.

이렇듯 신촌성결교회는 영유아부터 청소년·장년·노년에 이르기까지 생애 전반에 걸친 구제와 나눔, 섬김을 실천하고 있다. 대학부와 중등부에서는 불우하게 소외된 역촌동 결핵 환자촌을 방문하여 '사랑의 불씨 전하기 운동'으로 모은 성금을 전달했다.

얼마 전 세상에 의지할 데라곤 없고 인간 소망의 한계 상황에서 지내는 이들을 위해 대학부가 라면 박스를 들고 방문했다. 사흘 동안 라면이라도 하나 먹으면 살 수 있지만 이것마저 없으면 굶어 죽게 된다는 열악한 환경을 본 대학부는 이들 돕기를 전 교회운동으로 확대하기로 결의하며 매주 역촌동을 방문하여 찬양하기로 했다. 소식을 들은 중등부에서도 성금을 보냈고 성가내원을 통한 후원도 이어졌다. 이후 저녁송을 이어가며 겨울이 곧 닥치면 필요한 것이 연탄이라는 것을 알고 다시 모금 운동을 전개, 연탄 구입을 위한 10장 단위의 쿠폰을 판매하고 주일에는 교회 앞마당에서 연탄 보내기를 위한 바자회를 갖는 등 수익금 전액을 합해 연탄 6천 장을 전달했다. 그곳의 사람 수에 비해 보잘것없는 연탄 6천 장, 천막 속에 웅크리고 병과 싸우고 있을 산동네 식구들을 생각하니 더 많은 책임감이 느껴진다.

"역촌동 결핵 환자촌, 사랑의 불씨 전달", 〈신촌교회보〉(1983년 11월 13일)

교회가 교회를 돕다

송도교회는 지역의 24개 교회 중 유일한 성결교회로 아무도 목회를 하겠다고 나서지 않았습니다. 인천 변두리라는 위치도 그렇지만 전임 목사의 과실로 지역 주민들에게 환영을 받지 못했기 때문인데, 하나님의 강력한 인도로 이 교회에 부임하게 되었습니다.

한 달간 부인 한 사람만 놓고 예배를 드리다가 십여 명이 나올 즈음 한 집회에 설교를 하러 가게 되었습니다. 그런데 가던 중 큰 사고로 심장이 다치고 다리가 부러져 입원이 불가피한 상황이었습니다. 하지만 사탄의 시험일 수 있다는 생각에 아픈 몸을 이끌고 집회 장소로 갔습니다. 두 번의 설교를 망치고 하나님께 한 번만 살려 달라고 매달려 기도하며 세 번째로 강단에 올랐을 때였습니다. 갑자기 다친 심장 쪽에서 뜨거운 불이 올라왔고 다친 다리를 향해 불길이 옮겨 가더니 온몸이 씻은 듯이 치유가 되었습니다. 이 모습을 지켜본 성도들은 큰 은혜를 받았고 그 집회는 신유의 집회가 되었습니다.

송도교회 성도들은 강력한 기적을 체험하면서 성령을 받아 일꾼이 되었고 이젠 평균 70여 명이 출석하는 교회가 되었습니다. 감사하게도 신촌성결교회 등을 통해 매달 받는 후원 덕에 재정적으로 안정되었으며 이제는 저희도 더 어려운 교회를 돕는 교회로서 거듭나고 있습니다. 어려운 교회를 묵묵히 돕고 헌신하는 신촌성결교회의 나눔에 감사드립니다.

인천송도교회 양한갑 전도사, 〈신촌교회보〉(1986년 3월 26일)

교회가 교회를 돕는다. 성경은 교회가 교회를 돕는 것을 '디아코니아', 즉 '섬김'과 '봉사'라고 가르치고 있다.

바울은 로마로 갈 것을 이야기하면서 정작 로마보다 예루살렘에 가는 목적을 더 자세히 설명했다(롬 15:22-33). 즉 "이는 마게도냐와 아가야 사람들이 예루살렘 성도 중 가난한 자들을 위하여 기쁘게 얼마를 연보하였음이라"(26절)고 하며 바울은 예루살렘교회에 가는 이유가 헌금을 전달하기 위해서였다고 말했다. 이때 헌금을 전달하러 간다는 표현을 디아코니아(diakonia), '성도를 섬기는 일로 간다'로 표현한다. 교회가 다른 교회를 돕는 일이 섬기는 일임을 가르치고 있는 것이다.

신촌성결교회는 성경의 가르침에 따라 교회를 돕는 일에 소홀하지 않았다. 이는 과거 도움을 받아 시작한 교회로서 당연한 책무였다. 1970년대부터 지교회를 설립하고 미자립교회를 돕는 일을 시작했다. 성결교단이 다른 교단에 비해 미자립교회가 많지 않다고는 하지만, 여전히 농촌과 변두리 지역의 교회는 자립하지 못한 경우가 많다. 교회는 해마다 30개가 넘는 미자립교회를 후원하고 있으며, 각 기관에 소속된 성도들이 교회를 방문하여 섬기고 있다.

이와 함께 국내 선교의 일환으로 교회 세우는 일에도 나섰다. 이전에도 교회 개척을 도운 일이 있지만, 공식적으로 지교회로서 개척을 도운 곳은 성산교회가 처음이다. 그로부터 11년 후(1986년) 두 번째 지교회인 송탄교회를 세웠다. 송탄교회는 본 교회에서 초등부 전도사로 수고하던 이대일 전도사가 교회 전임으로 가게 되면서 두 번째 지교회가 되었고, 송탄 지역에서 복음의 큰 역할을 감당하는 교회가 되었다.

세 번째 지교회가 설립된 곳은 광명이다. 광명시 하안동 주공아파트 종교 부지에 건립된 광명중앙교회는 그동안 본교에서 부목사로 수고하며 정진경 목사와 함께 교회를 섬긴 조남국 목사가 개척한 교회다. 광명 지교회의 경우 토지 매입부터 건축, 시설에 이르기까지 모든 부분을 본 교회에서 책임진 개척 사례로, 성결교단이나 교회를 통틀어 최초의 일이었다.

교회 예산과 한 장로의 재정 헌신으로 1989년 9월에 대지를 매입하고 1년간의 공사 끝에 지하 1층, 지상 2층의 교회가 완성되었다. 지하에는 유년부, 중고등부 예배실과 기도실, 사무실, 식당 등으로 꾸미고 1층에는 대예배실, 2층은 예배실과 방송실로 사용할 수 있도록 배치했다.

1990년 5월 개척 예배를 앞두고 고민이 많았다. 당시 아파트가 건축되는 중이어서 거주자가 별로 없었기 때문이다. 그런데 하나님의 은혜로 100여 명의 성도가 모였다. 성도가 한 사람도 없이 시작한 광명중앙교회는 조남국 목사의 기도와 헌신으로 매주 20-30명의 성도들이 찾아오며 부흥하기 시작했다. 개척 수개월 만에 장년 성도 200명을 넘어섰고 주일학교와 청년부도 함께 부흥하는 역사가 일어났다. 그와 함께 재정적 자립은 물론 이제는 나누는 건강한 교회로 성장하게 되었다.

> 광명중앙교회는 우리 교단을 통틀어 개교회에서 교회를 완전히 지어 모든 시설을 갖추어 부목사를 파송하고 성공적으로 목회한 첫 번째 케이스입니다. 신촌성결교회의 아낌없는 배려와 지원과 기도 덕분에 저희 교회는 개척 이후 교단의 3,000여 개 교회 중 65위를 차지할 정도로 지속적으로 부흥을 이루었습니다. 이러한 기적을 이루게 하신 건 전적인 하나님의 은혜였지만, 이 일을 시작한 신촌성결교회에 대한 고마움은 말로 표현 못할 정도로 큽니다. 교회에서 참 멋진 일을 해 주셨다고 생각합니다. 신촌교회 덕분에 광명 지역이 복음으로 변화될 수 있었음에 감사하고, 앞으로도 신촌교회가 교회를 살리고 세우는 교회가 되길 기도합니다.
>
> 광명중앙교회 조남국 원로목사 인터뷰

교회 세우는 일은 계속 이어졌다. 특히 교회 창립 50주년이자, 교단 100주년을 기념해 교회 개척 사업에 열정을 쏟았다.

교회가 교회를 돕는 일은 계속되고 있다. 박노훈 목사가 부임한 뒤 2018년부터 시작한 '함께 세움 프로젝트'는 전국에 있는 여러 작은 교회를 섬기는 프로젝트로, 주일에 진행했다. 작은 교회의 가장 큰 난제는 성도가 부족하다는 것이다. 이에 성도들은 주일예배를 마친 뒤 작은 교회로 가서 함께 예배를 드리고 예배 후엔 일손을 도왔다. 이는 교회에 큰 힘과 용기를 주었고 교회와 교회의 연대를 강화시켜 성장의 기반이 되었다. 코로나로 어려워졌을 때는 작은 교회의 월세를 지원하면서 지속적인 연대를 유지했다.

교회를 분리·개척하는 일뿐만 아니라 교회가 교회를 도울 수 있는 방법은 다양하다. 하나님은 다양한 방법을 통해 돕는 힘을 허락하셨다. 신촌성결교회는 가능한 모든 방법을 동원해 교회가 교회를 돕는 디아코니아를 실천하며 함께 세워져 가고 있다.

신촌성결교회 지교회 창립 현황

연도	지교회	연도	지교회
1975. 3. 23	1차 성산 지교회 (마포구 성산동 성산교회)	2005. 1. 20	8차 목포 예향 지교회 (전남 목포)
1986. 6. 2	2차 송탄 지교회 (경기도 송탄시 서정동)	2005. 10. 6	9차 광주 광산벧엘 지교회 (광주광역시)
1990. 5. 20	3차 광명중앙 지교회 (광명시 하안동)	2005. 12. 13	10차 새홍성 지교회 (현 대포교회, 충남 홍성)
1998. 11. 27	4차 봉교리 지교회 (현 당진전원교회, 충남 당진군)	2006. 7. 13	11차 에덴 지교회 (김포 월곶면 포내리)
2003. 11. 9	5차 상암열방 지교회 (서울 마포구 상암동)	2007. 1. 29	12차 원주 양문 지교회 (강원 원주)
2004. 2. 3	6차 부산 예원 지교회 (부산 사상구 모라동)	2007. 12. 9	13차 은혜교회 개척 봉헌 (서울 상도동)
2004. 9. 14	7차 서산 시온 지교회 (충남 서산)	2015. 2. 22	14차 세움 지교회 분립 개척 (서울 송파구)

코이노니아의 실천

몸의 지체가 나뉠 수 없고 한 몸으로 연합하는 것이 교회이기에, 예수님도 그토록 '하나 됨'을 강조하셨다. 연합은 교회가 가져야 할 덕목이자 세상에 영향을 끼칠 수 있는 미덕이다. 세상의 어떤 모임도 교회처럼 사랑할 수 없다.

> 곧 내가 그들 안에 있고 아버지께서 내 안에 계시어 그들로 온전함을 이루어 하나가 되게 하려 함은 아버지께서 나를 보내신 것과 또 나를 사랑하심같이 그들도 사랑하신 것을 세상으로 알게 하려 함이로소이다 | 요 17:23 |

신촌성결교회는 하나 됨을 향한 예수님의 뜻을 새기며 교회와 교회, 교단과 교회, 성도와 교회의 연합을 실천해 왔다. 이는 역대 담임목사들이 추구한 목회의 방향과도 일치하는데, 연합의 아름다운 모습이 가장 잘 드러난 것은 성결교단 100주년 기념사업에서였다.

2007년은 성결교단 창립 100주년이 되는 해로, 기성 총회장인 이정익 목사가 100주년 기념사업 준비위원장을 맡았다. 이 땅에 성결교가 뿌리내린 지 1세기를 맞이하게 됨을 감사하며 교회와 성도는 기쁜 마음으로 동참했다. 100주년을 앞두고 교회는 기독교의 관계를 돌아보고 교단의 과거를 반성하며 역사적 의미를 계승하기 위해 3·1운동 100주년 기념예배, 학술대회를 열기로 했다. 특히 교회는 예성과 기성의 통합을 위해 온 성도가 기도했다. 일제시대와 한국전쟁을 지날 때까지도 갈라질 틈이 없던 교계에 신학 논쟁과 여러 사안에 대한 이견이 생기면서 지금까지도 분열되어 있음을 아파하며 선교 100주년을 통해 하나 되길 기도로 준비했다. 안타깝게도 통합은 이루어 내지 못했으나 언젠가 하나님이 하시리라 믿으며 100주년 대회에 임했다.

잠실경기장에서 열린 100주년 기념대회에는 9만여 명의 성결교인이 참석했다. 전국에서 온 성도들은 100주년 기념대회를 통해 지난 100년간의 성결교단 역사가 하나님의 은총이었음을 고백했다. 또한 새로운 100년을 위해 헌신을 다짐했다. 그리고 지금까지 개인의 성결을 강조했다면 앞으로는 사회를 건강하게 만들고 복음의 공적 차원을 안고 민족과 역사 앞에 당당한 교회가 될 것을 다짐했다.

100주년 기념대회를 진행하는 과정에서 신촌성결교회는 거의 모든 분야에 적극적으로 참여하고 헌신했다. 다른 교회의 도움을 받아 시작한 미약한 교회가 반세기 만에 대형 교회가 된 만큼 하나님의 은혜와 역사가 큰 교회임을 아낌없는 헌신으로 보여 줬다. 이는 곧 교단에 귀감이 되었고, 교회의 자부심이 되었다.

신촌성결교회는 여전히 교회와 교회, 교단과 교회의 코이노니아를 지향한다. 형제가 연합함을 가장 기뻐하고 아름답게 보시는 하나님의 뜻을 좇아 교회와 교회, 교단과 교회, 교계와 교회, 성도와 교회가 하나 되는 일을 위해 최선을 다하고 있다.

지역이 함께하는 문화 공간

교회로 놀러 오는 이들이 생기기 시작했다. 교회가 지역사회에 문을 열면서 생긴 현상이다. 신촌성결교회는 지역과 함께하는 교회가 되기 위해 교회의 문을 과감히 열었다. 신앙을 갖지 않는 이들이 교회를 찾아올 수 있도록 배움의 장을 마련한 것이다.

연령과 세대를 초월한 전인교육과 평생교육을 지향하며 시작된 신촌 아카데미[39]는 저렴한 비용으로 배움의 기회를 제공했다. 소식을 듣고 찾아오는 이들이 많아지면서 커리큘럼도 다양해졌다. 서예, 풍선아트, 웰빙댄스, 닥공예, 리본아트 등 취미 활동을 비롯해 어르신을 위한 게이트볼과 바둑, 탁구 등의 스포츠 강좌도 있다. 이외 초보생활영어와 어린이영어회화, 중국어 등 아이들을 위한 토요 프로그램을 갖추면서 지역 주민들이 교회로 모여들었다. 누구나 자유롭게 와서 배울 수 있는 공간이 되면서 교회에 대한 인식은 좋아졌고 자연스럽게 신앙을 갖게 된 이들도 생겨났다.

신촌 아카데미를 통해 의미 있는 배움의 기회도 제공했다. 고운소리 프로그램은 고도난청으로 인해 말을 배우지 못한 어린이들을 위한 말하기 교육으로, 특수장치를 통해 1대1로 듣고 말하기 교육을 한다. 실제로 이 프로그램을 통해 고도난청으로 어려움을 겪던 아이들의 입이 열려 모두의 기쁨이 되었다. 2004년 이후 신촌 아카데미는 조금씩 변화를 거쳐 지금은 65세 이상 어르신들을 위한 평생교육 과정으로 정착되었다.

열린 교회가 되기 위한 교회의 노력은 이어졌다. 이는 성봉채플의 봉헌과 함께 구체화되었는데 매개체는 음악이었다. 2011년 성봉채플이 아름답게 완공되면서 교회는 큰 잔치를 계획했다. 세계적인 지휘자 금난새

---

39 2004년 4월 17일 개원

씨와 오케스트라를 초청하여 교회 성도는 물론이고 지역 주민 모두가 교회에서 수준 높은 음악회를 즐길 수 있도록 했다. 새로 지은 예배당은 공연장을 방불하는 사운드를 선사했고 오케스트라의 공연은 모두에게 감동을 주었다. 이 음악회를 통해 교회의 품격이 높아지는 것은 물론이고, 교회를 향한 인식도 달라졌다.

음악 콘서트를 통한 뜨거운 반응에 힘입어 얼마 뒤 서울팝스오케스트라를 초청하여 신촌 열린음악회의 열기를 이어 갔다. 이후 러시아 볼쇼이극장 솔리스트 초청, 정명훈 지휘의 서울시립교향악단 초청 등 국내외 유수의 음악인들을 초청해 성도와 지역 주민들에게 문화 예술을 즐기는 시간을 제공했다.

교회를 다녀간 많은 오케스트라와 음악팀은 물론 객석의 주민들은 성봉채플의 음향 시스템에 매우 만족해했다. 이후로 음악을 즐기기 위해 교회로 오는 이들이 점점 늘어났다. 신앙의 유무를 떠나 음악이라는 매개체로 교회의 문턱이 낮아진 것이다.

음악을 통한 교회 문턱 낮추기는 계속되었다. 2015년에는 안면장애 환우 수술 지원을 위한 뉴러시아 국립 심포니 오케스트라 초청 열린음악회를, 2018년엔 세계 3대 오케스트라로 불리는 뉴욕 필하모닉 앙상블과 국내 최초 다운증후군과 지적장애인들로 구성된 퓨전 아티스트 그룹 프리즘 앙상블이 함께하는 콘서트를 열었다. 국경과 장애를 뛰어넘는 사랑의 메시지가 울려 퍼지는 이 사랑 콘서트에는 마포 지역 장애인, 복지기관 관계자들을 포함해 1,500여 명의 지역 주민이 함께했다.

지역사회와 함께하는 음악 콘서트는 지금까지 진행되고 있다. NGO 기관인 글로벌비전과 함께하는 나눔 콘서트를 통해선 수익금 전액을 작은 교회 후원과 구호단체 지원에 사용했다. 라트비아 건국 100주년 기념 음악회는 지역 주민들이 다양한 문화를 즐기는 시간이었다. 그밖에 작은 교회 목회자들을 초청해 희망 음악회를 열기도 했다.

음악 콘서트는 다양한 형식과 이름으로 변화를 주며 음악을 통해 희망을 전하고 있다. 음악회를 통해 교회의 품격이 높아진 것도 있지만 더욱 의미가 있는 것은 지역사회와 교회가 친근하게 결속되었다는 점이다.

신촌 나눔콘서트 (2015년, 성봉채플)

지역과 상생하다

"하늘에는 기쁨, 땅에는 평화."

성탄절은 믿는 자들이 기쁨을 나누는 날이기도 하지만 그리스도의 사랑을 나누는 날이기도 하다. 교회는 창립 이후 성탄절이면 성탄 고유의 의미를 되새기며 선한 일을 해 왔다. 특히 창립 초기부터 성탄절을 맞아 세브란스 병원에서 시작한 새벽송은 성도들에겐 잊지 못할 추억이 되었다. 아프고 힘든 이웃에게 희망의 빛으로 오신 예수를 전하며 그들의 아픔에 동참할 수 있었다.

시간이 지나면서 교회는 성탄절을 맞아 어려운 이웃을 구제하는 일을 시작했다. 가장 낮은 모습으로 오신 예수님을 본받아 어려운 곳에 사랑과 나눔을 흘려보내자는 의미로 어려운 이웃을 찾아 쌀을 보내고 선물, 위로금 등을 나누며 지역 주민들과 함께하기 위해 노력했다.

이러한 노력에도 지역사회와 갈등을 빚는 상황은 일어났다. 노고산동으로 이전한 뒤 교회는 부흥가도를 달렸고 그로 인해 교육관을 짓고, 비전홀 등 크고 작은 건축을 해야만 했다. 점점 밀집도가 높아 가는 도심 속에 위치한 교회인지라 주변 상권에서 건축에 대한 불만과 민원을 제기했다. 그때마다 교회는 적극적으로 대화에 나서 갈등을 풀곤 했다.

2008년 성봉채플 건축이 결정되면서 상황은 더 어려워졌다. 변해 가는 시대와 환경에 부응해 건축이 불가피했다. 그러나 신촌이 완벽한 상권 중심 지역으로 변화됨에 따라 주변 상권의 반발이 예상됐다. 2009년 1월, 착공과 함께 민원이 발생하기 시작했다. 이미 민원에 대비해 건축위원회가 주민설명회를 열고 소통에 힘썼음에도 지역의 반발을 잠재우지 못했다. 특히 교회 주차장은 진입로를 설계하는 과정에서부터 논의와 협의를 수차례 진행했고 그렇게 해서 건축 허가까지 난 상황이었지만 반발에 부딪쳤다. 매우 난감했다. 하지만 교회는 신속하게 대응했다. 어떤 상황에서도 지역과 갈등을 빚지 않는 은혜로운 건축을 목표로 주차장 방향을 과감히 바꾸기로 한 것이다. 조금 불편하더라도 감수하고 지역과 평화를 누리는 게 맞다는 판단이었다. 다행히 지역과의 갈등을 초기에 마무리 지을 수 있었다.

이후 2년 넘게 진행된 공사 중에도 민원이 발생했다. 아무리 조심한다고 해도 불편한 상황이 생길 수밖에 없음을 알기에 건축위원회는 지역을 돕는 방법을 적극적으로 고민했다. 돌아보니 노고산동으로 교회를 이전한 지 30년이 넘어가는데 정작 지역을 위해 봉사한 일이 많지 않았다는 사실을 자각하고 민원분과위원회와 쟁점분과위원회의 주도하에 지역 청소, 클린 지킴이를 시작했다.

토요일 아침, 조끼를 입은 성도들이 교회 앞에 모였다. 장갑을 끼고 청소도구를 쥐고 주변 거리를 다니며 청소를 시작했다. 신촌 거리의 아침은 어두움을 그대로 드러냈다. 성도들은 거리 구석구석을 다니며 쓰레기를 줍고 환경을 정화했다. 부족한 일손이었지만 모두가 지역을 위해 기도하는 마음으로 봉사에 임했다.

처음엔 보여 주기식 이벤트라고 여겨 좋지 않은 시선으로 보던 주민들이 매주 토요일 어김없이 거리로 나와 청소하는 성도들의 모습을 보고 차츰 시선이 달라졌다. 조끼 입은 교회 성도들의 클린 지킴이 활동을 주의 깊게 지켜보는가 하면 응원도 했고 나중에는 교회가 모범이 된다는 피드백을 보냈다. 그러면서 민원도 잠잠해졌다. 이 클린 지킴이 활동은 그때 이후 지금까지 이어 오고 있다.

클린 지킴이 활동을 통해 지역과 화합하게 되자 교회는 지역 상권과 상생하기 위한 캠페인을 벌였다. 성봉채플이 건축되는 동안 교회의 식당 운영이 불가능했기에 건축 기간 동안 인근 상권을 이용하도록 권장하는 캠페인이었다. 캠페인이 진행되자 성도들은 가능한 인근 식당에서 식사를 하고 차를 마시고 물품을 구입하는 등 지역 상권을 통한 적극적인 소비에 나섰다. 성도들의 적극적 참여로 주변 상권도 활성화되었다. 교회가 나서서 적극적으로 소비를 권장하니 지역에서 교회를 바라보는 시선이 당연히 좋아졌다.

이 캠페인은 건축이 완성된 이후에도 계속되었다. 이제는 교회 내에 식당을 운영하지만 매달 둘째 주는 '이웃사랑의 날'로 정해 교회 식당의 문을 닫고 인근 상권을 이용하고 있다. 교회가 지속적으로 주변 상권과 함께하겠다는 의지를 보이니 자연스럽게 지역과 상생하는 교회라는 평가를 받게 되었다.

성봉채플 건축 후 신촌나누미라는 사회적 기업을 만들었다. 신촌나누미는 교회 내 수익사업인 카페, 주차장, 결혼식, 식당 등을 운영 관리한다. 이때 사회적 기업의 취지에 맞게 지역 인력을 채용하고 지역 제품을 사용하여 교회가 지역과 함께하는 데 최선을 다했다.

그러고 보면 성봉채플 건축이 지닌 의미는 크다. 100년을 바라보는 미래지향적인 건축이라는 점도 있지만 건축 과정을 통해 교회가 지역과 상생하는 교회 공동체라는 사실을 확고히 인식시켰기에 더욱 그렇다.

이외에도 교회는 기관과 적극적으로 상생했다. 교회가 소속된 마포구청에서 이웃 돕기를 요청하면 적극 지혜를 모아 행동에 나섰다. 소년소녀가장을 실질적으로 돕는 방안으로 월세방을 구해 주는 지원을 했고, 구청 측에서 아이들을 위한 교육기관의 필요를 의논했을 때 키움관 1층을 키움어린이집으로 내주고 교회가 위탁 운영을 했다.

농촌과의 상생도 꾀했다. 단순히 농촌 지역의 미자립교회를 후원하는 것을 넘어 적극적으로 상생할 방법을 고민하며 농촌 살리기 운동을 펼쳤다. 해마다 방법은 조금씩 달라졌다. 재정적인 지원과 함께 매년 추수감사절이 되면 지역 주민들이 생산한 농산물과 과수 등을 직거래하는 등 교회와 교회, 성도와 성도가 상생하는 길을 찾았다. 농촌과의 상생은 지금까지도 이어지고 있다.

생명을 나누다

가장 위대한 사랑은 생명을 주는 것이다. 하나님의 우리를 향하신 사랑은 독생자 예수님을 이 땅에 내어주신 사랑이다. 예수 그리스도는 생명을 나눔으로 위대한 사랑을 보이셨다. 교회는 그 사랑에 반드시 응답해야 한다.

2005년 1월, 아천홀에서는 교회 창립 50주년 기념 예배가 진행되고 있었다. 설교자로 나선 이정익 목사는 온 성도를 향해 간절한 메시지를 전했다.

"장기기증은 생명을 살리는 일입니다. 우리에게 생명을 주신 예수 그리스도를 본받아 우리도 그 사랑을 나눠 주어야 합니다. 그것이 진정한 성결로 가는 일임을 믿습니다. 사후기증을 통해서라도 생명 나눔에 동참하시길 부탁드립니다."

본당에 모인 성도들은 간절한 호소에 공감하면서도 선뜻 나서지 못했다. 다시 한번 단호한 선포가 이어졌다.

"저와 사모가 먼저 나서겠습니다. 저희 부부는 이 자리를 빌려 장기와 시신을 기증할 것을 선언합니다."

담임목사의 이 같은 선포에 예배당이 술렁이더니 곧 놀라운 일이 벌어졌다. 주저하던 이들이 하나둘 결심한 듯 장기기증에 서약하기 시작한 것이다. 그날 예배에 참석한 3,200명의 성도 중 1,750명이 장기기증 서약식에 동참했다.

이날 교회에서 시작된 장기기증운동은 전국 교단으로 번져 나갔다. 성결교 43개 지방회 회장단이 모여 기증서약을 하면서 형제교단인 예수교대한성결교회가 동참했다. 그러자 장로교 합동 측이 함께하는 등 장기기증운동이 확장되었다.

이 운동은 2007년 성결교 창립 100주년 기념행사에서도 펼쳐졌다. 이정익 목사는 기성 총회장으로서 100주년 기념을 총괄하면서 상기기증운동을 강조했다. 장기기증이야말로 그리스도인이 세상에 줄 수 있는 가장 값진 선물이며, 자신의 몸을 떼어 준 예수님의 사랑을 실천하는 것이라고 참여를 독려했다. 100주년 기념행사에서 진행된 장기기증운동은 대사회적 성결의 상징으로, 100개 교회, 1만 2천 명의 성도가 참여하는 결과를 낳았다.

성결교단의 생명나눔운동은 교회로부터 시작한 사회적 운동으로서 선한 영향력을 끼치며 교회의 정체성을 확실히 알렸다. 과거 개인의 성결을 위한 순교의 역사를 지나 사회적 성결을 지켜 내기 위한 시대적 소명을 실천한 것이기 때문이다.

생명나눔운동은 1990년대 초 시작된 헌혈운동에서 파생되었다. 당시 언론을 통해 환자들을 위한 피가 모자라 매혈까지 이루어지고 있다는 사실이 보도되자, 성결교회가 부활절과 추수감사절에 헌혈운동을 대대적으로 시작했다. 피가 부족한 사회, 부족한 피 때문에 매혈이 이루어지는 일은 막아 보자며 성도들이 피를 나누기 시작했고, 신촌성결교회 역시 헌혈운동에 동참했다. 1994년부터 시작한 헌혈은 매년 1-2회씩 정기적으로 진행되었고, 해마다 100명 안팎의 성도들이 꾸준히 참여했다.

헌혈운동이 생명나눔운동으로 확장되었을 때도 교회의 사회적 역할, 사회적 사명을 상기하며 사회적 성결운동에 본을 보였다. 장기기증운동 역사상 최고의 참여 기록을 남길 정도로 생명을 나누는 일에 솔선했다. 헌혈운동은 사회적 이목을 끌며 확장되었는데 이른바 '대한민국 피(血)로 회복' 캠페인을 펼친 것이다. 2020년 15개 교회 목회자들의 모임인 '사귐과 섬김'에서 시작된 것으로, 초교파적인 생명나눔운동이라는 점에서 의미가 있다.

코로나19의 여파로 헌혈 수급이 어렵다는 소식에 교회가 팔을 걷어붙이고 나섰다. 신촌성결교회를 비롯한 선한목자교회, 지구촌교회 등 의식 있는 교회들이 사회적 소명을 안고 헌혈 캠페인을 벌였고 성탄절부터 부활절까지 지속적으로 헌혈을 이어 갔다.

사순절 기간에 맞춰 헌혈 캠페인을 진행한 신촌성결교회는 2주 동안 아천홀 앞마당에 헌혈버스를 주차시키고 주일예배에 참석한 성도들에게 참여를 독려했다. 코로나 기간이었음에도 많은 성도들이 헌혈운동에 참여하며 아름다운 동참을 보여 주었다.

피로 회복 캠페인은 큰 성과를 거두었다. 각 교회들의 적극적인 참여로 부족한 혈액이 많이 채워졌고, 교회가 사회의 어려움에 적극 나섬으로써 사회의 본이 되었다. 성도들은 난치병 돕기에 조금이나마 도움을 줄 수 있음에 오히려 감사했다. 모두에게 유익한 일이었다.

연세의료원과 한마음혈액원의 협력하에 진행된 이 캠페인은 2020년부터 해마다 이어지고 있다. 2023년 캠페인에는 '피로 회복 for kids'를 진행하여 어린이들의 사랑 나눔을 실천하는 등 아이로부터 어른에 이르기까지 예수 그리스도의 십자가 고난을 묵상하는 사순절에 생명을 나누는 사랑을 실천하고 있다.

담장을 넘는 무성한 가지

"목사님 말씀을 듣는데 마음 깊은 곳에서 큰 울림이 생겼습니다. 쓰나미로 인해 모든 것을 잃은 이들이 너무도 안타까웠고 그들을 돕는 게 그리스도인으로서 당연한 사명이라는 생각이 들었습니다. 많은 성도들도 비슷한 마음이었는지 교회가 진행하는 재난구호에 자발적으로 나섰고, 인도네시아 주민들에게 부족하나마 집을 지어 줄 수 있었습니다. 이런 국가적인 재난이나 사회적 어려움 앞에 적극적으로 나서서 사랑을 전하는 교회가 우리 교회라는 사실에 자부심이 느껴집니다."

2005년, 인도 첸나이 지역에 '집 지어 주기 프로젝트'에 헌신한 성도의 고백이다. 쓰나미라는 단어조차 생소하던 때, 인도 첸나이 지역에 거대한 쓰나미가 몰려들며 지역이 초토화되었다. 도로가 붕괴되고 집이 무너지고 많은 사상자가 발생하는 자연재해 앞에서 속수무책이었다.

신촌성결교회는 국가적인 재난 앞에서 전 성도가 기도하는 동시에 도울 수 있는 방법을 고민했다. 가장 시급한 것이 살아갈 터전을 마련해 주는 것이었기에, 단순한 모금이 아닌 쓰러진 집 한 채를 다시 일으켜 세우는 주택 건설 프로젝트를 시작했다. 성도들은 자발적으로 집 한 채 짓는 데 필요한 한 구좌 한 구좌를 심기 시작했다. 성도들의 신속한 헌신으로 주택 50채 지을 비용 1억 7,300만 원이 모아졌고, 2007년 새로 건설된 주택이 주민들에게 제공되었다. 더 나아가 2년 뒤 2차로 주택 50채와 첸나이 마을 공동회관과 선교센터를 지어 주었다.

교회는 신음하는 곳으로 먼저 달려가야 한다. 상처 입은 자들을 돌보고 아픈 자의 눈물을 닦아 주는 소명을 안고 세대와 국경을 초월해 달려가야 한다.

신촌성결교회는 이러한 사명에 즉각 반응했다. 인도 첸나이 지역 외에도 국가적인 재난이 발생했을 때 앞장서 긴급 구호에 나섰다. 이란에 지진으로 인한 참사가 났을 때 성금을 모아 보냈고, 태안 기름 유출 사건이 발생했을 땐 교회 차원에서 자원봉사자들을 모집해 기름 제거 작업을 하러 갔다. 이렇듯 교회는 재정과 인력을 동원해 재난 상황에 빠르게 대처했다.

2023년 튀르키예와 시리아에 지진으로 수많은 이재민이 발생했다. 이때도 교회는 긴급 구호 모금의 첫 주자로 나섰다. 성도들의 자발적인 헌신과 참여, 교회의 의지로 긴급 구호금 5,000만 원을 모아 전달했다. 이는 2주 만에 이뤄 낸 성과로, 창립 이후 사회와 민족과 세상에 닥친 재난에서 구호의 골든타임을 놓치지 않기 위해 빠르게 반응했던 교회의 저력을 보인 사례이기도 하다. 긴급 구호가 아니더라도 교회는 담장을 넘어 도움의 손길을 보태고 있다. 특히 국제구호단체와 함께 사랑을 흘려보내는 일에 적극적으로 참여하고 있다. 월드비전과 함께하는 글로벌 6K 캠페인이 대표적이다. 월드비전은 정진경 목사가 이사장을 지낸 것을 시작으로 이정익 목사가 이사로 활동하는 등 교회와는 인연이 깊은 국제구호단체다. 2020년 박노훈 목사가 월드비전 최연소 이사장에 임명되면서 더욱 긴밀한 관계가 되었다. 특히 해외 선교 사역을 활발히 진행하면서 월드비전의 사역과 연결되는 부분이 많았다.

글로벌 6K는 코로나가 한창이던 2021년에 시작되었다. 깨끗한 물을 얻기 위해 매일 평균 6km를 걷는 아프리카 아이들을 대신하여 걷고 달리면서 깨끗한 물을 기부하는 글로벌 기부 캠페인이다.

이 마라톤을 통해 아프리카 식수 상황을 알릴 수 있고, 참가 비용의 일부는 실제 식수 환경을 개선하는 데 사용되기 때문에 교회 성도들은 이전과 다른 차원의 나눔을 경험할 수 있었다. 이른 새벽에 모여 예배하고 즐겁게 걷고 달리면서 지구 반대편 아이들에게 깨끗한 물을 제공할 수 있다는 건 새로운 도전이었다. 다양한 방법으로, 시간과 공간을 초월해 그리스도의 사랑을 전할 수 있다는 사실은 나눔의 새로운 문을 여는 일이었기에 지금도 기쁜 마음으로 동참하고 있다.

> 코로나가 한창 유행하여 비대면으로 진행되던 2021년 1회 글로벌 6K 캠페인부터 지금까지 물 부족으로 고통받는 아프리카 아이들을 생각하며 보내 주시는 성도님들의 따뜻한 마음과 손길, 기도와 즐거운 참여에 매번 깊은 감동과 울림을 받았습니다. 매년 많은 성도님이 캠페인에 참여해 주시는 가운데 몸이 불편하거나 개인적인 사정으로 당일 참여를 못하심에도 불구하고 묵묵히 응원과 후원을 통해 나눔을 실천해 주시는 분들, 6K 물품과 더불어 특별한 이벤트를 위해 고민하고 헌신하시는 교역자와 행사위원회 등 교회의 노고와 헌신은 큰 감동으로 다가옵니다. 늘 한결같은 마음으로 월드비전과 함께해 주심에 감사드리며 앞으로도 좋은 파트너십으로 구호 활동에 임하는 사랑의 교회가 되길 기도합니다.
>
> 최종훈, "함께하는 글로벌 6k, 커져 가는 기쁨과 감사", 〈신촌라이프〉(2023년 겨울호)

교회는 사회적, 국가적인 어려움을 외면하지 않고 돕기 위해 노력하고 있다. 이것이 사회적 성결을 위해 나아가는 성결교회의 사명이자 우는 자들과 함께 우는 교회의 정신이기에, 담장을 넘는 교회의 사역은 무성해지고 있다.

글로벌 6K 캠페인

'함께'다 '가치'

2016년 박노훈 목사가 부임하면서 교회의 나눔 사역은 전체적인 틀을 견고히 세웠다. 교회, 지역, 이웃과 구체적으로 나누는 사역을 지향하며, '함께'와 '가치'를 추구했다. 특히 노숙인 · 장애인과 함께하는 사역을 통해 낮은 곳을 향하는 그리스도의 사랑의 가치를 실천하고 있다.

노숙인 선교는 2004년 을지로 지역에서 2남 전도회 회원들을 주축으로 주 2회 예배와 음식 봉사로 시작되었다. 거리에서 생활하는 이들에게 그리스도의 사랑으로 다가가 복음을 전하고 음식을 나누며 위로를 전했고, 2008년부터는 현재 을지로 기업은행 본점 옆 지하차도에서 매주 금요일 예배와 봉사를 담당하고 있다. 새생명나눔재단과 함께 생활용품과 간식을 나누어 주며 따뜻한 온기를 베푸는 노숙인 선교는 낮은 곳으로 향하는 교회의 아름다운 발걸음이 되고 있다.

추우나 더우나 많은 분들이 노숙인 예배에 함께하는 모습이 너무도 아름답습니다. 비록 여러 형편으로 교회 출석을 하지 못하고 가정과 사회생활이 원활하지 못한 분들이지만 예배를 통해 성령님이 역사하셔서 상처가 치유되고 곤궁한 처지에서 벗어날 힘과 능력과 용기를 가지며 나아가 예수님을 영접할 기회를 갖기를 기도하고 있습니다. 노숙인 형제자매들은 길 잃어버린 한 마리 양입니다. 우리가 찾아가서 구원하고 기쁨을 나누어야 한다는 사명을 가지고 그 명령을 따르고 있습니다. 이를 위해 교회 성도들의 후원과 처음부터 자리를 지키며 섬겨 온 봉사자들의 헌신에 감사합니다.

김남훈, "길 잃은 한 마리 양을 위해", 〈신촌라이프〉 (2018년 11·12월호)

장애인 부서가 없는 교회가 많은 가운데 용기 있게 시작한 '사랑의 담쟁이' 사역은 장애인과 그들의 가족에게 희망이 되고 있다. 장애로 인해 교회를 멀리하게 된 이들이 다시 돌아왔고 신앙을 갖는 일조차 어려웠던 이들이 소망을 얻었다.

사랑의 담쟁이 사역은 여러 봉사자들이 함께하고 있다. 중보기도로 섬기는 중보기도팀을 비롯해 장애아동 개별화 예배 도움 계획(ISP)을 수립하고 봉사자 교육을 담당하는 전문가팀과 교육팀, 예배자를 1대1로 돕는 교사팀과 공연과 홍보를 담당하는 공연기획팀, 모든 과정을 운영 · 조율하는 운영팀이 사역을 돕고 있다.

장애인 인권을 위해 나서는 이들을 보며 왜 굳이 저렇게까지 할까 생각하던 때가 있었습니다. 하지만 제 아이가 장애를 가지고 태어나면서 상황이 달라졌습니다. 중학생이지만 정신연령이 5-6세이기에 예배에 집중하기 어려웠고 그로 인해 온 가족이 점점 교회로부터 멀어지게 되었습니다. 하지만 사랑의 담쟁이를 통해 아이가 달라졌습니다. 봉사자 선생님과 예배하면서 아이가 "예수님이 좋아요"라고 고백하던 때의 감동은 잊을 수 없습니다. 우리 아이뿐만 아니라 담쟁이 아이들이 예배마다 은혜를 고백했고 서로의 삶을 나누었습니다. 비록 장애를 가지고 태어나 지치고 슬프고 눈물 날 일 많지만, 하나님과 교회, 봉사자분들의 섬김, 담쟁이 가족 공동체를 통해서 도움을 주고받는 기쁨을 누리며 사는 이것이 행복이고 하나님의 뜻이라고 고백하는 담쟁이 가족들, 또 섬김을 통해 받는 은혜와 감동이 크다고 말하는 봉사자들의 귀한 고백 속에서 지금도 주님이 일하고 계심을 느낍니다.

이다희, "사랑의 담쟁이", 〈신촌라이프〉(2022년 여름호)

교회는 다양한 사람들이 모이는 공동체다. 당연히 차이가 존재하고 문제가 생길 수 있다. 이때 교회가 해야 할 일은 차이와 갈등을 넘어서 주 안에서 같은 마음을 품어 하나 되는 것이다. 이것이 세상과 구분되는 지점이다.

하나 됨은 교회의 핵심이다. 신촌성결교회는 교회의 하나 됨을 추구하며 담장을 넘는다. 차이와 다름의 벽을 넘어 지역과 사회, 이웃에게 교회다움을 실천하고 있다. 물론 하나가 된다는 건 어렵고 힘들다. 그래서 더욱 낮고 겸손하게 담장을 넘어가고 있다.

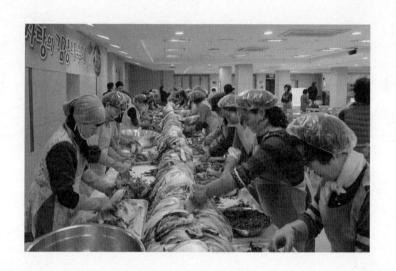

사랑의 김장 나누기 행사

7장

WOW!
다음 세대로(路)

그러나 너는 배우고 확신한 일에 거하라 너는
네가 누구에게서 배운 것을 알며 또 어려서부
터 성경을 알았나니 성경은 능히 너로 하여금
그리스도 예수 안에 있는 믿음으로 말미암아
구원에 이르는 지혜가 있게 하느니라

딤후 3:14-15

마땅히 행할 길을 아이에게 가르치라
그리하면 늙어도 그것을 떠나지 아니하리라

잠 22:6

아이들을 모아 오라

보스턴에 있는 마운트버넌 회중교회의 주일학교 교사인 킴벌(Edward Kimbal)은 구둣방에서 일하고 있는 자기 반 학생을 방문했다. 구둣방 작은 창고에 앉아 학생에게 말씀을 가르치면서 말했다.

"하나님은 너를 사랑하신단다."

이 말이 학생의 가슴에 꽂혔고 그리스도를 진짜로 믿게 되었다. 이 가난한 학생이 훗날 세계적인 부흥사가 되어 미국을 감동시킨 무디다. 회심하고 전도자가 된 무디는 20여 년 뒤 런던에서 큰 집회를 열었다. 그때 집회에 참석했던 메이어(F. Meyer)가 주님을 영접한 뒤 목사가 됐고, 메이어를 통해 YMCA에서 일하던 채프먼(J. Chapman)이 주께로 인도되었다. 채프먼은 야구선수였던 빌리 선데이(William Ashley Sunday)에게 성경을 가르쳤고, 훗날 전도자가 된 선데이는 노스캐롤라이나 집회에서 단 한 명의 소년을 주께로 인도했다. 16세의 그 소년이 전 세계적인 부흥사 빌리 그레이엄(Billy Graham)이다.

한 주일학교 교사에 의해 전해진 복음의 씨앗은 놀라운 신앙의 계보를 이어 갔다. 이는 위대한 신앙이 주일학교에서부터 시작되었음을 보여 주는 서사다.[40]

이 땅에 복음을 들고 온 선교사들이 가장 먼저 세운 것은 학교다. 교육을 통해 민족의 정신과 생활을 개혁시키고자 한 것인데, 그 영향을 받은 것이 주일학교다. 이후 근현대사를 지나며 교계의 변화에 따라 침체되기도 했지만 1950-1960년대 들어 기독교 교육의 필요성이 부각되면서 주

---

40 신성남 기자, "한 주일학교 교사가 시작한 일", 〈뉴스앤조이〉(2009년 12월 28일)
https://www.newsnjoy.or.kr/news/articleView.html?idxno=29245

일학교가 살아나기 시작했다. 신촌성결교회의 주일학교도 그즈음 시작되었다.

"아이들을 모아 오라."

교회를 시작하면서 이성봉 목사가 한 말이다. 어린아이들이 예수께 오는 것을 금하지 말라던 성경의 말씀처럼 교회는 아이들과 함께 시작되었다. 영단주택에 모인 어른 성도 몇과 전도되어 온 여덟 명의 아이들이 교회의 첫 성도였다. 주일학교가 그때 태동한 셈이다.

열악한 교회였지만 아이들에게는 인기였다. 서울로 모여들던 사람들이 신촌 곳곳에 달동네를 이루고 살면서 갈 곳 없고 놀거리가 부족한 아이들이 교회로 몰려왔다. 교회는 아이들에게 최고의 놀이터였던 셈이다.

주일학교는 두 가지 요건이 충족되어야 한다. 아이들과 그 아이들을 가르칠 교사인데 다행히 하나님의 은혜와 축복으로 두 가지 요건이 갖춰졌다. 하나님의 축복으로 매주 아이들이 교회로 몰려왔고, 당시 고등학생과 대학생이던 이성봉 목사의 자녀들이 아이들의 지도를 맡았다. 이후 귀한 청년들이 교회로 와 늘어난 아이만큼 그 자리를 채워 주었다.

청년들이 아이들의 지도를 맡게 되면서 1956년 주일학교가 공식적으로 시작을 알렸다. 출석 통계를 보면 교회 창립 당시 여덟 명이던 아동의 숫자가 1년이 지난 1956년에 100여 명으로 증가했다. 10배가 넘는 부흥이 일어난 것이다.

중고등학생들로 구성된 학생회가 같은 해 11월에 조직되면서 교회는 창립 1년 만에 주일학교, 학생회, 청년부, 장년부 등의 조직을 갖추게 되었다.

1950년대 후반으로 접어들면서 목회자의 잦은 교체로 어려움을 겪기도 했지만 주일학교는 부흥했다. 학생들에 비해 여전히 지도자는 부족했고 교육적인 체계도 부재했지만, 아이들의 신앙교육에 온 교회가 한마음으로 임했다. 마땅히 행할 길을 가르치라는 말씀을 교회는 충실히 따랐다.

초창기 주일학교 예배

교회학교로 도약

시간이 지나면서 주일학교는 점점 부흥했다. 부흥의 은혜와 함께 열악한 환경 개선은 기도의 제목이었다. 벽돌교회가 지어지고 작게나마 교육관도 세워졌지만 여전히 교육 장소는 부족했다. 주일학교의 경우 장년예배를 함께 드린 뒤 흩어져 분반 공부를 하는 식이었는데 매번 자리 전쟁을 해야 했다.

이는 노고산동으로 옮겨 온 뒤에도 계속되었다. 예배 후 분반 공부를 위해 교회 구석구석을 헤매고 다니다 계단에 쪼그리고 앉아 공부를 하는가 하면, 근처 교사의 집에 가서 분반 공부를 하기도 했다.

아이들도 힘들었지만 교사들의 노고가 컸다. 당시 교사들은 교회 내에서 몇 가지 역할을 해내야 했다. 대부분이 청년들 심지어 고등학생들이 주일학교 교사다 보니 주일학교 교사는 물론이고 자기 부서를 위한 봉사도 해야 했다. 이러한 수고를 묵묵히 감내한 이들이 지금도 교회의 든든한 기둥이 되고 있다. 하나님이 교사들의 헌신을 기쁘게 받으셨고 여전히 그들을 하나님의 동역자로 사용하고 계시는 것이다.

주일학교의 성장과 함께 비교적 빨리 여름성경학교[41]를 시작했다. 놀이문화가 부족한 아이들에게 여름성경학교는 선물이었다. 그때만 해도 교회 문화는 세상의 문화를 주도했다. 다채롭고 흥미로운 여름성경학교는 주일학교 부흥에 견인차 역할을 했다.

1970년대 들어서면서 주일학교와 학생회에 지도자가 세워졌다. 지속적으로 학생 수가 늘어나면서 이를 전담할 인력의 필요성을 느꼈기 때문이다. 왕영천 전도사를 학생 지도 전도사로 세우고, 구의병 교육전도사를

---

41 1961년 여름성경학교를 시작한 것으로 추정됨

초창기 여름성경학교 포스터 (1961년)

청빙해 신앙교육에 전문성과 체계를 잡아 나갔다. 구의병 전도사가 2년 뒤 목사안수를 받게 되면서 교회 최초로 교육목사가 세워졌다. 20여 년간 목회자 리더십이 부재하던 주일학교에 반가운 소식이 아닐 수 없었다.

그와 함께 몇 가지 변화가 있었다. 먼저 1973년 9월, 장년부와 학생 예배가 분리되었다. 이전까지는 장년 예배를 함께 드린 다음 개별 활동을 했는데 이때부터 예배도 따로 드리게 된 것이다. 교육부서도 재편했다. 유아부·유년부·초등부로 나누고 학생부는 중등부·고등부로 나누었다. 이러한 구분은 상황에 맞춰 계속 바뀌었다.

주일학교라는 명칭도 교회학교로 바꾸었다(1977년). 이는 교계의 방향성이기도 한 것으로, 주일이라는 한계를 뛰어넘어 교회가 학교가 되어 신앙교육을 하자는 뜻을 담은 것이다.

교회학교 활동도 세분화되고 구체화되었다. 특히 가장 주요 행사인 여름성경학교에 많은 노력을 기울였는데, 부서가 세분화되면서 부서별로 성경학교를 실시했다. 이를 위해 각 부서가 방학 두 달 전부터 준비위원회를 조직해 행사 준비에 들어갔다. 제도권 학교가 삼복더위로 일제히 방학에 들어갈 때, 교회학교는 여름성경학교에 들어갔다.

"흰 구름 뭉게뭉게 피는 하늘에 아침해 명랑하게~."

교회로, 수양관으로 모여든 아이들이 익숙한 여름성경학교 교가를 부르며 여름 천국 잔치를 즐겼다. 예수 그리스도를 배우고, 놀이를 통해 친교하면서 신앙이 심어졌다. 특히 노고산동으로 교회가 이전한 뒤 아천홀 앞마당은 여름성경학교가 진행되는 날이면 아이들이 뛰노는 놀이터가 되었다.

학생부의 여름수련회는 교회학교와는 조금 달랐다. 중고등부는 하기수련회를 통해서 신앙 수련과 친교, 봉사와 헌신의 활동을 했다. 수련회 기간 중 한 끼 식비를 아껴서 난민구호기금으로 전하는 등 의미 있는 구호활동을 펼치기도 했다.

이러한 활동은 수련회 이후에도 이어져 자체적으로 행사를 기획해 그리스도의 사랑을 전했다. 고등부는 매해 자선 음악회를 열고 불우이웃돕기를 이어 갔고 중등부는 대학부와 연합해 결핵 환자촌을 찾아가 봉사활동을 했다. 이렇듯 학생부는 교회 내 연합을 넘어 사랑을 흘려보내는 성숙한 신앙인으로 자라 갔다.

1982년 교육관(키움관)이 봉헌되면서 교회학교는 교육부서를 더 세분화하여 자율적으로 부서를 운영할 수 있도록 했다. 영아부와 소년부를 새롭게 조직한 것도 그 무렵이었다. 그동안 부족한 공간이 교육관을 통해 해소되면서 보다 세밀한 신앙교육을 받도록 한 배려였다.

> 교육관을 건립하면서 교회학교 환경은 좋아졌습니다. 정진경 목사님의 선구안과 자율적인 목회 덕분에 교회학교에도 많은 자율권이 주어졌어요. 그와 함께 교육 프로그램에 대한 관심도 많으셔서 많이 배우고 오도록 하셨습니다. 당시 교육부서 부장들이 어린이 신앙교육 프로그램이 잘되는 교회를 견학하고 배우며 우리 교회에 접목시키는 노력을 많이 했습니다. 교회에서 진행되는 교사교육과 지방회, 교단에서 진행되는 모든 교육에 교회학교 교사들은 아이들을 위해 최선을 다해 참석하여 더 많은 것을 배워 나누려는 열정을 다했어요. 다행히 하나님께서 신학생들을 교회학교에 많이 보내 주셔서 신학적 토대 위에 아이들을 잘 지도해 주셨고, 장년국 청년국 할 것 없이 교회학교를 위해 눈물로 기도하고 섬겨 주신 분들이 있었기에 교회학교가 아름답게 성장해 갈 수 있었다고 생각합니다.
>
> 장석원 원로장로(1970-1980년대 교회학교 부장) 인터뷰

교회학교가 지나온 시간 속에는 많은 이들의 보이지 않은 노력과 기도와 눈물이 들어 있다. 한 영혼을 천하보다 귀하게 여기시는 하나님의 마음, 어린아이가 오는 것을 금하지 않고 기뻐하셨던 예수님의 마음이 담겨 있다. 이런 마음과 진심이 동력이 되었기에 교회학교는 성장할 수 있었다.

꿈이 피어나는 시간들

저와 오빠만 교회에 다니다가 어느 날 엄마 아빠가 교회에 나가게 되면서 온 집안이 예수님을 믿게 되었어요. 이번에 교회에서 모범 어린이 상패를 받게 되었는데 온 집안이 기뻐하셨어요. 열심히 예수님 믿는 언니 오빠들에게 미안하기도 했지만 예수님께 너무 고맙단 생각이 들었습니다. 더욱 예수님을 생각하고 공부하겠다고 생각했어요. 이제는 더 열심히 교회에 다니고 모범이 되겠습니다. 예수님께 잘했다 칭찬받는 어린이가 되겠습니다.

중등부는 동경해 오던 곳이었습니다. 이곳이라면 올바른 신앙생활을 할 수 있을 것 같았는데 정말 모든 것이 새롭고 신기했습니다. 그렇지만 구원받았다는 확신은 받지 못했는데, 2학년 하계수련회 둘째 날 제자들이 모였던 마가의 다락방같이 조그마한 방에 모여 기도드리던 그 밤에 성령의 불꽃이 여기저기에서 일어났고 기도가 터져 나왔습니다. 회개가 줄줄 나왔고 기쁨이 가득 찼습니다. 나를 늘 사랑해 주시고 용서해 주시는 하나님, 그리고 신앙의 벗이 될 수 있는 친구들을 허락해 주신 하나님께 감사했습니다. 구원의 확신을 주신 그 하나님을 주위 사람들에게 전하고 싶습니다.

예수 안에서 자라나는 아이들이 뛰노는 곳, 교회학교에서는 간증이 넘쳐 났다. 더욱 귀한 건 개인적인 신앙 체험을 고백했을 뿐 아니라 복음을 전하는 자로 나아갔다는 것이다. 실제로 어느 해에는 유년부에서 한 해 동안 100여 명을 전도하여 학습자로 만든 놀라운 일도 있었다.

이러한 열매와 함께 1990년을 맞이하면서 교회학교에도 변화가 필요했다. 정체기를 맞고 있었기 때문이다. 교회학교가 정체기를 맞은 건 외부적인 환경 요인도 있었지만 내부적으로도 원인이 있었다. 교회학교 각 부서가 자율적으로 운영되다 보니 통합적인 교육이 아쉽다는 지적이 나오고 있었다. 이는 보다 미래지향적인 교회 교육이 개발되어야 한다는 것을 의미했다.

이에 교회학교는 '교육관'이라는 하드웨어 위에 '교회 교육'이라는 소프트웨어를 새롭게 갖춰 나가기 시작했다. 개방적인 교회학교, 융통성 있는 학습 중심의 교육, 가족 공동체에 생명을 불어넣는 교회교육을 표방하며 새로운 시도를 했다.

특히 학습 공간에 대한 생각을 바꿨다. 1990년대 들어서면서 학습 공간에 대한 효율성이 제기되었다. 공간이 허락될 때 학습자가 사용한다는 이전의 개념에서 학습자의 욕구에 따라 공간이 다르게 설정되어야 한다는 인식으로 바뀌기 시작한 것이다. 이는 학습자를 수동적으로 기다리는 교회에서 학습의 장을 열어 주는 교회로 나아갔음을 의미했다. 이를 위해 교회 차원에서 신촌 아카데미 등 다양한 콘텐츠를 개발하여 학습자가 오도록 시도했다.

교회학교도 이러한 요구에 부응해 활동을 다양화해 나갔다. 2부 교회학교를 신설하고 영어예배부를 시작함으로 예배자의 요구에 따라 공간을 설정했다. 개방적인 교회학교가 될 수 있도록 공간을 효율성 있게 재배치하고 최대한 활용하도록 한 것이다. 또한 융통성 있는 학습 중심의 교육을 위해 교회학교 학생들의 재능을 살리는 교육에 집중했다.

신촌성결교회가 시작되고 얼마 되지 않았을 때 교회학교가 놀라운 일을 해냈다. 창립 이듬해 성탄절 행사로 성결교단에서 동요·동화 경연대회를 개최했는데, 당시 교회학교 학생이 참가하여 1등을 차지한 것이다. 이제 막 시작한 교회로선 큰 경사였고 성결교단 내에서도 한동안 화제가 되었다. 이는 열악한 주일학교를 이끌어 가던 청년 교사들의 눈물 어린 노력과 배우고자 하는 열정이 결합한 결과였다.

과거에 이미 재능교육의 위력을 경험한 교회학교는 변화의 시기를 맞아 다시 한번 성가대 재능교육을 강화했다. 그러자 예배를 섬기는 것을 넘어 대외적인 무대를 통해 아름다운 덕을 세우기 시작했다.

1995년 한민족 어린이 기도의 날 행사의 일환으로 열린 1회 북한 어린이 선교찬양의 밤에 어린이 성가대가 찬양을 통해 영광을 돌렸다. 또한 교단에서 개최하는 성가 경창대회에 초등 소년부 연합성가대가 참가하여 해마다 수상하는 영광을 누렸다. 이는 수상 결과를 떠나 교회학교 아이들의 재능이 헌신의 통로로 쓰임받고 있음을 보여 주는 일이었다.

교회학교는 변해 가는 환경에도 선제적으로 대응해 나갔다. 2000년에 신촌방과후어린이교실 개원과 2003년 토요뮤직캠프를 시행한 것은 주5일 수업이라는 교육환경 변화와 지역사회 변화에 대비한 교회학교의 적극적인 방안이었다.

방과후어린이교실은 맞벌이 부부가 많은 지역의 여건을 고려해 교회에서 방과 후에 어린이들을 돌보기 위해 시작했다. 토요뮤직캠프는 토요휴무가 시작되면서 노래와 악기로 아이들을 섬기기 위해 음악 교육 캠프로 시작했다. 지도하는 교사들의 봉사와 헌신 덕분에 아이들은 자신의 재능을 이용해 봉사하는가 하면 재능을 더욱 발전시켜 나갔다. 이는 교회학교의 큰 자랑이 되었다.

전 교인 편지 글쓰기 대회 수상작

계절이 은은한 봄에서 무더운 여름으로 바뀔 무렵 어버이날과 스승의 날로 주님께 이 편지를 드립니다. 비록 값진 보석과 귀한 재물은 아니오나 제 마음속에 있는 생각과 제 마음을 기쁘게 받아 주세요. 주님은 제 어려움을 덜어 주신 마음의 사랑이에요. 제가 처음으로 어려움을 당했을 때 기억나시죠? 그 전에 그냥 어른들이 주님을 믿으니까 당연히 믿어야, 아니 억지로 믿어야 한다고 생각했어요.

그러나 그때 그 고통을 덜어 주신 뒤로 생각이 바뀌었어요. 주님, 저희 반 아이들이 저를 멀리하고 따돌릴 때 또 협박할 때 그때 전 굉장히 고통스럽고 당황했어요. 하지만 꿈속의 주님이 가르쳐 주신 방법으로 친구에게 선생님에게 인정받았어요. 그때 방황했던 저를 업어 주신 것 감사해요. 주님은 저의 사랑이에요. 감사해요.

유○(초 4), 〈신촌교회보〉(1996년 6월 30일 95호)에서 발췌 요약

교육을 교육하다

2007년 교회학교는 나아가야 할 방향성을 분명히 했다. 이전까지 이렇다 할 브랜드가 없던 교회학교가 새로운 옷을 입는 순간이었다.

꿈과 사랑을 주는 교회학교

2000년대 중반에 들어서면서 교회학교는 빠르게 변화하는 환경 속에서 기독교 교육을 어떻게 할 것인가 고민에 빠졌다. 기존의 학교교육과 같은 교육이 더 이상 통하지 않는다는 판단이었고, 그렇다면 보다 미래지향적인 교회 교육이 필요했다. 이에 교회는 새로운 교회학교 프로그램으로 개발 중인 BCM 사역을 도입하고 이를 실현해 낼 수 있는 교육 디렉터를 초빙했다.

2006년 교회학교에 부임한 김덕주 목사는 교회학교의 1세대 교육 디렉터로서 기독교대한성결교회가 100주년 기념으로 개발하는 BCM 사역을 도입해 교회학교에 새바람을 일으켰다. BCM은 The Body of Christ Model의 약자로, 교회론의 근간이 되는 '그리스도의 몸'의 개념으로부터 왔다.

예배를 통해 성도를 부르고, 교육과 교제를 하는 가운데 제자를 세우며, 봉사와 선교의 자리로 일꾼을 파송할 때 교회는 건강한 부흥과 성장을 할 수 있으며 교회로서 사명을 감당할 수 있다. 이에 따라 예배(Leiturgia), 교육(Didache), 교제(Koinonia), 봉사(Diakonia), 전도·선포(Kerygma)를 교회가 실천해야 할 다섯 가지 영역으로 구분한다. 이를 4중 복음 틀 안에서 다섯 가지 요소(개인, 소그룹, 회중, 성서와 전통, 사회)와 결합해 커리큘럼으로 만든 것이 BCM 사역이다.

신촌성결교회 BCM 교육목회 운영안 (예시 | 고등부)

	교사	학생 (가정)
1) 교육(성경) 새김마루-머리	① 매주 말씀 묵상 나눔 ② 1인 1독 성경 캠페인 ③ 교사 독서 모임 ④ 매월 초 Spirit 교육	① 예수제자훈련(전·후반기) ② 부모기도모임(분기별) ③ 분반 공부 및 교사 특강 ④ 학생 월삭기도회 ⑤ 성경 스터디
2) 예배(중생) 믿음마루-가슴	① 준비된 예배 ② 준비 모임 역량 강화 ③ 학생들의 취향을 고려한 예배 개발 ④ 재미있고 흥미로운 예배	① 예배 중보기도팀 운영 ② 하이라이트 찬양예배(분기 1회) ③ 성례전을 통한 예전적 예배 ④ 학생 기획 및 참여 예배
3) 교제(성결) 사랑마루-손	① 교사 워크숍 및 MT ② 교사 식탁 교제 ③ 교사 소그룹 연령별 모임 ④ 교사 멘토링	① Love Touch ② 아침 큐티 모임 ③ School Attack ④ Talk Concert Nig ⑤ 고3 THT ⑥ 수험생 학부모 모임
4) 봉사(신유) 섬김마루-발	① 학생과 함께하는 교회 청소 ② 선교 후원	① 교회 청소의 날 ② '효의 날' 행사 ③ 반별 및 팀별 모임 참여
5) 전도(재림) 소망마루-눈	① 반 심방 / 주중 관리 ② 전·후반기 전도축제(새 친구 중심) ③ 총동원주일(장결자 중심) ④ Highlight Festival	① 전도 교육 실시 ② Highlight Festival ③ 학교별 학생기도모임 세우기 ④ 가정 전도 & 학부모 전도

이와 같이 목회 안에 성결교단의 4대 복음과 교회가 갖는 핵심 영역을 조화시켜 서로 상호작용하도록 했다. 더불어 학생뿐만 아니라 교사를

위한 목회 활동을 함으로써 기존과는 다른 교사들의 '반 목회' 시스템을 구축했다는 점에서 호응이 높았다.

사실 그동안 교회학교는 부서별로 좋은 교재를 선택해서 사용해 왔기에 통일성과 연결성이 부족했다. BCM의 통합된 시스템 속에서 부서별 프로그램이 구성되자, 교사들은 더욱더 자신이 맡은 반을 목회한다는 사명감을 갖게 되었다.

신촌성결교회는 BCM 시스템을 교회학교에 적용하는 동시에 시스템을 정교화하는 데 교단과 협력했다. 우선 연령에 따른 분과 시스템을 적용해 효율성을 꾀했다. 유아와 어린이, 청소년에 따른 목회 운영안을 따로 적용하되 교회만의 특성을 살려 오후 1시에 있는 3부 부서를 재능분과로 명하여 특성화 활동 부서로 변경했다. 재능분과는 다양하게 편성됐다. 유아의 성품 교육이 중심인 창의마을, 소년소녀 합창단과 오케스트라로 구성된 음악마을, 영어로 예배하고 활동하는 영어마을, 예배와 게임을 통해 말씀 암송을 하는 어와나 부서로 나누었다. 여기서도 반별 특성에 맞게 BCM 교육목회 교육과정을 적용했다. 그 결과 교회학교는 더욱 짜임새 있고 생동감이 넘치게 되었다. 교회학교 아이들은 활동과 체험 중심의 시스템에 반응했고 교사들의 섬김도 빛을 발했다.

2007년부터 도입 준비를 하며 교회에 적용해 간 BCM 교회학교 목회 시스템은 2012년 BCM 교육목회 모범교회로 선정되는 등 성공 사례로서 다른 교회에 영향을 미쳤다.

교육목회 시스템의 변화와 함께 또 하나의 변화라면 교회학교 교역자 전임 제도를 도입한 것이다. 오랜 시간을 두고 장기적인 계획을 세워야 할 교회학교의 경우 지도자의 집중적인 케어가 필요한 까닭에 교회는 교회학교 전담 교역자를 세워 독립적인 목회를 하도록 했다. 그 결과 교회학교 교육행정 시스템은 견고해졌고 사역은 구체화될 수 있었다. 지금까지도 교회학교는 독립적으로 목회를 하고 있다.

BCM 목회를 정착시킨 뒤 교회학교는 영유아를 위한 교재 개발을 시도했다. 그간 BCM 시스템은 초·중·고에 집중됐다. 그렇다 보니 영유아 대상의 교육에는 소홀하다는 지적이 있었다. 이에 따라 교회와 교단이 공동으로 교제 개발을 해서 나온 것이 '키즈홈'(Kids-Home)이다.

키즈홈은 가정과 교회, 아이가 삼각편대를 이루어 신앙 교육이 이루어지도록 프로그램화된 교재다. 주중에도 말씀 중심의 교육과 목회가 이뤄지도록 구성되었다. 이는 가정과 교회가 공동으로 자녀를 교육하는 선례가 되었다.

이로써 교회학교는 최연소 성도인 영유아기부터 고등부에 이르기까지 통합된 체계를 가지고 목회하는 시스템을 갖추게 되었다. 신촌성결교회 교회학교가 곧 BCM이라는 평가를 받을 만큼 BCM 교육목회 시스템의 완성도는 높았다. 이로써 신촌성결교회는 교회 교육이 가정과 연계하는 미래지향적인 신앙 교육이 되는 토대를 마련하게 되었다.

와우! 교회학교다

5월은 일 년 중에서 내가 가장 좋아하는 달이다. 5월에는 교회에서 어린이 주일 행사가 있기 때문이다. 그 행사명이 '와우월드'다. 이번 와우월드에도 맛있는 음식과 재미있는 놀이가 가득했다. 쿠폰으로 시원한 아이스크림도 사 먹고 VR 체험존도 갔다. 놀이기구를 타는 것 같은 VR체험을 하면서 눈앞에 예수님이 나타나 예수님이랑 함께 천국에서 얼음땡 놀이를 하는 장면이 나왔으면 좋겠다는 생각을 했다. 제일 좋아하는 팽이 존으로 가서 친구들과 배틀도 하고 맛있는 것도 먹다 보니 벌써 끝이 났다. 내년에 열릴 와우월드가 벌써 기다려진다.

문나단(유년 2부), "어린이 천국파티 와우월드", 〈신촌라이프〉(2018년 5·6월)

교회학교 행사에 참여한 어린이의 생생한 후기다. 글만 봐도 얼마나 현장이 즐겁고 신났는지 짐작이 간다. 신촌성결교회 교회학교는 새로운 교육의 틀을 세우는 동시에 다양한 행사를 기획했다. 매년 5월을 어린이 달로 정하고 누구나 쉽게 교회에 와서 교회 문화를 접하고 자연스럽게 복음을 받아들일 수 있도록 여러 행사를 기획했다.

교회학교 행사의 꽃이라 할 수 있는 '와우월드'가 가장 대표적인 행사다. 아이들의 웃음소리가 끊이지 않는 와우월드는 2007년에 시작했다. 교회 주차장과 식당 등 활용 가능한 모든 장소에 작은 놀이동산을 꾸몄다. 이와 함께 푸드 트럭, 플레이존 등을 꾸미며 교회학교 아이들뿐 아니라 지역의 아이들도 와서 즐기도록 했다. 믿든 믿지 않든 아이들은 자연스럽게 어우러졌고 이 교제는 복음이 되어 전도의 결실로 이어졌다. 와우월드는 지금도 교회학교 아이들이 가장 기다리며 기대하는 행사이며, 예수님을 소개하는 좋은 기회가 되고 있다.

와우월드와 함께 '와우 워터파크'도 시작했다. 8월 말, 15개 교회학교의 여름 사역이 마무리될 즈음에 아천홀과 키움관 앞마당에 워터파크를 설치하여 모두가 함께 즐기도록 한 것이다. 교회 뜰에 제법 규모가 되는 수영장 세 개를 설치하면 교회학교 아이들은 물론 지역의 아이들이 모여든다. 더운 여름날 교회 앞마당에서 즐기는 물놀이인 것이다. 여기에 기관별로 다양한 먹거리를 마련해서 아이들의 입을 즐겁게 하고 있다. 와우 워터파크는 교회학교의 여름 행사를 마무리하는 또 다른 축제의 장이 되고 있다.

와우 워터파크

교회학교 축제가 마무리될 즈음인 매년 5월 마지막 주일이면 청소년주일(ReCreation)로 지킨다. 이날은 부서별 연합예배를 드리는데, 예배 후에는 레크리에이션을 통해 교제와 즐기는 시간을 갖는다. 여기에 여러 부서의 후원이 이어져서 행사는 더욱 풍성해진다. 한 주 동안 진행하는 청소년 주일 행사이지만 청소년들의 행사 피드백은 구체적이고 감동적이다.

청소년주일 'ReCreation' 예배는 어느 때보다 신났습니다. 목사님의 재미있는 설교는 강렬한 깨달음을 주었고 2부 레크리에이션은 많은 선생님과 친구들이 함께해서 더욱 재미있었습니다. 함께한다는 것은 참 행복한 것 같습니다. 함께 예배드리고 게임을 하면서 선생님과 친구들과 가까워진 청소년 주일, 너무 큰 추억의 선물을 받은 것 같습니다. 이 기쁨과 감사를 기억하며 열심히 신앙생활하겠습니다.

교회학교는 5월에 진행되는 행사 외에도 다양한 행사를 기획하고 진행했다. 특히 전도축제는 어릴 때부터 복음 전파자로서 사명을 갖도록 하는 행사로, 재능분과 주최로 진행되는 어와나 전도축제를 비롯해 교회학교 주최의 전·후반기 전도축제 등을 진행한다. 해마다 새로운 주제와 접근 방식으로 전도의 소중함과 기쁨을 가르치고 있는 전도축제를 통해 교회학교는 아름다운 열매를 맺고 있다. 한편, 교회학교 아이들이 다니는 학교를 비롯해 인근 학교로 나가 복음을 전하는 '황금어장'을 통해 아이들은 복음 전도자로서 사명을 되새기고 있다.

초등 2부에서 진행한 '제주아일랜드의 비밀 4'(전반기 전도축제)를 통해 1명으로 시작한 전도 친구가 '신촌게스트하우스'(후반기 전도축제)를 통해 6명으로 늘어나는 기적을 경험하게 되었습니다. 전도사님께서는 친구를 사랑한다면 '학교 친구'로 만족하지 말고, 복음을 전해 '교회 친구'로 만드는 것이 큰 사랑의 표현이라고 하셨습니다. 전도는 쉽지는 않았지만 하나님께서 함께해 주시니 힘들기보다는 즐거웠습니다. 그 친구들을 위해 기도하겠습니다.

김예소(초 5), "하나님의 기적: 1+1=6", 〈신촌라이프〉(2018년 11·12월)

전도축제에서 영화를 본다는 것은 저에겐 굉장히 새로운 경험이었습니다. 늘 친구에게 같이 교회에 가자고 하면 쉽게 거절을 당하곤 했는데 교회에 와서 영화를 본다고 하니 친구가 흔쾌히 초청을 수락해 줘서 정말 좋았습니다. 전도를 할 때에 딱딱하게 예배만 드리는 것이 아니라 영화를 통해 말씀을 듣는 것은 신앙 없는 친구들의 부담을 줄여 주고 교회에 편안한 마음으로 오게 합니다. 이번 전도축제를 통해 영화도 보고 친구에게 예수님을 소개할 수 있어서 감사했습니다.

강선욱(중등 2부), "새로운 전도축제", 〈신촌라이프〉(2018년 11·12월)

교회학교 전도축제

신앙의 자람

교회학교는 신앙의 산실이다. 아장아장 걷기 시작하는 영유아기부터 성인이 되기까지 신앙의 기본기를 갖추고 성장하도록 가르치고 돕는 곳이 교회학교이기 때문이다. 신촌성결교회 교회학교는 70년의 역사를 지나오며 이 사명을 다하기 위해 노력했고 도전했으며 여전히 나아가고 있다.

교회학교가 추진하는 교육은 신앙교육과 재능교육, 두 가지다. 부서가 15개로 재편되면서, 영아부에서 고등부에 이르기까지 10개 부서는 예배를 통해 하나님의 말씀을 배우고 찬양과 기도로 하나님과 소통하며 영광 돌리는 신앙교육을 하고 있다. BCM 커리큘럼은 연령에 맞게 구성되어 있어서 상급자가 될수록 좀 더 깊은 신앙을 경험하도록 이끈다. 때문에 영아부터 고등부에 이르기까지 통일된 틀 안에서 신앙을 교육받게 된다. 이는 전 성도가 생애 주기에 따른 신앙교육을 받도록 하는 교회 방침과 일맥상통하는 것이다.

생애 주기에 따른 교회학교 말씀 교육 커리큘럼

	영유아(1-7세)	어린이(8-13세)	청소년(14-19세)
교육 목적	말씀을 오감으로 알아 가는 아이	말씀을 기억하고 적용하는 어린이	말씀을 실천하고 제자 되는 청소년
교육 과제	주제	주제 + 적용	주제 + 적용 + 실천
교육 교재	자체 제작 교재(2년 주기 / 인물 중심 성경 이야기)	BCM 교단 공과(3년 주기 / 사중복음 36개 주제)	QT 교재
교육 훈련	키즈홈(성경), 아기학교	제자훈련(성경+교리), 특별예배(매월 마지막 주)	제자훈련(QT+삶), 선교

평소 들어 보지 못한 〈구약과 신약의 중간기〉라는 내용으로 제자훈련을 시작했습니다. 매주 주일 낮 1시부터 2시까지 제자훈련을 하면서 성경이 말하지 않는 예수님 시대의 배경과 환경들, 잘 알지 못했던 성경 인물들과 역사를 확실히 알게 되고 이해하게 되어서 기뻤습니다. 목사님께서 가르쳐 주실 때마다 강조하신 "하나님께서는 쉬지 않으시며 지금도 하나님의 역사는 계속된다"는 말이 너무나도 인상 깊었습니다. 하나님께서는 구약과 신약 사이 400년 동안에도 쉬지 않으셨고, 지금도 저와 제 주변 사람들을 위해서 쉬지 않으시고 역사하신다는 사실이 큰 위로가 되기에 더 열심히 신앙생활을 하려고 합니다. 벌써부터 다음 제자훈련이 기대됩니다.

윤효원(중등 2부), "꿀보다도 더 단 성경말씀, 제자훈련", 〈신촌라이프〉(2019년 9·10월)

교회학교에서는 신앙교육과 함께 재능교육도 하고 있다. 15개 부서 중 10개 부서가 연령별로 구분된 부서라면, 5개 부서는 재능으로 묶인 부서다. 창의마을, 어와나, 영어마을, 신촌소년소녀합창단, 신촌소년소녀오케스트라, 이렇게 다섯 부서는 매주 예배와 함께 달란트에 따른 양질의 교육을 받고 있다.

오케스트라 부서에서는 초등학교 1학년부터 고등 2학년까지 개별 수준에 맞춘 레슨을 통해 음악적 능력을 향상시키고 재능으로 교회를 섬기도록 돕는다. 신촌소년소녀오케스트라는 부활절 같은 특별한 절기에 소년소녀합창단, 장년 찬양대와 협연을 하기도 하고 교회 로비음악회를 통해 찬양이 가득한 교회로 만들고 있다.

합창단은 7세부터 고등학교 1학년까지 다양한 연령의 교회학교 학생들로 구성되어 합창과 연주로 예수님의 사랑을 전한다. 이들은 교회의 행사와 비전트립에서 합창과 연주, 스킷 드라마 등을 소화하며 예배에 은혜를 더하고 있다. 특히 2014년에는 창작 뮤지컬 콘서트를 무대에 올려 1,500석 전석 매진의 기쁨을 누리기도 했다. 이들의 실력 향상을 위해 헌신하고 있는 교사들의 지도로 나날이 발전하고 있다.

예수님의 성품을 배우는 창의마을, 영어로 예배드리는 영어마을과 함께 또 하나의 재능교육이 이루어지는 부서는 신촌 어와나(AWANA)다. 신촌 어와나는 7세부터 초등학교 6학년의 아이들로 구성되어 있으며, 말씀 암송과 어와나 게임을 통해 리더를 세운다. 어와나는 '부끄러울 것이 없는 인정된 일꾼'(Approved Workmen Are Not Ashamed)이란 의미로 어와나의 커리큘럼을 통해 아이들을 전인격적으로 훈련받은 제자로 세우는 것이 그 목적이다. 교회학교는 어와나를 통해 많은 아이들을 리더로 세웠다. 또 전국적으로 열리는 어와나 올림픽에 참여해 화려한 수상을 하기도 했다.

교회학교는 아이들을 위한 교육뿐만 아니라 교사들을 위한 교육에도 집중하고 있다. 교사들이야말로 작은 목자이며 영적 지도자다. 그렇기에 총 250여 명의 교사들의 헌신과 섬김이 더 빛을 발하도록 신입교사 담임교사 부장교사와 같은 직책별 교사 교육을 추진하는 등 교육 제공에 최선을 다하고 있다.

교회학교는 날마다 자라 간다. 부모가 자식을 품듯 교회학교 아이들을 가슴에 품고 기도하며 가르치는 교사들의 헌신이 교회학교를 자라게 한다. 교회가 너무 좋아서 주일이 기다려진다는 어린 영혼들의 신앙고백이 교회학교를 자라게 한다. 15개 부서가 처한 환경에 맞춰 최상의 교육을 제공하려는 노력이 교회학교를 자라게 한다.

배우다 채우다 나누다

2020년, 교회학교 역시 코로나19로 인해 대면 예배가 어려워지는 상황을 겪었다. 교회의 여러 기관이 비대면 환경에 대비하는 가운데 교회학교도 발 빠르게 움직였다.

당시 교회학교를 전담한 왕정욱 목사(2018-2022년 교회학교 담임)는 코로나 시대를 맞아 온라인 사역 시스템을 신속히 구축했다. 신앙 교육에 공백이 없도록 최대한 신속하게 준비한 결과 교회학교 모든 예배실에 온라인 송출을 위한 시스템이 구축되었고, 15개 부서 모두 유튜브를 활용한 온라인 예배가 가능해졌다. 모든 부서 예배실에 카메라와 송출 관련 컴퓨터를 설치하고 크로마키 배경도 설치하여 다양한 영상 배경을 통해 예배에 집중하도록 하는 등 온라인 예배에 전력을 기울였다.

반별로 진행되는 공과도 최대한 차질없이 진행되도록 했다. 공과 자료를 우편으로 미리 발송하고, 교역자의 편지와 부모님께 보내는 안내장을 동봉하여 가정에서 공과를 진행할 수 있도록 하는 등 가정과 교회가 연계된 신앙 교육을 실시했다.

온라인 채널을 통한 활동이 가능해지면서 교회학교는 다양한 콘텐츠를 만들어 배포했다. 주중에 체험할 수 있는 온라인 신앙 교육으로 가정 활동 영상, 키즈홈 활동 영상 등을 공유하며 꾸준히 가정에서 신앙의 지도가 이루어질 수 있도록 했다. 뿐만 아니라 온라인으로 진행할 수 있는 '힘내라 마켓'을 비롯해 즐겁게 찬양할 수 있는 뮤직 비디오를 개발하는 등 다양한 콘텐츠를 개발하고 공유했다.

교역자들의 눈물겨운 노력도 이어졌다. 교회학교 아이들과 최대한 교류하기 위해 안전 수칙을 지키며 문고리 심방을 했다. 문고리 심방은 아이들 집을 찾아가 문고리만 잡고 기도하고 돌아서는가 하면, 마스크를 착용한 채 문밖에서 아이들과 눈맞춤하고 기도하는 식으로 이뤄졌다.

교회학교 연중 행사도 온라인으로 전환되었다. 여름 겨울 성경캠프뿐만 아니라 부활절, 추수감사절 등 다양한 절기 행사를 온라인으로 진행했다. 다른 부서에 비해 온라인 사역 전환이 빨랐던 교회학교이지만, 어려운 시기를 지나면서 다시금 어린이 사역에 대해 고민해야 했다. 코로나는 교회학교 사역에 일순간 멈춤이라는 어려움도 주었지만 한편으로 그동안 쉼 없이 달려오느라 돌아보지 못한 사역의 미진한 부분을 발견하는 시간이기도 했다.

2022년 신촌성결교회 교회학교는 누가복음 2장 52절 말씀에서 교회학교의 정체성을 찾고 새로운 목회 방향을 설정했다.

예수는 지혜와 키가 자라 가며 하나님과 사람에게 더욱 사랑스러워 가시더라

|눅 2:52|

어렸을 때부터 하나님을 만나고 예수의 길을 가게 된다면 어른이 되어서도 반드시 신앙을 떠나지 않을 거라는 확신의 말씀을 좇아, '배움'과 '채움'과 '나눔'을 목회 방향으로 정했다. 이른바 키움목회다.[42]

어려서부터 말씀을 아는 것은 매우 중요하다. 예수님은 어릴 때부터 하나님 말씀을 가까이하여 하나님을 아는 지혜에 사랑을 더해 가며 자랐다. 배움은 말씀에 집중하는 것이다. 이와 함께 채움은 예배 안에서 하나님의 사랑을 더하는 것으로, 환영과 파송, 다채로운 이벤트, 절기예배, 특별예배, 시리즈 예배 등에서 예수님의 사랑을 충만히 느끼도록 했다. 마지

---

42 왕정욱 목사, "키움목회를 소개합니다", 〈신촌라이프〉(2022년 3월) 참고

막으로 나눔은 이웃 사랑을 실천하는 것이다. 선교사와 작은 교회에 키즈 홈과 써바이블 교재를 나누는가 하면, 우유 저금통과 합창단 외부 공연을 통해 예수 그리스도를 전하고, 신촌 유스 미션을 통해 비전을 심어 주고 있다. 이로써 교회학교 아이들은 말씀을 배우고, 은혜를 채우며, 사랑을 나누는 작은 예수로 자라 가고 있다.

WOW! wonder of worship

무엇인가 감탄할 일이 생겼을 때 'WOW'를 외친다. 교회학교 아이들은 매일 'WOW'를 외친다.

2023년, 교회학교는 이전의 모습을 회복했다. 여름과 겨울 캠프를 비롯한 와우월드, 어린이주일 등 대표적인 교회학교 행사가 다시 시작되며 모든 사역이 제자리를 찾았다.

교회학교 브랜드와 로고도 새롭게 만들었다. 'WOW 교회학교'가 바로 그것이다. 이는 와우월드, 와우워터파크 등의 프로그램을 통해 익숙한 단어로, 경이로운 예배(Wonder Of Worship)의 앞 글자를 딴 것이다. WOW가 큰 기쁨과 성공을 뜻하는 감탄사이듯, 늘 예수님과 동행하는 기쁨과 감격을 예배를 통해 얻기를 바라는 교회학교의 염원이기도 하다.

교회학교 로고

예배의 경이로움을 경험하는 제자로서 가정을 세우길 선포한 'WOW 교회학교'는 성장하고 있다. 포스트 코로나 시대를 맞아 온라인 행정 시스템을 구축하고 온오프라인 사역에 집중하는 한편, 신앙 콘텐츠인 'Point' 교육을 개설해 각 부서 커리큘럼을 업그레이드했다. 뿐만 아니라 가족과 교회의 연합을 통한 신앙 교육을 다양하게 실행하고 있다.

교회학교는 다음 세대 감소라는 위기에 직면해 있지만, 적극적인 교회의 지원으로 푸르른 100년을 향해 나아가고 있다. 이는 비전센터를 통해 더욱 구체화될 것이다.

2023년 건축을 시작해 2024년 완공된 비전센터는 다음 세대를 향한 교회의 꿈이다. 동시에 열방을 이끌어 갈 차세대 영적 리더의 산실이 될 것이다. 비전센터는 예배와 기도, 교육과 훈련, 선교와 나눔 등 모든 사역이 온라인과 오프라인으로 함께 이루어지는 올라인(All Line) 공간이자 지역과 사회의 문화적 요구를 담아내는 열린 공간이 될 것이다.

WOW 교회학교는 비전센터와 함께 다음 세대와 진심을 다해 소통하고 전략적으로 신앙의 성장을 돕는 꿈을 안고 다시 비상하고 있다.

> 유명 맛집에 사람들이 몰리는 이유는 본질이 흔들리지 않기 때문입니다. 신촌성결교회 교회학교도 예수 그리스도의 사랑과 복음의 능력을 가르치는 본질 중심의 사역에 더욱 최선을 다할 것입니다. 혼란하고 혼탁한 이 시대에 올바른 가치관과 세계관을 가진 신앙인으로 양육하기 위해 예배 중심, 말씀 중심의 신앙의 본질적 가치를 기초로 가정과 세상을 포함한 삶의 실제적 영역에서도 올바른 신앙관이 형성될 수 있도록 세밀하게 접근할 것입니다. 아울러 선교와 비전트립 등 열방을 품는 기회를 제공하여 분별과 함께 선도하고 나누는 그리스도의 제자로서 양육하고자 합니다.
>
> 박현일 목사(현 교회학교 교육목사) 인터뷰

3.
교회,
미래를 잇다

하나님이 만들어 가시는 역사 속에는
수많은 변화와 도전이 녹아 있다. 교회
는 그 역사와 함께한다.

신촌성결교회는 시대의 도전과 변화라
는 과제 앞에서 부르심에 합당한 교회
의 본질을 생각하며 100년을 향해 나아
간다.

8장

교회, 내일을 향하다

외치는 자의 소리여 이르되 너희는
광야에서 여호와의 길을 예비하라 사막에서
우리 하나님의 대로를 평탄하게 하라

사 40:3

코로나 팬데믹의 경고

누구에게나 열려 있던 교회의 문이 닫혔다. 모여서 드리는 예배가 불가능해진 상황으로 인해 성도들은 당황했고 교회는 어려워졌다.

2020년 1월, 우리나라 최초로 코로나19 환자가 진단되었다. 이후 코로나19는 대면 접촉이 제한되고 거리두기가 일상이 되는 세상을 만들었고 인류 생태계의 판도를 뒤집어 놓으며 전 세계적으로 엄청난 파장을 일으켰다. 이 변화의 소용돌이 속에서 한국교회는 엄청난 시련에 맞닥뜨렸다. 모이는 일에 힘쓰던 교회가 감염의 온상으로 취급받게 된 것이다. 그 이면은 그동안 공교회성과 공공성을 외면한 교회의 개교회 중심주의에 대한 비판이 터져 나온 것이었다. 회개가 필요한 시점이었다.

예상치 못한 재앙 앞에서 교회는 점점 힘을 잃어 가는 듯했다. 실제로 코로나 기간 동안 약 1만 개의 교회가 사라졌다[43]는 보고가 있을 정도였다. 특히 작은 교회의 피해가 심각했다.

그러나 하나님은 코로나 팬데믹이 사회에 미친 변화와 영향력을 돌아보게 하셨고, 따라서 교회가 나아가야 할 방향이 무엇인지를 보여 주셨다. 코로나 팬데믹은 전 세계의 공중보건 시스템이 얼마나 취약한지, 그로 인한 재난 상황에서 드러나는 사회적 불평등이 얼마나 심각한지를 보여 주었다. 그러면서도 역설적으로 공동체의 협력과 연대를 강화시켰다. 인류가 맞닥뜨린 불의의 재난 앞에서 협력과 연대만이 함께 살아나는 길임을 보여 준 것이다.

그와 함께 비대면 사회에 맞춤하는 기술의 발전이 급속하게 이뤄졌다. 온라인 플랫폼과 원격 서비스를 구축하는 '디지털 전환' 작업이 곳곳

---

43 〈한국성결신문〉 참고

에서 속도를 냄으로써 사람이 일하는 방식이나 소통하는 방식에 변화를 가져왔다. 신촌성결교회는 이러한 변화에 반응해 교회가 사회의 일원으로서 사회와 연합해 공공의 이익을 위해 복무해야 함을 인식하고 세상 밖으로 나갔다. 동시에 세상의 속도를 따라가지 못하는 교회의 낙후된 수준을 회개했고, 이에 따라 빠르게 온라인 영상 예배 시스템을 도입했다. 초기에는 우려가 많았으나 전 부서가 빠르게 온라인 기도회나 온라인 셀 모임을 추진하면서 디지털 영상의 이용이 교회의 트렌드로 자리 잡게 되었다.

코로나 팬데믹은 언택트 시대에 새로운 예배, 새로운 교회의 모델을 만들었다. 예배당 중심의 신앙에서 일상 중심의 신앙으로 변화시켰다. 그러나 한편으로, 온라인상에서 여러 교회를 찾아다니는, 소위 '영적이지만 종교적이지 않은'(Spiritual But Not Religious, SBNR) 사람들을 양산했다. 또한 따뜻한 대면 교제를 통해 하나 됨을 경험하던 교회의 기존 전통이 도전받게 되었다. 신촌성결교회는 교회의 본질을 돌아보게 해준 코로나 팬데믹의 엄중한 경고를 책임감 있게 받아들였다.

언제든 다시 올 수 있는 재난 앞에서 리베카 솔닛(Rebecca Solnit)의 《이 폐허를 응시하라》(펜타그램, 2012)에 나오는 구절을 새긴다.

재난이 천국으로 들어가는 뒷문이 될 수도 있다.

세상은 교회가 개인의 영혼 구원을 넘어 모든 인생이 겪는 수많은 문제들을 함께 고민하고 함께 파고를 넘으며 공공의 선을 이루는 사랑의 공동체가 되기를 바란다. 신촌성결교회는 새로운 모델의 예배와 복음으로

담장을 넘는 교회가 되기 위해 힘쓰고 있다. 현장과 온라인을 함께 여는 '하이브리드' 형태의 예배로 담장을 넘어 세상을 끌어안되 교회의 전통과 본질을 잃어버리지 않는, 그럼으로써 세상에 그리스도의 빛을 밝히는 교회가 되고자 한다.

교회가 맞이한 AI 세상

코로나는 세계가 유기체적으로 연결되어 있다는 것을 보여 주었다. 그리고 인공지능(AI)이라는 첨단기술의 발전으로 이어지며 포스트 코로나 시대에 디지털 대전환을 가속화했다. 문자나 인쇄, 컴퓨터의 발명이 인류 문명을 180도 바꿔 놓은 것처럼 AI 기술의 발전은 새로운 시대를 열고 있다. AI가 문서를 작성하고 그림을 그려 주는가 하면 AI를 활용한 적응 학습(adaptive learning)을 통해 학습자 맞춤형 교육의 구현이 가능해졌고, 헬스케어 등 다양한 분야에 AI 기술을 활용하고 있다. 이제 인공지능 기술이 주도하는 인류의 변화는 상상을 초월하는 수준에 이르렀다.

이 거대한 변화 앞에 교회가 서 있다. 이미 코로나 팬데믹을 겪으면서 변화에 적극적으로 대응해야 한다는 것을 깨달은 교회들은 디지털 대전환이 주는 시사점을 생각해야 한다. AI기술의 활용도 중요하지만 우선 사회 변화에 대한 민감도를 높여 고수해야 할 것과 변화해야 할 것을 구분하여 변화에 주저함이 없어야 할 것이다. 그와 함께 인간과 AI가 공존하는 지속가능한 사회에서 교회가 어떠한 역할을 해야 할지 고민하고 그 답을 찾아 나가야 할 것이다. 교회가 예배, 선교, 교육 등의 기존 시스템을 유지했을 때 미래 세대는 어떻게 될 것인가, 시대적 변화상을 반영하지 않는다면 지속가능할 수 있을까를 지속적으로 물으며 변화를 준비해야 한다.

앞으로는 사람이 만드는 콘텐츠와 AI가 만든 콘텐츠로 구분될 거란 전망이 나오고 있다. 어떤 콘텐츠를 소유하느냐에 따라 오리지널리티(originality)를 갖게 된다는 의미다. 독보적인 오리지널티를 지닌 말씀을 AI 기술을 활용해 다양한 방식으로 전파한다면 복음은 더 큰 위력을 발휘할 수 있을 것이다. 원하는 때에 원하는 장소에서 말씀을 들을 수 있도록 설교의 데이터를 구축하는 것, 교육용 디지털 콘텐츠를 개발하고 성도 한 사람 한 사람을 위한 맞춤형 교육을 개발하는 것도 방법일 것이다.

더 나아가 AI 기술이 어디까지 대체할 수 있는지를 물을 게 아니라 어떤 가치를 기반으로 모델을 만들고 역할을 할 수 있는지 고민하며 기독교만의 콘텐츠를 만드는 도전을 이어 가는 것이 중요하다. 이를 위해 개교회적인 노력을 넘어 연합하여 데이터를 구축하고 복음에 집중하며 최선을 다해야 할 것이다.

희망적인 것은 하나님이 교회를 통해 수평적 조직을 이루게 하시며 다양한 사람들을 모으셨다는 사실이다. 교회만큼 여러 분야의 전문가가 모여 있는 조직도 드물다. 지난 70년간 교회가 성장하는 과정에서 다양한 인재를 활용하신 것처럼 또 한번 준비된 이들을 통해 변화에 적극 대응하는 교회로 이끌어 가시길 기대한다.

한국교회는 민주화, 근대화 등의 대의명분과 결부하면서 민족주의적인 성향을 강하게 띠게 되었다. 이는 교회의 시대적 소명과 연관된 것으로, 앞으로도 급변하는 시대 상황에서 교회는 시대적 소명을 발견하고 그 사명을 다해야 할 것이다.

창립 70주년을 지나고 있는 신촌성결교회는 디지털 대전환 시대가 가져온 커다란 변화와 도전 앞에서 미래를 그린다. AI 기술은 득이 될 수도 독이 될 수도 있다. 중요한 것은 만물이 주께 나왔다는 말씀(롬 11:36)처럼 디지털 대전환 역시 하나님이 허락하신 도구라는 것이다. 교회는 그 도구를 지혜롭게 다스려야 할 책임과 권한이 있다.

복음의 본질에 충실한 교회는 AI기술을 이용해 오히려 복음의 위력을 더 넓게 발휘할 수 있다. 교회 내 다양한 데이터를 분석하고 예측함으로써 목회의 효율화를 가져올 수 있고, 초개인화된 사회에서 챗GPT 등을 이용해 맞춤형 사역을 할 수 있다. 그러나 교회가 위기에 무감각하고 본질을 잃어 가고 있다면 AI 기술은 오히려 독이 될 것이다. 자칫 AI기술이 영성을 뛰어넘을 수 있기 때문이다.

그렇기에 교회는 AI 시대가 만들어 가는 변화에 깨어 있되 하나님이 주신 도구를 활용해 거짓과 진리를 분별하는 영성과 직관의 영역을 담당하기 위해 다가올 백 년을 향해 나아갈 것이다.

에필로그

은혜의 70년을 넘어
다가올 100년을 묵상하며

"먼저 된 자로서 나중 되고 나중 된 자로서 먼저 될 자가 많으니라"(마 19:30)는 말씀 앞에서 우리는 자신을 돌아보고 낮아지는 삶을 통해 승리하는 그리스도인으로 살아갈 수 있습니다. 70년 전 체부동교회가 개척한 신촌성결교회는 오늘날 성결교단과 한국교회의 중심에 우뚝 서는 역사를 이루게 되었습니다. 반면 강서구로 이전하여 이제는 서울시 문화재로 남게 된 체부동교회를 바라보며 말씀을 다시 생각해 봅니다.

과연 하나님은 교회를 향해 무엇을 말씀하시려는 걸까요? 끊임없이 돌아보고 낮아지는 믿음을 통해 미래로 나아가야 한다는 것을 말씀하시는 건 아닐까 생각합니다.

'70년사'를 준비하는 과정은 하나님이 교회를 통해 써 내려가신 역사를 돌아보는 시간이었습니다. 또한 다가올 교회의 미래를 준비하고 그려 보는 온고지신(溫故知新)의 시간이었습니다. 도심 교회로서 신촌성결교회는 70년의 시간을 지나며 새로운 과제 앞에 섰습니다. 기존 질서를 뛰어넘는 AI(인공지능) 시대라는 거대한 이슈와 인구 절벽이라는 현실 앞에서 더욱 건강하고 품격을 갖추며 선한 영향력을 끼치는 주님의 교회로 바로서기 위해 새롭게 혁신하고 복음으로 거듭나야 한다는 사명을 안고 있습니다.

이러한 사명 앞에서 예수 그리스도의 수제자인 베드로를 향해 충언하던 사도 바울의 모습은 2천 년이 지난 지금도 우리에게 큰 도전이 됩니다. 복음 전도 사역에 있어 변화와 혁신, 곧 유대인을 넘어 세계 열방을 품기 위한 사도들의 몸부림이 느껴지기 때문입니다. 교회는 변화와 혁신을 향해 끊임없이 나아가야 합니다. 이는 선택이 아닌 필수이며, 70년사가 그 시작을 여는 문이 되길 바랍니다.

70년사 편찬이라는 사명을 마치며 지난 시간을 돌아보니 감사한 일 뿐입니다. 옛것을 익혀 새것을 입는 역사 편찬의 과정은 거룩한 부담감을 느끼는 시간이었지만, 70년이라는 역사의 어깨 위에서 100년을 묵상할 수 있는 은혜의 시간이기도 했습니다. 그 특별한 은혜를 허락하신 하나님께 감사합니다.

모두가 읽기 쉽도록 새롭게 정리하고 집필해 준 고수정 작가와 이 책을 편찬하기까지 모든 과정에 혼신의 노력을 기울여 주신 홍영준 장로, 정미경 권사, 연혁 정리와 사무 행정을 담당한 노우석 장로 그리고 편찬위원과 감수위원들에게 특별한 감사를 전합니다. 또한 글이 책으로 나오기까지 많은 수고를 더해 준 두란노서원에도 감사와 사랑을 전합니다.

신촌성결교회 70년사가 하나님이 일하신 증거로서 새겨지고 읽는 이들이 믿음의 증인으로서 다가올 미래의 교회 역사를 아름답게 써 내려갈 수 있기를 기도합니다.

2025년 1월
70년사 편찬위원장 김부곤 장로

신촌성결교회가 걸어온 길

1955-2024

신촌성결교회의 태동과 성장 1955-1964	
1954. 9월	이은실 사모와 김신도 집사의 만남으로 이성봉 목사의 가정에서 기도회 형식의 가정예배 시작
1954. 10월	체부동교회 정승일 목사에게 신촌에 성결교회 세울 것을 권면
1954. 11. 2-8	체부동교회 부흥회를 인도하던 김창근 목사가 신개척교회 설립에 대한 '돌발적 제안'과 헌금
1955. 1.'9	체부동교회 사무총회에서 '제2신개척교회'를 세울 것을 결의
1955. 1. 16(추정)	이성봉 목사 인도로 교회 창립을 염두에 둔 가정예배 시작, 유년 주일학교 시작
1955. 1. 30	신촌성결교회 창립 예배
1955. 5월	적산부지 구입 진행(창천동 30-7번지)
1955. 9. 25	교회 부지에 천막교회 세움
1955. 9. 26-10. 2	천막교회에서 첫 부흥회 인도, 강사-이성봉, 양도천 목사
1955. 10. 2	천막교회에서 첫 주일예배를 드림
1955. 12월	판자교회 건축을 진행하며 지붕이 미완된 채로 성탄예배 드림
1956. 3. 5	지방회에서 교회 승인, 기독교대한성결교회 제11회 총회 보고(이성봉 담임목사)
1956. 11월	학생회, 청년회 조직

1957. 1. 13	제1회 사무총회, 초대제직 임명
1958. 3. 9	강진국 목사 사임, 정운상 목사 부임
1958. 11. 20	정운상 목사 사임, 이정률 목사 부임
1959. 1. 11	창연교회 개척
1959. 11. 1	교회 부지 대금 완납과 교회 재산 편입
1961. 1. 23	제1차 장로 장립(김흥렬)
1961. 3. 17	교회 앞부분 벽돌공사 착공(6월 10일 준공)
1961. 11. 16	제2차 장로 장립(최세근)
1962. 12. 9	이정률 목사 도미유학, 조제택 전도사 대행 체제
1962. 12. 9	당회장 이성봉(1962. 12. 9/1963. 3. 17-1964. 12. 16) 목사가 교회를 돌봄
1963. 1. 6	초대 권사 임명
1964. 7. 1	이옥희 전도사 강경교회로부터 부임
1964. 10. 4-12. 15	조제택 목사 사임에 따라 이성봉 목사가 임시목사로 시무
1964. 12. 16	제2대 최학철 담임목사 신흥교회로부터 부임

세상을 향해 나아가는 교회 1965-1974	
1965. 5. 28	벽돌교회 1차 증축 상량예배
1965. 7. 4	교회 건축 완공(120평 벽돌교회 완성)
1966. 2. 27	남전도회 창립
1966. 6. 9	성전 봉헌 및 최학철 목사 위임예배, 제3차 장로 장립(정창래)
1968. 5. 26	교육관 준공
1969. 2월	협동목사 조종남 목사 부임, 학생지도자 왕영천 전도사 부임
1970. 2. 7	대학부 창립
1970. 2. 8	이석종 부목사 부임
1970. 4. 27	최학철 목사 제25차 총회에서 총회장 피선
1970. 4. 30	마포구 노고산동 49-45에 대지 633평 매입
1970. 5. 5	제4차 장로 장립(김석규-취임, 권남수, 조문환, 최동현, 김학준) 및 권사 취임
1970. 7. 6	서대문구 창천동 30-7에서 마포구 노고산동 49-45로 교회 이전
1971. 1. 10	구의병 교육전도사 부임
1971. 5. 30	건축 진행 중인 교회 1층 본당에서 입당 예배
1973. 1. 28	홍길표, 이상직 교육전도사 부임
1973. 9. 23	장년부 예배와 학생 예배를 분리하여 드림
1974. 6. 16	교회 창립 20주년을 기념한 성전 봉헌예배 및 최학철 목사 성역 40주년 기념과 권사 취임 예배
1974. 9. 1	최학철 목사 사임, 이석종 부목사 대행 체제

영적으로 도약하는 교회 1975-1990	
1975. 2. 9	제3대 정진경 담임목사 취임
1975. 3. 23	교회 창립 20주년 기념 제1차 지교회(성산교회) 창립
1976.	정진경 목사 한국외항선교회 회장 및 이사장 취임
1976. 10. 11-14	제11차 부흥사경회, 강사-림인식 목사
1977. 4. 10	대학부 소식지 〈사귐〉 창간
1977. 9. 11	제5차 장로 장립(윤웅림-취임, 박광우, 김동수, 문영길, 전희준)
1977. 10. 18-21	제12차 부흥사경회, 강사-김선도 목사
1978. 10. 2-5	제13차 부흥사경회, 강사-한경직 목사
1979. 3. 1	주일 대예배 3부제 실시
1979. 5. 13	제6차 장로 장립(강문각, 조병갑, 황인탁, 김문곤, 홍경섭)
1979. 10. 15-18	제14차 부흥사경회, 강사-박조준 목사
1980. 4. 28-5. 1	제15차 부흥사경회, 강사-김동길 교수
1980. 6. 1	제7차 장로 장립(이도영, 이용수, 송영대, 손재연, 안희문)
1981.	정진경 목사 기독교대한성결교회 총회장 취임
1981. 4. 30-5. 3	제16차 부흥사경회, 강사-김중기 교수
1982. 5. 2	교육관 신축 봉헌(건평 667평) 및 제8차 장로 장립 (박천증, 임락진, 윤이병, 김종수, 남일우, 양영재, 황의호, 정운경, 장석원)
1983. 3. 6	〈신촌교회보〉 창간
1983. 4. 24	이형숙(캄보디아) 선교사 파송

1983. 6. 22-26	제17차 부흥사경회, 강사-임동선 목사
1984. 4. 15	제9차 장로 장립(정기승, 김은수, 박경웅)
1984. 4. 16-19	제18차 부흥사경회, 강사-안경운 목사
1985. 2. 10	전철한(남아프리카공화국) 김정윤(우간다) 선교사 파송
1986. 6. 2	교회 창립 30주년 기념 제2차 송탄 지교회 창립
1986. 10. 13-16	제19차 부흥사경회, 강사-박종렬 목사
1987. 3. 15	신촌교회 30년사 발간
1988. 3. 28-31	제20차 부흥사경회, 강사-석원태 목사
1988. 6. 19	제10차 장로 장립 (홍준규 김봉근 안우규-취임, 김인배, 김덕종, 양석렬, 김번웅, 임정규, 이성호)
1989. 5. 11-14	제21차 부흥사경회, 강사-김계용 목사
1990. 5. 20	교회 창립 35주년 기념 제3차 광명중앙 지교회 창립
1990. 9. 10-13	제22차 부흥사경회, 강사-박종순 목사

부흥하는 교회 1991-2015	
1991. 9. 14	정진경 원로목사 추대, 제4대 이정익 담임목사 취임
1991. 10. 11-13	제23차 부흥사경회, 강사-이영준 목사
1992. 2. 28	주일 대예배 4부 예배 신설, 갈보리 찬양대 창립
1992. 8. 23	김영길(마카오) 선교사 파송
1992. 9. 20-23	제24차 부흥사경회, 강사-김상복 목사
1993. 5. 23	이정익 목사 위임 및 제11차 장로 장립(윤전섭 마상용-취임, 박현명, 송규호, 이상현, 최사철, 최승우)
1993. 10. 25-28	제25차 부흥사경회, 강사-김삼환 목사
1994. 10.16-19	제26차 부흥사경회, 강사-임영수 목사
1994. 1. 23	청년부 예배 신설
1994. 4. 3	김은희(우간다) 선교사 파송
1995. 10. 15-18	제27차 부흥사경회, 강사-김남수 목사
1995. 9. 3	남아프리카공화국 케이프타운 선교센터 및 기념교회 설립
1995. 11. 26	김재봉(인도네시아) 선교사 파송
1996. 5. 24	제1차 전 교인 체육대회(88체육관)
1996. 5. 30	사회복지관 매입(노고산동 49-33)
1996. 9. 16-19	제28차 부흥사경회, 강사-임동선 목사
1996. 11. 10	제12차 장로 장립(송승효, 전희태, 송창섭, 강권석, 한세열)
1996. 12. 18	진대인(미전도종족) 선교사 파송

1997. 4. 28	제1회 신촌포럼 개최 "한국교회와 21세기-진단과 대안"
1997. 6. 5-6	제1차 전 교인 산상기도회(양수리 수양관)
1997. 9. 24-27	제29차 부흥사경회, 강사-박희민 목사
1998. 2. 8	주일 5부 예배로 확대 실시, 주일 1부 예루살렘 찬양대 창립
1998. 7. 5	제13차 장로 장립(최창환, 윤경하, 김종옥, 신현석, 홍진섭, 홍기봉, 이종윤, 이민걸)
1998. 9. 7-10	제30차 부흥사경회, 강사-나겸일 목사
1998. 11. 27	제4차 봉교리 지교회 창립(현 당진전원교회)
1999. 1. 4-6	제31차 부흥사경회, 강사-황대식 목사
1999. 5. 4-5	제2차 전 교인 산상기도회(양수리수양관)
1999. 9. 15-17	제32차 부흥사경회, 강사-이정근 목사
2000. 1. 2	주일 5부 예배를 청장년 찬양예배로 전환
2000. 1. 10-12	제33차 부흥사경회, 강사-한기만 목사
2000. 1. 16	김덕근(연해주), 맹게니(케냐) 선교사 파송
2000. 3. 2	별관 1, 2층에 신촌방과후어린이교실 개원
2000. 5. 11	제2차 전 교인 체육대회(88체육관)
2000. 6. 7	신촌가정상담소 개소
2000. 7. 24	제1차 해외 의료선교 시작(중국)
2000. 10. 23-25	제34차 부흥사경회, 강사-최건호 목사
2001. 1. 8-10	제35차 부흥사경회, 강사-오신주 목사

2001. 6. 5-6	제3차 전 교인 산상기도회(중앙수련원)
2001. 9. 17-19	제36차 부흥사경회, 강사-장자천 목사
2001. 9. 23	제14차 장로 장립(이광우, 한형일, 박흥영, 장기덕, 전현명, 장준석, 홍성부, 정수나모)
2002. 1.7-9	제37차 부흥사경회, 강사-이병돈 목사
2002. 6. 30	신촌 인터넷방송국 개국(www.eshinchon.org)
2002. 9. 30-10. 2	제38차 부흥사경회, 강사-이동원, 김영동, 김석년 목사
2003. 1. 6-8	제39차 부흥사경회, 강사-강신원 목사
2003. 5. 12-14	제1회 농어촌 교역자 초청 격려회
2003. 여름	청년부 단기선교 시작(인도, 중국, 태국, 캄보디아, 고군산열도)
2003. 9. 29-10. 1	제40차 부흥사경회, 강사-김영헌 목사
2003. 11. 9	교회 창립 50주년 기념 제5차 상암열방 지교회 창립
2004. 1. 5-7	제41차 부흥사경회, 강사-정필도 목사
2004. 2. 3	교회 창립 50주년 기념 제6차 부산 예원 지교회 창립
2004. 2. 28	교회 부지 매입
2004. 4. 17	신촌 아카데미 개원
2004. 5. 16	제15차 장로 장립(양재현, 손갑룡, 김광진, 김철환, 이경수, 이진우, 전민중, 장원식, 황준성, 조경범)
2004. 9. 14	교회 창립 50주년 기념 제7차 서산 시온 지교회 창립
2004. 10. 4-6	제42차 부흥사경회, 강사-이강헌 목사
2004. 10. 10	비전홀 봉헌예배

2004. 10. 24	주일 5부 아름다운 예배 신설 및 6부 청년예배 독립
2005. 1. 20	교회 창립 50주년 기념 제8차 목포 예향 지교회 창립
2005. 1. 30	교회 창립 50주년 기념 축제예배 및 50주년사 발간
2005. 4. 3	현성근(카메룬), 홍순혁(인도), 장차진(멕시코), 황철구(할렐루야) 선교사 파송
2005. 9. 26-28	제44차 부흥사경회, 강사-송기식, 한기채, 김성영 목사
2005. 10. 6	교회 창립 50주년 기념 제9차 광주 벧엘 지교회 창립
2005. 11. 27	교회 창립 50주년 사랑의 장기기증 및 헌혈(1,514명)
2005. 12. 13	교회 창립 50주년 제10차 새홍성 지교회 창립
2006. 1. 2-4	제45차 부흥사경회, 강사-원팔연 목사
2006. 2. 12	이창규(태국), 황성은(멕시코) 선교사 파송
2006. 5. 7	제16차 장로 장립(임승혁-취임, 정원근, 김남훈, 이수영, 박전곤, 강용현, 이대창, 정용우, 이경걸, 김형종)
2006. 6. 21	이정익 목사 기독교대한성결교회 총회장 당선
2006. 7. 13	교회 창립 50주년 제11차 에덴 지교회 창립
2006. 7. 16	이문순(키르기스스탄), 김기윤, 김효수(뉴질랜드) 선교사 파송
2006. 10. 9-11	제46차 부흥사경회, 강사-정영환, 고수철, 신화석, 이형로, 조영한 목사
2007. 1. 8-10	제47차 부흥사경회, 강사-이광선, 김응세, 박권배 목사
2007. 1. 29	교회 창립 50주년 기념 제12차 원주 양문 지교회 창립
2007. 1. 31	인도 첸나이 쓰나미 피해 지역 주택(50채) 건축헌금 봉헌
2007. 5. 27	교단 100주년 기념대회

2007. 7. 29	외국인선교교회 개척 봉헌예배
2007. 9. 17-19	제48차 부흥사경회, 강사-이철, 백장흠, 이강평, 최기성, 신익수 목사
2007. 12. 9	교회 창립 50주년 기념 제13차 은혜교회 개척 봉헌예배
2007. 12. 31	새성전(성봉채플) 건축을 위한 1000일 기도회 시작
2008. 1. 6	이우용(평양과학기술대학교), 한인섭(남아프리카공화국) 선교사 파송
2008. 1. 7-9	제49차 부흥사경회, 강사-양병희 목사
2008. 10. 13-15	제50차 부흥사경회, 강사-송기성 목사
2008. 10. 29	이정익 목사 제19대 서울신학대학교 이사장 취임
2008. 12. 30	오필환, 임성호, 최대니, 왕영준 선교사 파송
2009. 1. 4	교회 신축 기공 예배(동교동 186-43)
2009. 1. 5-7	제51차 부흥사경회, 강사-김순권 목사
2009. 6. 16	인도 첸나이 지역 인도선교 50주년 기념교회 건축봉헌식
2009. 6. 17	인도 첸나이 쓰나미 피해 지역 2차 주택건설 50채 및 성결타운 건축헌금 봉헌
2010. 5. 30	새성전 상량감사예배
2011. 3. 12	성전건축을 위한 1000일 기도회 마무리 및 아천홀, 키움관 리모델링을 위한 다짐예배 시작
2011. 3. 13	정인천, 이희락, 이주희 선교사 파송
2011. 3. 20	성봉채플 입당(한국건축문화상 우수상 수상)
2011. 5. 21	금난새와 함께하는 신촌 열린음악회
2011. 5. 23-25	제52차 부흥사경회, 강사-이영훈, 이용규, 김삼환, 윤훈기, 조남국 목사

2011. 5. 29	성봉채플 봉헌예배 및 제17차 장로 장립(한인덕, 김인호, 민선희, 김부곤, 김용무, 이영무, 홍완표) 및 권사 취임
2011. 10. 9	아천홀 리모델링 후 입당 예배
2011. 12. 25	키움관 리모델링 후 입당 예배
2012. 1. 12-14	제53차 부흥사경회, 강사-손인식 목사
2012. 3. 18	장갈렙, 홍사라 선교사 파송
2012. 9. 16	제18차 장로 장립(이종활, 박순서, 신동석, 문대기, 김영목) 및 권사 취임
2012. 10. 31	구립 키움어린이집 개원
2014. 1. 8-10	제55차 부흥사경회, 강사-장석진 목사
2014. 2. 16	중국어 예배 시작
2014. 5. 11	이웃사랑의 날 실시(매월 1회 교회 식당 휴무)
2014. 7. 6	제19차 장로 장립(노태성, 유동화, 조영태, 노우석, 이찬우, 박광우, 배재학) 및 권사 취임
2014. 8. 9	제1회 신촌소년소녀합창단 창작 뮤지컬 콘서트
2015. 1. 5-8	제56차 부흥사경회, 강사-한태수, 지형은 목사
2015. 1. 25	교회 창립 60주년 기념예배
2015. 2. 22	교회 창립 60주년 기념 제14차 세움 지교회 분립 개척
2015. 5. 14	안면장애 환우 수술 지원을 위한 러시아 국립심포니 오케스트라단 초청 음악회
2015. 6. 7	제20차 장로 장립(차용섭-취임, 김현국, 서정호, 황성주, 김현수, 김형생, 송성호, 윤홍식, 유영선, 신우철, 조찬원, 홍영준, 이상훈, 김장욱, 최재순), 권사 취임 및 신촌성결교회 역사기록 전시관 개관(성봉채플 4층 로비)
2015. 11. 19	마포구교구연합회 주관 인재 양성을 위한 나눔 바자회 진행

내일을 향하는 교회 2016-2024	
2016. 1. 4-6	제57차 부흥사경회, 강사-권오서 목사
2016. 5. 29	이정익 원로목사 추대 및 제5대 박노훈 담임목사 취임
2016. 10. 3	The 행복한 동행 전 교인 체육대회
2017. 1. 2-4	제58차 부흥사경회, 강사-최이우 목사
2017. 4. 10-15	고난주간 특별새벽기도회, 강사-박노훈 목사
2017. 11. 18	맞춤전도집회 두드림 콘서트 시작
2018. 1. 1-3	제59차 부흥사경회, 강사-이성희 목사
2018. 3. 24	뉴욕필하모닉 앙상블, 프리즘 앙상블과 함께하는 사랑 콘서트
2018. 4. 22	전 교인이 함께하는 도전! 성경 골든벨
2018. 5. 20	함께세움 프로젝트 시작(길벗교회)
2018. 11. 22	이웃과 함께하는 나눔 콘서트(예술의 전당)
2019. 1. 1-3	제60차 부흥사경회, 강사-고경환 목사
2019. 6. 5-6	전 교인 산상기도회 '가자, 응답의 산으로'
2019. 11. 9	이웃과 함께하는 두드림 콘서트
2020. 1. 1	박노훈 목사 월드비전 제5대 이사장 취임
2020. 1. 1-3	제61차 부흥사경회, 강사-오정호 목사
2020. 4. 14-6. 30	나라와 민족, 교회를 위한 119 교구 릴레이 기도
2020. 4. 26	코로나19 극복 함께 나눔 프로젝트(월드비전 협력)

2020. 5. 24	작은교회 월세 지원 특별헌금 전달
2020. 10. 25	형광영(태국), 윤상철(베트남), 이삼열(미얀마) 선교사 파송
2021. 1. 3-29	온라인 신년부흥회 "이성봉 목사의 천로역정 강화"(신촌성결교회 유튜브 채널)
2021. 2. 28-3.14	3주간 사순절 헌혈 캠페인 '대한민국 피로회복' 진행
2021. 4. 11	온라인 사역 활성화를 위한 신촌미디어랩(Shinchon Media Lab) 개원
2021. 7. 24	월드비전 Global 6K for Water
2021. 9. 19-12.26	공감소비운동 '주님과 동행 이웃과 동행'
2022. 6. 5	제21차 장로장립(이은직, 한기수, 김형권, 원종규, 윤경선, 신용훈, 노상호) 및 권사 취임
2022. 7월	온라인으로 진행되던 청년 단기선교 재시작
2022. 11. 20	비전센터 기공 감사예배
2023. 3. 5-12	사순절 헌혈 캠페인 '대한민국 피로회복' 시즌3
2023. 3. 30	비전센터 착공예배
2023. 7. 15-20	제21차 의료선교(베트남 꼰뚬) 3년 만에 재개
2023. 10. 27	마포구교구협의회 주관 인재 양성을 위한 나눔 바자회
2024. 1. 15-26	창립 69주년 기념 그리스-튀르키예 성지순례
2024. 4. 27	신촌멘토링 스쿨 발대식
2024. 6. 30	비전센터 골조공사 종료 감사예배
2024. 7. 20-26	제22차 의료선교(베트남 빈롱성)
2024. 12월	비전센터 완공